ALBRECHT SCHÖNE

Goethes Farbentheologie

VERLAG C. H. BECK MÜNCHEN

CIP-Kurztitelaufnahme der Deutschen Bibliothek

Schöne, Albrecht:
Goethes Farbentheologie / Albrecht Schöne. –
München : Beck, 1987.
ISBN 3 406 32361 8

ISBN 3 406 32361 8

Umschlagentwurf: Bruno Schachtner, Dachau
Umschlagbild: Goethes Aquarell der prismatischen Farben,
entworfen 1798, bezeichnet als ‚Symbolische Annäherung zum Magneten'
(Nationale Forschungs- und Gedenkstätten
der klassischen deutschen Literatur in Weimar)

Gesamtherstellung: Kösel, Kempten
Printed in Germany

INHALT

„Warum willst du dich von uns allen
Und unsrer Meinung entfernen?"

Ich schreibe nicht, euch zu gefallen;
Ihr sollt was lernen!

(Zahme Xenien I)

I
BEFREMDLICHES

Was immer man unternommen hat, Goethes ‚Farbenlehre' zu verteidigen oder zu entschuldigen oder wenigstens begreiflich zu machen: unter mancherlei Anstößigem und Befremdlichem, das er uns hinterlassen hat, blieb sie das Befremdlichste doch. Und anstößig allemal.

Das gilt unabhängig von der Frage, wie man den großen Streit des Farbenlehrers gegen Newton und seine Parteigänger beurteilt und auf wessen Seite man sich da schlagen möchte. Auch wenn man sich die Zustimmung und Bewunderung zu eigen macht, welche einige Teilbereiche und bestimmte Aspekte dieses Werkes unter Physikern, Physiologen, Ophthalmologen, Philosophen, Kunstwissenschaftlern und Wissenschaftshistorikern gefunden haben; selbst wenn man den uneingeschränkten Enthusiasmus teilt, welchen die ‚Farbenlehre' seinerzeit vor allem bei physikalischen Laien hervorgerufen hat und unter Außenseitern der wissenschaftlichen Zünfte bis heute erregt, erscheint Goethes Selbsteinschätzung in dieser Sache doch schlechterdings unbegreiflich.

Eckermann: „‚Auf alles, was ich als Poet geleistet habe', pflegte er wiederholt zu sagen, ‚bilde ich mir gar nichts ein.'" In der Bilanz eines achtzigjährigen Lebens zog er sein „Bewußtsein der Superiorität" vielmehr aus der unbeirrten Überzeugung, daß er „unter Millionen der einzige sei, der in diesem großen Naturgegenstande allein das Rechte wisse". „Es gereut mich auch keineswegs", erklärte er angesichts der ausdrücklichen oder stillschweigenden, jedenfalls nahezu einhelligen Ablehnung seiner ‚Farbenlehre' durch die Fachwissenschaftler, „obgleich ich die Mühe eines halben Lebens hineingesteckt habe. Ich hätte vielleicht ein halb Dutzend Trauerspiele mehr geschrieben, das ist alles, und dazu werden sich noch Leute genug nach mir finden."[1] Sechs dramatische Werke, und man stelle sich vor: vom Rang des ‚Götz' oder der ‚Iphigenie' oder des ‚Faust' – wer denn würde diese ganze ‚Farbenlehre' dafür nicht ebenso unbedenklich drangeben, wie der Inhaber des physiologischen Lehrstuhls und Rektor der Berliner Universität, der sie 50 Jahre nach Goethes Tod als „totgeborene Spielerei eines autodidaktischen Dilettanten" abtat?[2]

Wie die eigene Leistung, so hat der Farbenlehrer auch die Bedeutung, die man diesem Naturgegenstand als solchem einräumen mag, auf offensichtlich maßlose Weise überschätzt. „Um Epoche in der Welt zu machen", belehrte er Eckermann, „dazu gehören bekanntlich zwei Dinge: erstens, daß man ein guter Kopf sei, und zweitens, daß man eine große Erbschaft tue. Napoleon erbte die Französische Revolution, Friedrich der Große den Schlesischen Krieg, Luther die Finsternis der Pfaffen, und *mir* ist der Irrtum der Newtonischen Lehre zuteil geworden."[3] Allen Ernstes, auf der weltgeschichtlichen Ranghöhe dieser Exempel sah er den eigenen Fall.

Derart außerordentliche Fehleinschätzungen eines Menschen von so ungewöhnlichem Einsichts- und Urteilsvermögen sollte man doch nicht unbedacht lassen. In Goethes wissenschaftstheoretischen Schlußbemerkungen zum Didaktischen Teil der ‚Farbenlehre' heißt es: „jede neue Behandlungsart, selbst das Unzulängliche, selbst der Irrtum ist brauchbar, oder aufregend und für die Folge nicht verloren."[4] Könnte nicht gar ein Irrtum von solchem Format, wie er hier bei ihm selber sich abzeichnet, Einsichten eröffnen, welche die Irrtümer bescheidenerer Zuschnitts, unsere landläufigen, in aller Regel doch nicht ermöglichen? Eine solche Vermutung hat die vorliegende Arbeit angeregt.[5]

Mit der ‚Farbenlehre' als einem naturwissenschaftlichen Werk haben sich verständlicherweise vor allem Naturwissenschaftler befaßt. Die Literaturwissenschaftler interessierten sich zwar dafür, welche Aufschlüsse man ihr für das Verständnis anderer Goethescher Schriften und Dichtungen und seiner Denkweisen entnehmen könnte, aber die ‚Farbenlehre' als literarisches Werk haben sie nahezu unbeachtet gelassen. Mein erneuter Versuch, dieses befremdliche Unternehmen zu begreifen, setzt eben dort ein, geht also von stilanalytischen und formgeschichtlichen Beobachtungen und Überlegungen aus. Das aber führt ihn in eine sehr andere Richtung als die der bisherigen Arbeiten, welche dieses Werk doch allein unter inhaltlichen Gesichtspunkten untersucht haben – als einen Beitrag nämlich zur Physik oder Physiologie, zur Biologie, Anthropologie, Wahrnehmungswissenschaft und Erscheinungslehre oder zur ‚Geisteswissenschaft'.[6] Was die von solchen Interessen geleiteten Untersuchungen in Goethes Schriften zur Farbenlehre festzustellen und zu bedenken hätten, wird hier nur so weit in Betracht gezogen, wie es im Zusammenhang des neuen Vorhabens notwendig scheint. Obgleich ich mich also keineswegs um eine Gesamtdarstellung dieses ungemein vielschichtigen Werkes und seiner vielfältigen Implikationen bemühe, beansprucht mein Versuch den Leser doch in entschieden höherem Grade, als eine „totgeborene Spielerei" es verdiente. Das im voraus zu rechtfertigen, muß ich den Urheber selbst bemühen: „Ich habe mich vierzig Jahre mit dieser Angelegenheit beschäftigt und zwei Oktavbände mit der größten Sorgfalt geschrieben", erklärte der Alte, „da ist es denn auch wohl billig, daß man diesen einige Zeit und Aufmerksamkeit schenke."[7] Das fand ich auch.

II

DIE ERWECKUNG

1768 schwerkrank von der Leipziger Universität in sein Elternhaus heimgekehrt und durch Vermittlung der frommen Pietistin Susanne Katharina von Klettenberg eingeführt in den Kreis der Frankfurter Herrnhuter, vertraute der 19jährige Goethe seinem Brief an einen gleichgesinnten Freund das Bekenntnis an: „Mich hat der Heiland endlich erhascht, ich lief ihm zu lang und zu geschwind, da kriegt er mich bei den Haaren."[8] Freilich muß man diesen Bekehrungsbericht als eine Selbsttäuschung nehmen. Sie ging denn auch rasch vorüber. Er sei „zwar kein Widerchrist, kein Unchrist aber doch ein dezidierter Nichtchrist", wird er 1782 glaubwürdig versichern.[9] An ihm selber aber erfüllte sich, was er seinem pietistischen Freund damals vorausgesagt hatte: „Ihnen jagt er [der Heiland] gewiß auch nach, und ich wills erleben daß er Sie einholt, für die Art nur möchte ich nicht gut sagen." Tatsächlich war das, was Goethe 21 Jahre später widerfuhr, von so anderer „Art", daß man das Strukturmodell jenes von den Frommen im Lande vorgeprägten pietistischen Durchbruchs- und Erweckungserlebnisses darin nicht mehr wahrgenommen hat – obgleich er seinen Bericht über dieses Ereignis doch ausdrücklich „die Geschichte meiner eigenen chromatischen Bekehrung" nannte.[10]

Das lebenslange, leidenschaftlich entzückte Interesse dieses Augenmenschen an der Schönheit der farbigen Welt war auf seiner Italienreise von mittelmeerischer Landschaft und römischer Malerei mächtig belebt worden.[11] Auf dem Feld der Dichtkunst hatte er sich mit gleichsam instinkthafter, nachtwandlerischer Sicherheit bewegt. Im Bereich der bildenden Kunst aber suchte er seiner Begabung damals durch theoretische Bemühungen aufzuhelfen, sah er sich „nach Gesetzen und Regeln um".[12] Gerade die Farbengebung freilich glaubte er nur von willkürlichen Geschmacksurteilen und unreflektierter Gewohnheit der Maler bestimmt, meinte deshalb, „daß man den Farben, als physischen Erscheinungen, erst von der Seite der Natur beikommen müsse, wenn man in Absicht auf Kunst etwas über sie gewinnen wolle."[13]

Dafür hatte ein Jenaer Professor dem nach Weimar Zurückgekehrten eine Reihe von Prismen ausgeliehen. Erst als ein Bote erschien, sie wieder abzuholen, packte der Säumige sie aus und nahm in Eile ein solches Prisma zur Hand. Anfang 1790.[14] Goethe war damals nur unzulänglich informiert über die 1704 von Newton in seinen ‚Opticks' mitgeteilten Experimente und Einsichten und erwartete, daß infolge der prismatischen Brechung die weiße Wand seines Zimmers ihm vielfältig farbig erscheinen werde. Er hielt also dieses Prisma vors Auge, schaute hindurch auf die weiße Fläche und sah – daß sie „nach wie vor weiß blieb, daß nur da, wo ein Dunkles dran stieß, sich eine mehr oder weniger entschiedene Farbe zeigte, daß zuletzt die Fensterstäbe am allerlebhaftesten farbig erschienen, indessen am lichtgrauen Himmel draußen keine Spur von Färbung zu sehen war."[15]

Isaac Newton hatte festgestellt, daß sich unter bestimmten Versuchsbedingungen das weiße Licht durch prismatische Brechung in ein aus monochromatischen Bestandteilen zusammengesetztes Farbenspektrum zerlegen läßt, und hatte das zurückgeführt auf unterschiedliche (mathematisch bestimmbare) Brechungswinkel der Spektralfarben, also auf eine ‚diverse Refrangibilität' (heute sagt man:

Dispersion) des weißen Lichts. Für diese Einsicht war es unerheblich, daß Newton die Lichtausbreitung nicht als Schwingungsvorgang, sondern als Aussendung schnell fliegender Teilchen deutete – während die heutige Physik die Natur des Lichts als eine dem menschlichen Vorstellungsvermögen widersprüchlich erscheinende (in Heisenberg/Paulis Formalismus der Quantenelektrodynamik von 1928 mathematisch widerspruchsfreie) Synthese der Undulationstheorie (in Form der Maxwellschen elektromagnetischen Lichttheorie von 1865) und der Korpuskulartheorie (in Form der 1904 von Einstein entwickelten Lichtquantenvorstellung) bestimmt, weil sich je nach Versuchsanlage (entsprechend der ‚Fragestellung' des Experimentators) das Licht entweder als ‚Welle' oder als ‚Teilchen' manifestiert, nämlich nur auf die eine Weise alle optischen Interferenz- und Beugungserscheinungen, nur auf die andere alle Emissions- und Absorptionsvorgänge verstehbar sind.[16] Auch Newtons Annahme, seine Experimente erzeugten ein ‚kontinuierliches' Spektrum, im Licht der Sonne seien also alle Farben enthalten[17], und seine Vorstellung, dieses Farbspektrum bestehe (in Analogie zur harmonischen Unterteilung der Oktave in sieben Grundtöne) aus sieben unvermischten ‚Primärfarben'[18], hat sich als nicht haltbar herausgestellt. Wohl aber haben seine Experimente die Physiker davon überzeugt, daß das weiße Licht der Sonne als ein zusammengesetztes Phänomen zu verstehen sei, als eine Mischung aus nichtweißen Lichtstrahlen, eine Summe der Farben – wobei seine Theorie, genau genommen, nicht diese Farben an sich betraf, sondern ausdrücklich diejenigen Eigenschaften der Lichtstrahlen, welche unsere Farbempfindungen hervorrufen: „For the Rays to speak properly are not coloured. In them there is nothing else than a certain Power and Disposition to stir up a Sensation of this or that Colour."[19]

Es ließ sich auf der Grundlage dieser Newtonschen Theorie sehr wohl erklären, was Goethe damals sah. Jeder Punkt einer durchs Prisma betrachteten weißen Wand bildet tatsächlich ein farbiges Spektrum. Doch überlagern sich diese Einzelspektren und mischen sich so zurück zu Weiß. Allein bei unvollkommener Überlagerung, an den Rändern nämlich, kann die prismatisch verschobene Fläche farbige Säume zeigen. Was Goethe wahrzunehmen vermochte, war also wirklich nur eine weiße Wandfläche – mit solchen Farbsäumen, solchen Kantenspektren lediglich dort, wo das Licht ans Dunkle grenzte. Und er vertraute der Sinneswahrnehmung. Newtons Behauptung, das Sonnenlicht, unzweifelhaft heller als alle Farben, sei aus Bestandteilen zusammengesetzt, welche doch sämtlich dunkler erscheinen als Weiß, empfand er als derart absurd und (wie er später schrieb) „dergestalt einer aus unmittelbarer Anschauung der Natur entstehenden Überzeugung widersprechend, daß man kaum glauben sollte, sie habe in dem besten Kopfe seines Jahrhunderts entspringen, sich ausbilden, ihn durchs ganze Leben beschäftigen und sich in trefflichen Köpfen der Nachzeit gleichfalls befestigen können."[20] Gegen Newtons Theorie vom siebenfarbig zusammengesetzten und also in diese sieben Spektralfarben zerlegbaren weißen Licht stellte er seine Überzeugung und bildete er die Lehre aus, daß erst dort und nur dort, wo durch prismatische „Verrückung des Bildes"[21] eine helle Fläche gegen einen angrenzenden dunklen Rand (ebenso eine dunklere Fläche gegen einen hellen Rand) verschoben werde oder wo dem Licht in Gestalt von Rauch, Dunst, Wasser, Glas etc. ein trübes Medium entgegenstehe, dieses weiße Licht der Sonne „durch äußere Bedingungen in den Fall gesetzt wird, ohne die mindeste Veränderung seiner selbst, jene bekannten Erscheinungen hervorzubringen."[22] „Die Farben", so lautet dann Goethes berühmte Formel, „sind Taten des Lichts, Taten und Leiden."[23]

Im Bericht von seiner „chromatischen Bekehrung“ (am Ende des Historischen Teils der ‚Farbenlehre‘, unter der auf den Kirchenvater Augustinus zurückweisenden Überschrift ‚Konfession des Verfassers‘) folgt nun der oben zitierten Angabe, daß die durchs Prisma betrachtete weiße Wand „nach wie vor weiß blieb“, ungemein aufschlußreich der Satz: „Es bedurfte keiner langen Überlegung, so erkannte ich, daß eine Grenze notwendig sei, um Farben hervorzubringen, und ich sprach wie durch einen Instinkt sogleich vor mich laut aus, daß die Newtonische Lehre falsch sei.“[24]

Im Wortlaut seines „aufrichtigen Bekenntnisses“[25] stellt Goethe diese Einsicht also keineswegs als ein Ergebnis methodologischer Reflexionen, experimenteller Veranstaltungen und wissenschaftlicher Erklärungsbemühungen dar, sondern als jähe Offenbarung, die ihm die Schuppen von den Augen fallen und ihn der Wahrheit ansichtig werden ließ.[26]

Eine Wandlung von Grund auf freilich war mit seinen evolutionären Vorstellungen kaum verträglich. Wie er der vulkanistischen Erdentstehungstheorie abgeneigt war oder dem politischen Umsturz der großen Revolution in Frankreich, so mußte es ihm tief widerstreben, sein Selbstverständnis etwa am Prototyp des Paulus zu orientieren, den auf seinem Weg nach Damaskus „plötzlich ein licht vom himmel“ umleuchtete, der niederstürzend die göttliche Stimme vernahm und ein anderer war, als er sich wieder aufrichtete von der Erde.[27] So hat Goethe die jähe Offenbarung der Wahrheit, die ihm hier zuteil wurde, doch als eine Bestätigung von dunkel Vorgewußtem verstanden. Nicht ohne Grund. Was er in seinem Initiationsexperiment entdeckte, liest man in der ‚Konfession des Verfassers‘, „schien sich an manches bisher von mir Erfahrne und Geglaubte anzuschließen“ – an manches nämlich, was er auf seiner italienischen Reise „in der Kunst von Licht und Schatten, und in der Natur von apparenten [wahrnehmbaren] Farben gehört und gesehen hatte."[28] Tatsächlich deutet sich die allem Späteren zugrundeliegende Vorstellung von den Farben als „Taten des Lichts" schon in den Briefen aus Italien an: auf den Griechengott bezogen, der mit seinem Himmelswagen die Sonne heraufführt. Und in dieser mythologischen Einkleidung ist sie dann kurz vor dem Erweckungsexperiment von 1790 auch in seine VII. Römische Elegie eingegangen:

Nun umleuchtet der Glanz des helleren Äthers die Stirne;
  Phöbus rufet, der Gott, Formen und Farben hervor.[29]

Aber was Goethe das „bisher von mir Erfahrne und Geglaubte" genannt hat, meinte offenbar anderes noch, das er jetzt verdeckt hielt. Wiederum kommen damit die pietistischen Erfahrungen der Jahre 1768/69 ins Spiel. Vom Fräulein von Klettenberg nämlich überliefert Lavater, sie habe „unvergleichliche Einsichten" besessen „in die Natur der Farben"[30], und ohne Zweifel hat ihr Schüler damals naturphilosophisch-hermetische Schriften studiert, die den Geheimnissen auch des Farbenwesens nachgingen; der 24jährige, erinnert sich Charlotte Jacobi, sprach „so schön von Licht und Farben", daß man „nichts verstanden, und doch ganz entzückt gewesen wäre."[31] Erst fünf Jahrzehnte später tritt diese hermetische Spur offen zutage. Da zitiert Goethe (1822) einen anonymen Traktat des Jahres 1724 (‚Naturae naturantis et naturatae Mysterium in Scuto Davidico'), der wohl aus dem Berleburger Kreis separatistischer Pietisten hervorgegangen ist: „Die Farben scheiden sich nach Licht und Finsternis, und nach verschiedenen gradibus derselben; und gehen dennoch aus einem Centro, welches den Grund aller Farben in sich hat." Unter die Überschrift ‚Wahres, mystisch vorgetragen' hat er diesen Satz gestellt.[32] Freilich hatte er sich 1810 in seiner ‚Farbenlehre' von solchen naturmystischen Spekulationen entschieden distanziert und den „Alchymisten" dort „Geheimniskrämerei" und „Dunkelheiten" vorgeworfen, „Mißbrauch des Echten und Wahren", einen „Sprung von der Idee, vom Möglichen, zur Wirklichkeit, eine falsche Anwendung echter Gefühle, ein lügenhaftes Zusagen, wodurch unsern liebsten Hoffnungen und Wünschen geschmeichelt wird."[33] Aber 1790, als er vor der weißen Wand stand und durch das Prisma blickte, kam wohl auch das dunkel Vorgewußte solcher naturmystischen Geheimlehren ins Spiel.

Ein Vorgang, der für Goethes weiteres Leben von derart außerordentlicher Bedeutung war und sich für den Außenstehenden doch kaum nachvollziehen läßt, regt zu spekulativen Erklärungsversuchen an. In seiner großen Goethe-Studie hat Kurt R. Eissler dieses Erweckungserlebnis von 1790 als das „primäre Wahnerlebnis" diagnostiziert, welches eine partielle „paranoide Psychose" auslöste. Eine lebenslängliche. Denn da sie sich allein in der Auseinandersetzung mit Newton und in der Ausbildung der eigenen Farbenlehre manifestierte, also auf einen sozial relativ unauffälligen Bereich begrenzt blieb, war es ihm nach Eisslers Ansicht „möglich, dieses Wahnsystem auszuleben und bis zu seinem letzten Tag ungestört aufrechtzuerhalten."[34] Daß Goethes Beschäftigung mit dem Farbenwesen eine psychopathologische Störung darstellte, ergibt sich für Eissler aus einer psychoanalytischen Interpretation. Er hat Goethes Beziehung zu Newton dahingehend bestimmt, daß er ihn „in jüngeren Jahren geradezu verehrte"[35], daß aber jetzt, im „primären Wahnerlebnis", sein „Bild eines erlauchten und geliebten Vaters in das eines bösartigen, schlechten und gehaßten Vaters" umschlug. Die Komponenten des „unbewußten Komplexes" nämlich, „mit dem Goethe bei seinen Farbenstudien kämpfte", lauten bei Eissler: „Eine Vaterfigur (Newton) versuchte einer unberührbaren, reinen, unveränderlichen, jungfräulichen Mutter (Licht) Gewalt anzutun. Er mochte mit ihrer Verleumdung vorübergehend Erfolg haben, und seine Autorität konnte groß genug sein, die Welt seine verdammenswerten Anklagen glauben zu machen. Goethe aber würde die Unschuld der erniedrigten Mutter wiederherstellen. Ein Punkt bleibt vage. Hatte der Vater selbst die Mutter befleckt, oder hatte er nur lügnerisch vorgegeben, die Mutter sei unrein, und würde Goethe (der Sohn) beweisen, daß die Reinheit der Mutter trotz der Übeltaten des Vaters niemals beeinträchtigt worden sei, oder war es seine Aufgabe, die Schändung, die der Vater wirklich an ihr begangen hatte, ungeschehen zu machen?" Als Grundlage dieses Komplexes führt Eissler ein (freilich nur vermutetes) frühkindliches Erlebnis mütterlicher Schwangerschaft an: „Goethe sprach von Newtons Wunsch, das Licht zu ‚zerspalten'. Hatte er als Kind Angst davor, seine Mutter würde platzen? Wie dem auch sei, wahrscheinlich wurde er von dem Problem verwirrt, ob seine Mutter ohne Unreinheit schwanger geworden sein könnte. Der Vater schien es zu behaupten oder zu verleugnen, daß er der Mutter etwas angetan hatte". Im Dezember 1789 habe sich das mit der außerehelichen Geburt des eigenen Sohnes wiederholt, durch die Goethe nun selber die Kindsmutter Christiane Vulpius öffentlicher Erniedrigung aussetzte: „Verleugnung einer Missetat in der Gegenwart und ihre Projektion auf den Vater. Der unbewußte Kern des Wahns aber war vermutlich die so sehr benötigte Überzeugung, er habe an der Erzeugung des Kindes keine Schuld." So wird Goethes Satz, „daß die Newtonische Lehre falsch sei", von Eissler auf die „unbewußte Bedeutung" zurückgeführt: „Es ist nicht wahr, daß Frauen durch Befruchtung schwanger werden; jungfräuliche Geburt ist möglich; der Vater tat der Mutter böse Dinge an; die Mission meines Lebens besteht darin, die Ehre der Mutter wiederherzustellen und sie von den bösartigen Verleumdungen zu reinigen, die auf sie zusammengehäuft sind!"

Diese Interpretation des Goetheschen Initiationsexperiments läßt sich weder als zutreffend noch als irrig erweisen. Ob man ihr beipflichtet oder sie für haarsträubenden Unsinn hält (wozu ich selber neige), hängt allein davon ab, ob man die Lehrsätze einer orthodoxen Psychoanalyse, deren Deutungsmuster Eissler auf diesen Fall zwar anwendet, aber keineswegs an ihm zu überprüfen sucht, geschweige denn durch ihn zu bestätigen vermag, als vorgegebene Wahrheit gelten läßt oder nicht. Zweifellos war Goethe davon überzeugt, „daß Frauen durch Befruchtung schwanger werden". Keineswegs sah er die Mission seines Lebens darin, die „jungfräuliche Geburt" als möglich zu erweisen. Und seinen Kampf gegen Newton verstand er gewiß nicht als den Versuch, seine Mutter oder seine Freundin „von den bösartigen Verleumdungen zu reinigen", sie hätten Umgang mit Männern gehabt. Aber die Lehre vom Unbewußten wirkt hier als eine Schutzmauer, an der solche Einwände abprallen. Von ihr gedeckt, vermag man auch Goethes Worten einen sehr anderen Sinn zuzuschreiben als den ausdrücklich mitgeteilten.

Auf einer dem Bewußtsein zugänglichen Ebene freilich hat er selber die Beschäftigung mit dem Farbenwesen als eine Erkrankung bezeichnet, welche seinem Erlebnis vor der weißen Wand entsprang. Damals, erklärt er in den ‚Tag- und Jahres-Heften' (1790), sei ihm „eine Entwicklungskrankheit eingeimpft" worden, „die auf Leben und Tätigkeit den größten Einfluß haben sollte."[36] Nur sprach er da gleichnisweise. Sein eigentlicher, begrifflicher Ausdruck für dieses plötzliche, als Eingebung empfundene, antizipierende Gewahrwerden einer den Erscheinungen zugrundeliegenden gesetzmäßigen Wahrheit lautete „Aperçu".[37] „Ein entschiedenes Aperçu", heißt es in seiner ‚Konfession', „ist wie eine inokulierte [eingeimpfte] Krankheit anzusehen: man wird sie nicht los bis sie durchgekämpft ist."[38]

Ausdrücklich gleichgesetzt hat Goethe selbst das mit einem Krankheitskeim verglichene „Aperçu"-Phänomen hingegen dem Erweckungs- und Bekehrungserlebnis der Frommen im Lande. Über die „Geistesform" berichtend, die er bei den Pietisten kennengelernt hatte, schreibt er in ‚Dichtung und Wahrheit': „Wovon sich dergleichen Sinnesverwandte am liebsten unterhalten, sind die sogenannten Erweckungen, Sinnesveränderungen, denen wir ihren psychologischen Wert nicht absprechen. Es sind eigentlich was wir in wissenschaftlichen und poetischen Angelegenheiten Aperçus nennen: das Gewahrwerden einer großen Maxime, welches immer eine genialische Geistesoperation ist; man kommt durch Anschauen dazu, weder durch Nachdenken noch durch Lehre oder Überlieferung. Hier ist es das Gewahrwerden der moralischen Kraft, die im Glauben ankert und so in stolzer Sicherheit mitten auf den Wogen sich empfinden wird.

Ein solches Aperçu gibt dem Entdecker die größte Freude, weil es auf originelle Weise nach dem Unendlichen hindeutet; es bedarf keiner Zeitfolge zur Überzeugung: es entspringt ganz und vollendet im Augenblick, daher das gutmütige altfranzösische Reimwort:

En peu d'heure
Dieu labeure.

Äußere Anstöße bewirken oft das gewaltsame Losbrechen solcher Sinnesänderung, man glaubt Zeichen und Wunder zu schauen."[39]

Mit Recht hat Klaus H. Kiefer deshalb Goethes „Aperçu"-Begriff „als die Verwissenschaftlichung von pietistischem Erweckungserlebnis und pietistischem Erfahrungsmotiv" bezeichnet.[40] Genauer gesagt: Goethe benutzt das Strukturmodell des pietistischen Erweckungserlebnisses, um eine bestimmte Erfahrung im Bereich naturwissenschaftlicher Bemühungen kenntlich zu machen. In dem hier zur Rede stehenden Sinn von Intuition, Inspiration und Offenbarung hat er die Bezeichnung „Aperçu" zwar auf verschiedene Fälle angewendet. Aber Belege dafür finden sich erst seit dem Initiationsexperiment von 1790 und überwiegend dann im Kontext der Farbenlehre.[41] Vor der weißen Wand spielte das Urerlebnis des „Aperçu"-Phänomens sich ab. Hier vollzog sich, was Goethes Nachlaßnotiz über alles „Entdecken im höheren Sinne" besagt: Die „Betätigung eines originalen Wahrheitsgefühles, das, im stillen längst ausgebildet, unversehens mit Blitzesschnelle zu einer fruchtbaren Erkenntnis führt. Es ist eine aus dem Innern am Äußern sich entwickelnde Offenbarung, die den Menschen seine Gottähnlichkeit vorahnen läßt. Es ist eine Synthese von Welt und Geist, welche von der ewigen Harmonie des Daseins die seligste Versicherung gibt."[42]

Wohl ging es da um eine andere „Art" von Offenbarung, als sie den Pietisten zuteil wurde, und um eine andere „Art" von Bekehrung, als diese Frommen im Lande sie erlebten. Aber hier wie dort handelte es sich doch – nach Goethes eigenen Worten – um den Durchbruch „einer moralischen Kraft, die im Glauben ankert und so in stolzer Sicherheit mitten auf den Wogen sich empfinden wird." Der erste sachkundige Physiker schon, dem er die Beobachtungen seines Initiationsexperiments und seine daraus resultierenden Zweifel an der herkömmlichen Lehre mitteilte, versicherte ihm, „daß diese Phänomene bekannt und aus der Newtonischen Theorie vollkommen erklärt seien", begründete ihm das auch auf völlig zutreffende, durchaus überzeugende Weise.[43] Der Bekehrte aber unterlag keiner Glaubensanfechtung mehr. In seinem Erweckungserlebnis, das „keiner langen Überlegung" bedurfte, dem vielmehr „sogleich" das mit lauter Stimme abgelegte Bekenntnis des vom Geist der Wahrheit Ergriffenen Antwort gab, hatte sich modellgetreu jener Durchbruch wiederholt, den die Pietisten erlebt und einander mitgeteilt haben als einen Eingebungs- und Offenbarungsakt von lebensbestimmender Gewalt, welcher den vom Heiland endlich Eingeholten, bei den Haaren Erhaschten hinüberreißt aus der Sündenfinsternis in den von Gottesklarheit erleuchteten Stand der Gnade.

Fortan hat dieser Erweckte „die Newtonische Lehre vom Licht und der Farbe" als einen wahrhaft gotteslästerlichen Irrtum angesehen und dem „allgemeinen Credo", wie er zu Eckermann sagte, mit der missionarischen Leidenschaft eines Gotteskämpfers widersprochen: „Ich erkannte das Licht in seiner Reinheit und Wahrheit, und ich hielt es meines Amtes, dafür zu streiten."[44] Vier Jahrzehnte lang. Die „Mühe eines halben Lebens" setzte das Experiment vor der weißen Wand in Gang. Er ackerte sich durch eine unermeßliche Literatur, stellte unzählige Versuche an, schrieb zahllose Beobachtungen und Überlegungen nieder und berichtet in einem Brief an Schiller vom 10. Januar 1798, er habe sich „Papiersäcke machen lassen", um seiner Aufzeichnungen noch Herr zu werden: „Jetzt hinterdrein sehe ich erst, wie toll die Unternehmung war, und werde mich wohl hüten, mich jemals in etwas Ähnliches wieder einzulassen. Denn selbst jetzt, da ich mich soweit durchgearbeitet habe, bedarf es noch einer großen Arbeit, bis ich mein Material zu einer reinen Darstellung bringe." Als deren Vorstufen sind 1791 und 1792 ein erstes und zweites Stück seiner ‚Beiträge zur Optik' veröffentlicht worden.[45] 1808 dann erschien der erste Teil, 1810 wurden alle drei Teile des Hauptwerks ‚Zur Farbenlehre' gedruckt[46]: nahezu 1400 Seiten umfassend, die umfangreichste aller seiner Schriften. Von 1817 bis 1824 noch veröffentlichte er in den Heften ‚Zur Naturwissenschaft überhaupt' Nachträge und weitere Beiträge zur Chromatik.[47] Aber ihr Ende fanden die

Beobachtungen und Experimente, Gespräche und Aufzeichnungen zur Farbenlehre erst mit dem Ende seines Lebens. „Um 7 Uhr, am Todesmorgen", so berichtet die Malerin Luise Seidler, ließ er sich von Ottilie „eine Mappe bringen und wollte Farbenphänomene mit ihr versuchen, erklärte ihr auch noch mancherlei darüber".[48]

„Ich bin wieder einmal, gleich jenem Propheten mit dem Mustopfe, dahin vom Genius geführt worden wo ich nicht hinwollte," hat er 1792 seinem Freund Jacobi geschrieben; „die Optik und besonders der Teil von den Farben beschäftigt mich mehr als billig ist, daß ich alles andre darüber liegen lasse und fast vergesse."[49] In dem apokryphen biblischen Bericht ‚Vom Drachen zu Babel' muß man nachlesen, was dieses sonderbare Gleichnis meinte. Der Prophet Habakuk, wird dort erzählt, „hatte einen brey gekocht, und brod eingebrockt in eine tieffe schüssel, und gieng damit aufs feld, daß ers den schnittern brächte. Und der Engel des Herrn sprach zu Habacuc: du must das essen, das du trägest, dem Daniel bringen gen Babel in der löwen graben. Und Habacuc antwortete: Herr, ich habe die stadt Babel nie gesehen, und weiß nicht, wo der graben ist. Da fassete ihn der engel oben beym schopff, und führete ihn, wie ein starker wind, gen Babel an den graben. Und Habacuc rieff, und sprach: Daniel, Daniel, nimm hin das essen, das dir Gott gesandt hat."[50]

Das Bild, in das der junge Goethe 1769 seine vermeintliche pietistische Bekehrung gefaßt hatte, kehrt so in der Selbstdarstellung des 1790 zur Farbenlehre Erweckten wieder. Hatte ihn damals der Heiland nicht „bei den Haaren" gekriegt, hat ihn jetzt doch der Engel des Herrn „beym schopff" gepackt, daß er, ein neuer Prophet mit dem Mustopf, den in Newtons Löwengrube Schmachtenden die gottgesandte Speise bringe – „vom Genius geführt", wohin er nicht wollte.

III
DOGMATIK

Den ersten der drei Teile seines Hauptwerks hat Goethe als dessen ‚Didaktischen Teil' bezeichnet. Vom Untertitel als ‚Entwurf einer Farbenlehre' ausgewiesen, enthält er, in 920 Paragraphen gegliedert, das eigentliche Lehrgebäude.

Hinsichtlich der „verschiedenen Bedingungen, unter welchen die Farbe sich zeigen mag", werden hier „dreierlei Erscheinungsweisen, dreierlei Arten von Farben, oder wenn man lieber will, dreierlei Ansichten derselben" unterschieden und nacheinander behandelt[51]: in einer ersten Abteilung nämlich ‚Physiologische Farben' (die „dem Auge angehören und auf einer Wirkung und Gegenwirkung desselben beruhen"[52]), in einer zweiten Abteilung ‚Physische Farben' (die „an farblosen Mitteln oder durch deren Beihülfe"[52], insbesondere durch die prismatische Brechung hervorgebracht werden)[53] und in der dritten Abteilung ‚Chemische Farben' (die, „den Gegenständen angehörig", heute als farbige Pigmente bezeichnet werden). Eine vierte Abteilung dann erörtert ‚Allgemeine Ansichten nach innen', nämlich Bedingungen der „Farben-Erscheinung und -Erzeugung"[54], welche für sämtliche zuvor gesondert behandelten Phänomene gelten sollen. Die fünfte Abteilung bespricht ‚Nachbarliche Verhältnisse' zu anderen wissenschaftlichen Disziplinen und zur Färbetechnik. Die sechste, letzte Abteilung schließlich stellt unter dem Titel ‚Sinnlich-sittliche Wirkung der Farbe' ein kleines Lehrbuch zur Ästhetik und Ethik des Farbenwesens dar.

Eine bewundernswerte Beobachtungskraft, eine ungemeine Sensibilität der Farbwahrnehmung und -unterscheidung und der Einfallsreichtum eines hochbegabten Experimentators zeichnen diesen Didaktischen Teil der ‚Farbenlehre' aus. Besonders bei der Untersuchung von ‚Physiologischen Farben', die durch mechanische Einwirkung auf das Auge hervorgerufen oder durch das auf bestimmte Farbeindrücke reagierende Auge als simultane und sukzessive Kontrastphänomene aus eigenem Vermögen hervorgebracht werden, hat Goethe Verfahrensweisen und Versuchseinrichtungen entwickelt, die nicht nur zu seiner Zeit neuartig waren, sondern bis heute angewandt werden. Sein von den Ophthalmologen weiterentwickeltes Farbfleckverfahren bei der Untersuchung von Farbsinnstörungen könnte man dafür anführen.[55] Fortdauernd gültig erscheint aber auch eine ganze Reihe einzelner Versuchsergebnisse und weitreichender Einsichten. Das gilt beispielsweise für Goethes Ansatz zu einer Gegenfarben-Theorie, die im 19. Jahrhundert ausgearbeitet, in den letzten Jahren auch neurophysiologisch gut belegt worden ist.[56] Bestimmte Phänomene, welche zuvor „als außerwesentlich, zufällig, als Täuschung und Gebrechen betrachtet" worden waren, hat der Farbenlehrer in der Tat auf die „notwendigen Bedingungen des Sehens" zurückführen und als normale Reaktionen des gesunden Auges erweisen können.[57]

Hinsichtlich der ‚Physischen', auch der ‚Chemischen Farben' freilich stieß diese phänomenologische Betrachtungsweise auf ihre Grenzen. So angemessen und förderlich sie der Erfassung sinnesphysiologischer Vorgänge bei der Farbwahrnehmung erscheint, eine Physik des Lichts vermochte sie nicht zu begründen. Goethe aber, all seine naturkundlichen Erkenntnisbemühungen auf eine Phänomenologie der Natur richtend, welche sich dem an ihr teilhabenden Betrachter als ein von wenigen fundamentalen Prinzipien hervorgebrachtes und durchwaltetes Ganzes offenbart, hat auch die vielfältigen, unterschiedlichen Erscheinungen des „Farbenwesens" in ihrem naturgesetzlichen Zusammenhang zu erfassen gesucht; er sah sie gleichermaßen vom Licht bewirkt und in gleicher Weise durch die „zwei großen Triebräder aller Natur" bewegt, als die er die „Polarität" und die „Steigerung" bezeichnete.[58]

Wie sein Lehrgehalt den Didaktischen Teil der ‚Farbenlehre' auf solche Weise im Innersten zusammenhält, so stellt er sich zugleich als bemerkenswert einheitliches Sprachgebilde dar. Maßgeblich für diesen Eindruck ist offensichtlich ein Modus- und Tempusgebrauch, der unter den möglichen Funktionen der grammatischen Formen einige wenige aufs entschiedenste privilegiert. Er vor allem signalisiert die eigentliche Absicht des Farbenlehrers, in deren Dienst er steht, und ermöglicht es so, den spezifischen Charakter seiner Schrift zu bestimmen.

Ganz in den Hintergrund tritt dabei der Konjunktiv. Indikative beherrschen das Feld. Unter ihnen wiederum begegnet nur vereinzelt das Präteritum (seltener noch ein in gleicher Funktion verwendetes Perfekt): „Die Gelehrten, welche auf den Cordilleras ihre Beobachtungen *anstellten*, *sahen* um den Schatten ihrer Köpfe, der auf Wolken *fiel*, einen hellen Schein."[59] Was frühere Farbenforscher bei bestimmter Gelegenheit an einschlägigen Phänomenen erfaßt und übermittelt haben, wird in diesem Berichterstattungs-Tempus referiert. Ebenso bringt der Schreiber gelegentlich eigene, zeitlich zurückliegende Beobachtungserlebnisse ein: „Auch mir ist ein Ähnliches begegnet. Indem ich nämlich auf dem Felde sitzend mit einem Manne *sprach*, der, in einiger Entfernung vor mir stehend, einen grauen Himmel zum Hintergrund hatte, so *erschien* mir, nachdem ich ihn lange scharf und unverwandt angesehen, als ich den Blick ein wenig gewendet, sein Kopf von einem blendenden

Schein umgeben."[60] Immer geht es da um vergangene, einmalige, grundsätzlich datierbare Vorgänge, und allemal setzt dieses erzählende, ‚epische Präteritum' sie randscharf vom Kontext ab. Das schönste Beispiel dafür gibt wohl der ins Farbenlehrbuch eingefügte Bericht Goethes über seine Beobachtung „farbiger Schatten" am 10. Dezember 1777:

„Auf einer Harzreise im Winter *stieg* ich gegen Abend vom Brocken herunter, die weiten Flächen auf- und abwärts *waren* beschneit, die Heide von Schnee bedeckt, alle zerstreut stehenden Bäume und vorragenden Klippen, auch alle Baum- und Felsenmassen völlig bereift, die Sonne *senkte* sich eben gegen die Oderteiche hinunter.

Waren den Tag über, bei dem gelblichen Ton des Schnees, schon leise violette Schatten bemerklich gewesen, so *mußte* man sie nun für hochblau ansprechen, als ein gesteigertes Gelb von den beleuchteten Teilen *widerschien.*

Als aber die Sonne sich endlich ihrem Niedergang *näherte,* und ihr durch die stärkeren Dünste höchst gemäßigter Strahl die ganze mich umgebende Welt mit der schönsten Purpurfarbe *überzog,* da *verwandelte* sich die Schattenfarbe in ein Grün, das nach seiner Klarheit einem Meergrün, nach seiner Schönheit einem Smaragdgrün verglichen werden *konnte.* Die Erscheinung *ward* immer lebhafter, man *glaubte* sich in einer Feenwelt zu befinden, denn alles *hatte* sich in die zwei lebhaften und so schön übereinstimmenden Farben gekleidet, bis endlich mit dem Sonnenuntergang die Prachterscheinung sich in eine graue Dämmerung, und nach und nach in eine mond- und sternhelle Nacht *verlor.*"[61]

Wenig häufiger als die indikativischen Vergangenheitsformen erscheint der auf eine je gegenwärtige Situation gerichtete Imperativ, der (mit unbestimmtem Pronomen verbunden) zur Wiederholung eines Experiments anleitet:

„Man *halte* ein schwarzes Bild vor eine graue Fläche und *sehe* unverwandt, indem es weggenommen wird, auf denselben Fleck“[62]. Solchen Versuchsanweisungs-Imperativen folgt in der Regel ein 1. Futur, welches das Ergebnis des Experiments im voraus mitteilt: „Man *nehme* die zu diesen Versuchen vorbereitete Tafel vor sich, und *betrachte* das rote und blaue Viereck auf schwarzem Grunde nebeneinander, nach der gewöhnlichen Weise durchs Prisma; so *werden*, da beide Farben heller sind als der Grund, an beiden, sowohl oben als unten, gleiche farbige Ränder und Säume entstehen“[63]. In all seinen Verwendungen bezeichnet das Futurum hier Wahrnehmungen oder Einsichten, die sich bei der Versuchswiederholung mit gesetzhafter Notwendigkeit ergeben. Wie in jedem früheren, so im jeweilig künftigen Fall: „Man kann vor einer glatten Wand diese Versuche mit Stäben von verschiedener Stärke, so wie auch mit Kugeln wiederholen und vervielfältigen; immer *wird* man finden, daß ...“[64]. In solcher Funktion aber ist das didaktische Futur an der Behauptung des fraglos Gesicherten und uneingeschränkt Gültigen, des jederzeit Präsentischen beteiligt, das Goethe dem Didaktischen Teil seines Werkes zugeschrieben hat.

Denn alle anderen Tempora und Modi zurückdrängend und seiner eigenen Absicht unterwerfend, regiert das indikativische Präsens in dieser Schrift, hält ihre Lehrsätze vom Licht und von den Farben frei von (konjunktivischem) Zweifel und macht sie unabhängig vom bloßen (präteritalen) Einzelfall. Im gnomischen Präsens wird festgestellt, was sich als regelmäßige Wahrnehmung ausmachen läßt: „Wenn Taucher sich unter dem Meere befinden und das Sonnenlicht in ihre Glocke scheint, so *ist* alles Beleuchtete, was sie umgibt, purpurfarbig (wovon künftig die Ursache anzugeben ist); die Schatten dagegen *sehen* grün aus.“[65] Generalisierend bestimmt das Präsens, was aus einzelnen

Erfahrungen und Beobachtungen als verbindliche Lehre abzuleiten sei: „Das oft erwähnte Anlaufen glatter metallischer Flächen *geht* von dem Gelben aus. Das Eisen *geht* bald in den gelben Ocker, das Blei aus dem Bleiweiß in den Massikot, das Quecksilber aus dem Äthiops in den gelben Turbith hinüber. Die Auflösungen des Goldes und der Platina in Säuren *sind* gelb."[66] In einem dezidierenden Präsens werden Angaben über die unzweifelhaft wiederkehrenden Ergebnisse der Experimente verfaßt: „Man kann diese Versuche wie die vorhergehenden auch durch das prismatische Spektrum machen, und es *zeigen* sich immer dieselben Resultate."[67] Apodiktisch verordnet das gleiche Präsens die Schlüsse, die keinen Widerspruch dulden: „Daß alle Farben zusammengemischt Weiß machen, *ist* eine Absurdität, die man nebst andern Absurditäten schon ein Jahrhundert gläubig und dem Augenschein entgegen zu wiederholen gewohnt ist."[68] Und mit autoritativem Gestus verkündet eben dieses Präsens das Naturgesetz als unumstößliche Wahrheit: „Es *ist* die ewige Formel des Lebens, die sich auch hier äußert. Wie dem Auge das Dunkle geboten wird, so *fordert* es das Helle; es *fordert* Dunkel, wenn man ihm Hell entgegenbringt und *zeigt* eben dadurch seine Lebendigkeit, sein Recht das Objekt zu fassen, indem es etwas, das dem Objekt entgegengesetzt ist, aus sich selbst *hervorbringt.*"[69]

In handschriftlichen Notizen zur Geschichte der Farbenlehre hatte Goethe (wohl 1801, im Zusammenhang seiner Bibliotheksrecherchen in Göttingen) vermerkt, daß sich nach bestimmten mechanistischen Vorstellungen des 17. Jahrhunderts das Licht „ausdehnen zusammenziehen, zerstreuen übereinanderdrängen beschleunigen retardieren also auch wohl teilen [lasse,] man macht mit ihm was man will. Solche bisher nur gelegentlich gleichnisweise gebrauchte Ausdrücke macht endlich Newton dogmatisch indem er die Farben als integrierende Teile des Lichts darzustellen unternimmt."[70] Was er mit diesem Begriff des Dogmatischen Newton als wissenschaftlichem Kontrahenten zuschreibt: die Verfestigung vager, tastender, nurmehr metaphorisch vorgebrachter Ansichten in einem (vermeintlich) experimentell gesicherten, seinem Anspruch nach schlechterdings verbindlichen Lehrgebäude, eben das gilt ohne Zweifel für den Didaktischen Teil seiner eigenen Schrift. Am gnomischen, generalisierenden, dezidierenden, apodiktischen, autoritativen Gebrauch des Präsens, dieses ‚dogmatischen Präsens' ablesbar, hat er hier die Dogmatik des dreigeteilten Werkes ‚Zur Farbenlehre' vorgelegt.

Er selbst verwendet mehrfach diesen Begriff, schreibt so über Francesco Algarotti (‚Il Newtonianismo per le dame ovvero dialoghi supra la luce e i colori' 1737), daß er über die Lehre vom Licht „manches Historische und Dogmatische recht gut vorbringt."[71] Das meinte er durchaus nicht einfach gleichbedeutend mit dem ‚Didaktischen', wie zu denken wohl naheliegt, wenn man über Francis Bacon bei ihm liest, der erste Teil seines Werkes (‚Novum organum', 1620) sei „der historische" und „das Verfahren der Vorgänger scheltende Teil. Den zweiten würden wir den belehrenden nennen, den didaktisch dogmatischen"[72]. Bei aller Affinität wissenschaftlicher Lehrwerke zum Dogmatischen bezeichnet die Dogmatik doch keineswegs eine für sie unumgänglich notwendige Darstellungsweise und als ‚innere Form' ihr einzig mögliches Gattungsmodell; ausdrücklich hat Goethe das nur Didaktische vom Dogmatischen unterschieden, als er gegen Ende seiner Schrift erklärte, es seien „die Formeln, durch die man die elementaren Naturerscheinungen, wo nicht dogmatisch, doch wenigstens zum didaktischen Behufe ausspricht, durchaus auf dem Wege"[73]. Was aber dogmatische Lehrsätze nach allgemeinem Sprachgebrauch abhebt von nurmehr didaktischen Mitteilungen, sind die

Konnotationen, die ihnen aus dem theologischen Verständnis von Dogmatik zukommen und sie ausstatten mit einem (dort auf die göttliche, biblische Offenbarung gegründeten, durch kirchliche Lehrverkündigung erhobenen) absoluten Wahrheitsanspruch.[74] Auf diesen theologischen Aspekt zielt meine Begriffsübertragung, die den Didaktischen Teil der Goetheschen ‚Farbenlehre' als seine chromatische Dogmatik ausgibt. Und welche Aufschlußkraft einer solchen Gattungsbestimmung zukommt, wird im folgenden deutlicher werden.

Über die Aufnahme dieser Schrift in Berlin hatte Zelter 1829 nach Weimar berichtet: „Meine alte Schwägerin von 76 Jahren wird nicht satt, und wenn sie damit fertig ist, fängt sie von vorn an, es wieder durchzugehn"[75]. Kein Wort, das den religiösen Bereich auch nur berührte. Goethes Antwort aber lautete: „Die werte alte Dame, welche meine Farbenlehre wie eine Art Bibel behandelt, mußte mich sehr freuen."[76] Von ihr, scheint es, fühlte er sich verstanden.

IV
POLEMIK

Den zweiten der drei Teile seiner ,Farbenlehre' hat Goethe als deren ,Polemischen Teil' bezeichnet. Eingeschworen auf das Dogma, daß alle Farbe „von dem Lichte und von dem, was sich ihm entgegenstellt, hervorgebracht werde", streitet er hier gegen die widersetzliche Lehre („die von Newton herstammend sich über die gelehrte und ungelehrte Welt verbreitet hat"): „in dem weißen farblosen Lichte überall, besonders aber in dem Sonnenlicht, seien mehrere farbige (die Empfindung der Farbe erregende), verschiedene Lichter wirklich enthalten, deren Zusammensetzung das weiße Licht (die Empfindung des weißen Lichts) hervorbringe."[77] Nur um die sogenannten ,Physischen Farben' also geht es dieser Kampfschrift. In 680 Paragraphen gegliedert, unternimmt sie eine eingehende kritische Musterung der Experimente, mit denen der Gegner im ersten Buch seiner ,Opticks' operiert, stellt seine Argumente als haltlos dar und führt zur gänzlichen Verwerfung seiner Theoreme. Die Mißverständnisse und Fehlurteile, die dabei aus den fundamentalen Differenzen zwischen Goethes (qualitativ) phänomenologischer Betrachtungsweise und Newtons (quantitativ) physikalisch-mathematischem Zugriff resultieren, lasse ich hier außer Betracht und wende mich zunächst wiederum Fragen der Schreibweise zu.

Durch referierende Wiedergabe seiner Sätze und ausführliche Zitate kommt der Gegner selbst ständig zu Wort in diesem Text, und jeweils im Widerspruch zu Newtons Thesen behauptet Goethe dann die eigene Position. Rede und Gegenrede. Ein von jenem vorgetragenes experimentelles Argument etwa sucht dieser zu entkräften, indem er es doch als „himmelweit unterschieden" von einem vorangegangenen gleichgerichteten Beweisversuch erklärt; „wir werden, da wir das Phänomen nicht leugnen, es abermals auf mancherlei Weise darzustellen, aus unsern Quellen abzuleiten und das Hohle der Newtonischen Erklärung darzutun suchen."[78] Oder er entgegnet, daß er einer von Newton ins Feld geführten „Erscheinung, welche wir nicht leugnen, auf einem andern Wege beizukommen" für richtig halte, bittet auch „um besondre Aufmerksamkeit" dabei, „weil hier eigentlich der Punkt ist, wo die Newtonische Lehre entweder bestehen kann, oder fallen muß."[79] Oder er kontert, es sei Newtons Intention bei verschiedenen umständlichen Experimenten „keine andere, als eine Ausflucht sich zu bereiten, damit, wenn bei abermaliger Verrückung seiner homogenen Farbenbilder sich neue Farben zeigen, er sagen könne, jene seien eben nicht homogen gewesen; da denn freilich niemand einem der auf diese Weise lehrt und disputiert, etwas anhaben kann."[80]

In der Tat beruht der Polemische Teil seiner ‚Farbenlehre' auf dem rhetorischen Grundmuster der Disputation. Nur behält in dieser „Kontroverse" (wie Goethe seine Schrift sehr häufig nennt[81]) er selbst doch immer das letzte Wort. Nie mehr kann der Gegner auf seinen Widerspruch hin in der jeweils zur Rede stehenden Sache seinerseits replizieren. Wie er sich denn auch höchst unsachlicher Angriffe nicht mehr zu erwehren vermag, mit denen der Kontrahent postum ihm zusetzt. Denn in dieser Disputation führt Goethe die Waffe der Satire mit rücksichtsloser Schärfe. Er liefert Glanzstücke des polemisch-satirischen Stils, die man längst wohl als solche wahrgenommen hätte, gehörte ihr Urheber nur in die Reihe derjenigen Schriftsteller, denen man in diesem Genre den bösartigen Witz und seine offenbare Ungerechtigkeit eher zubilligen mochte, als dem konzilianten Weimaraner, bei dem dergleichen allenfalls als peinliche Entgleisung und eher doch mit betretener Miene zur Kenntnis genommen wird.

Ein Beispiel dafür gibt Goethes Behandlung der Newtonschen Weiß-Synthese aus den Spektren. Setzt sich, dessen Zentralthese entsprechend, das weiße Licht aus den durch prismatische Brechung sichtbar gemachten Spektralfarben zusammen, müßten diese sich im Gegenversuch auch wieder in Weiß zurückmischen (neutralisieren) lassen. Goethe weiß sehr wohl, daß mit dem Ergebnis eines solchen Kontrollexperiments die gegnerische Lehre steht oder fällt, wendet diesen Passagen der ‚Opticks' also entschiedene Aufmerksamkeit zu. Nun war Newton dabei auf eine subtraktive Reproduktionsmethode angewiesen. Er mußte notgedrungen noch mit Farbpulvern aus einer Malerwerkstatt operieren, weil die Herstellung farbiger Lichter zu seiner (und zu Goethes) Zeit technisch nicht möglich war. Erst 1852 hat Helmholtz nachweisen können, daß bei Pigmentmischungen nicht die gleichen Mischfarben entstehen, wie bei der additiven Mischung farbiger Lichter, durch die allein ein reines Weiß zustande kommt. Völlig korrekt hatte Newton das unbefriedigende Ergebnis seiner Pigmentmischungsversuche mitgeteilt: das auf diese Weise rückerzeugte Weiß gleiche „the Colours of a Man's Nail, of a Mouse, of Ashes, of ordinary Stones, of Mortar, of Dust and Dirt in High-ways, and the like. And such a dark white I have often produced by mixing colour'd Powders."[82] Goethe, der eingestandenermaßen „das ekelhafte Newtonische Weiß mit Gewalt verfolgte",[83] nahm diese Mitteilung als Beweis für die Haltlosigkeit der gegnerischen Theorie. In grimmigem Entzücken läßt er Newton hier wortgetreu zu Worte kommen – „‚mäusefarben, aschfarben, etwa steinfarben oder wie der Mörtel, Staub, oder Straßenkot aussieht und dergleichen'" –: „Woran denn freilich niemand zweifeln wird, nur wünschte ich, daß die sämtlichen Newtonianer dergleichen Leibwäsche tragen müßten, damit man sie an diesem Abzeichen von andern vernünftigen Leuten unterscheiden könnte."[84] Wäre es nach ihm gegangen, ließen sich die Physiker heute an ihrer Unterbekleidung ausmachen; Newtonianer sind sie alle.

Gelegenheitsweise und beiläufig kommt es mehrfach zu solchen Ausfällen. Aber auch über einen größeren Zusammenhang hin und geradezu als strukturierendes Element wird die satirische Rede für diese Kampfschrift eingesetzt.

Von Goethes Zeitgenossen Basedow, dem Pädagogen, ging die Rede, daß er ein Alkoholiker sei. Ein Besucher des Dessauer ‚Philanthropinums' überliefert in seinen Lebenserinnerungen, der große Erzieher habe seine Gäste dort mit der Frage verblüfft: „Nun, Ihr Göttinger, Ihr wißt ja Alles, oder glaubt Alles zu wissen; was für eine Conclusion paßt denn zu allen Prämissen?" und sie dann belehrt, „daß *ergo bibamus!* diese Conclusion sey."[85] Offenbar hat der fröhliche Zecher diesen Scherz so häufig wiederholt, daß er weithin bekannt wurde.

Goethe erklärt in seiner Auseinandersetzung mit Newtons Zentralthese von der ‚diversen Refrangibilität' des weißen Lichts (seiner unterschiedlichen Brechbarkeit in die Spektralfarben, die in den ‚Opticks' durch viele Experimente bestätigt und also entsprechend oft wiederholt wird): Da er „sich um seine Prämissen nichts bekümmert, so ist sein *ergo* immer dasselbige." Und nun holt er aus ins Satirische – „Es fällt uns bei dieser Gelegenheit ein, daß Basedow, der ein starker Trinker war, und in seinen besten Jahren in guter Gesellschaft einen sehr erfreulichen Humor zeigte, stets zu behaupten pflegte: die Konklusion *ergo bibamus* passe zu allen Prämissen. Es ist schön Wetter, *ergo bibamus!* Es ist ein häßlicher Tag, *ergo bibamus!* Wir sind unter Freunden, *ergo bibamus!* Es sind fatale Bursche in der Gesellschaft, *ergo bibamus!* So setzt auch Newton sein *ergo* zu den verschiedensten Prämissen. Das gebrochne Lichtbild ist ganz und stetig gefärbt; also ist das Licht divers refrangibel. Es hat eine weiße Mitte; und doch ist es divers refrangibel. Es ist einmal ganz weiß; und doch ist es divers refrangibel. Und so schließt er auch hier...".[86]

Über 70 Druckseiten hin bildet die Konklusion des Alkoholikers nun den satirischen Refrain auf Newtons Propositiones. „Diese Art Logik hat er seiner Schule überliefert und bis auf den heutigen Tag wiederholen sie ihr ewiges *ergo bibamus*, das ebenso lächerlich und noch viel lästiger ist als das Basedowische manchmal werden konnte, wenn er denselben Spaß unaufhörlich wiederbrachte." – „Daß nunmehr Newton abermals mit seinem *ergo bibamus* schließen werde, läßt sich erwarten: denn er setzt sehr glorios hinzu: Woraus denn klar ist, daß ...". – „Bewies also jenes Experiment nichts, so wird auch gegenwärtiges nichts beweisen, und wir erlassen unsern Lesern das *ergo bibamus*, welches hier auf die gewöhnliche Weise hinzugefügt wird." – „Wir überschlagen gleichfalls sein triumphierendes *ergo bibamus*, indem für diejenigen, welche die wahre Absicht zu fassen geneigt sind, schon im Vorhergehenden genugsam gesagt ist." So setzt sich das fort bis zum Ende des Polemischen Teils: „Das *ergo bibamus* des Autors übergehen wir und eilen mit ihm zum Schlusse"[87] – als handle es sich bei Newtons konsequenter Abfolge von experimentellen Prämissen und theoretischen Schlüssen um die Litanei eines Trunkenbolds.

Das spielerisch-witzige Element, das bei solch satirischer Behandlung des Gegners ins Spiel kommt, nimmt dem Angriff wohl die äußerste Schärfe. Aber Goethe hat sich in seiner Polemik auch sehr direkt, ganz im Ernst und mit vollkommener Rücksichtslosigkeit geäußert. „Daß Newton aus lauter falschen Prämissen keine wahre Folgerung ziehen konnte, versteht sich von selbst." Um jedoch „das Unwahre und Ungehörige" seiner Lehre durchzusetzen, „muß er Sinne, sinnlichen Eindruck, Menschenverstand, Sprachgebrauch und alles verleugnen, wodurch sich jemand als Mensch, als Beobachter, als Denker betätigt." Beim Vorwurf bloßen „Selbstbetruges" macht Goethe nicht halt, erklärt vielmehr, daß dieser „ganz nahe an die Unredlichkeit grenzt". Denn nicht allein, daß er selber „ganz von Vorurteil umnebelt" sei, wird Newton unterstellt, sondern auch, daß er Kunststücke unternehme, durch die wir mit Absicht „hinter das Licht geführt werden" – „ohne daß die Welt, die hundert Jahre seine Lehre nachbetet, den Taschenspielerstreich gewahr wird". Seine Versuche, „die er vorsätzlich und mit Bewußtsein ausgesucht zu haben schien, um uns zu täuschen", erlaubten also, ihn einem „falschen Spieler" zu vergleichen. Wie der „zu Werke geht, um das Unwahre wahr, das Wahre unwahr zu machen, das ist jetzt unser Geschäft zu zeigen und der eigentliche Zweck des gegenwärtigen polemischen Teils." Jeden, „der nicht verwahrlost ist", müsse das „zum Erstaunen, ja zum Entsetzen bewegen": „Man gebe uns ein Beispiel in der Geschichte der Wissenschaften, wo Hartnäckigkeit und Unverschämtheit auf einen so hohen Grad getrieben worden."[88]

Ich habe damit, um abzukürzen, eine Zitaten-Collage geliefert. Freilich stellt die den Tatbestand in einer massierten Form vor Augen. Keineswegs aber handelt es sich in Wahrheit um nur vereinzelte Entgleisungen, vielmehr ließen sich solche Invektiven in weit größerer Zahl noch anführen; und keines der zitierten Worte ist in seinem Textzusammenhang doch anders eingesetzt als mit der Absicht, die hier deutlich wird. Goethe polemisiert wahrhaftig mit einer Wut und Erbitterung, die ihrerseits „zum Erstaunen, ja zum Entsetzen bewegen" können. Jedes Mittel scheint ihm da recht. Und nicht nur über den Toten fällt er her. Unerbittlicher noch richtet er dessen Anhänger, die zeitgenössischen Physiker, die ganze üble Zunft. Wenn später im Historischen Teil der ‚Farbenlehre' von ‚Newtons Persönlichkeit' die Rede ist, wird er ihn selbst, einigermaßen überraschend, sogar als „vortrefflichen Mann" bezeichnen, möchte er „den Manen Newtons [:seinem abgeschiedenen Geist], in sofern wir sie beleidigt haben könnten, eine hinlängliche Ehrenerklärung tun." Seine Charakterstärke und die Bedingungen seiner Zeit führt er da zur Erklärung des „Irrtums" an und konstatiert: „Die Beharrlichkeit eines original Irrenden kann uns erzürnen; die Hartnäckigkeit der Irrtumskopisten macht verdrießlich und ärgerlich. Und wenn wir in dem Streit gegen die Newtonische Lehre manchmal aus den Grenzen der Gelassenheit herausgeschritten sind [eine recht verharmlosende Selbstdarstellung], so schieben wir alle Schuld auf die Schule, deren Inkompetenz und Dünkel, deren Faulheit und Selbstgenügsamkeit, deren Ingrimm und Verfolgungsgelüst miteinander durchaus in Proportion und Gleichgewicht stehen."[89]

Kein zweites Mal hat Goethe sich auf solche Weise vernehmen lassen. Seine ‚Xenien' erscheinen als freundliche Späße fast, wenn man sie mißt am Polemischen Teil dieser ‚Farbenlehre'. Wohl schrieb er zu dessen ‚Abschluß', er würde im nachhinein „vielleicht einige heftige Ausdrücke mildern". Aber stehen ließ er sie alle, und erklärte an Ort und Stelle zur eigenen „Beruhigung, daß diese ganze Arbeit mitten in dem heftigsten Kriege der unser Vaterland erschütterte, unternommen und vollendet wurde. Das Gewaltsame der Zeit dringt leider bis in die friedlichen Wohnungen der Musen, und die Sitten der Menschen werden durch die nächsten Beispiele, wo nicht bestimmt, doch modifiziert."[90] Auch dieser Rechtfertigungsversuch macht den Sachverhalt kaum begreiflicher. Er zeigt vielmehr, daß

Goethe sehr wohl wußte, wie er gegen Newton vorging. Und gewiß war er seiner Sprache mächtig, hätte einer Brutalisierungstendenz der Zeitläufte hier so wenig nachgeben müssen, wie er in anderen, gleichzeitigen Schriften seine Schreibsitten durch sie ‚modifizieren' ließ. Wo er das „Gewaltsame der Zeit" sonst ins Spiel bringt, wird es, auf entschieden kalkulierte Weise, selbst dann zum Angriff gegen Newton eingesetzt, wenn das der eignen politischen Überzeugung widerspricht. So hat Goethe im Vorwort zur ‚Farbenlehre' die Lehre Newtons „einer alten Burg" verglichen, einer „Festung", und es die Absicht des Polemischen Teils genannt, „jene Bastille zu schleifen und einen freien Raum zu gewinnen".[91] Der Sturm auf die Bastille, der 19 Jahre zuvor die große Revolution in Frankreich eröffnet hatte, rückt damit in den Blick. Und tatsächlich wird die französische Revolution, die dem Weimarer „Freund vom Altgesetzlichen"[92] für seine heimischen Verhältnisse doch alles andere als vorbildhaft erschien, hier in höchst verfängliche Nähe zum eignen Umsturzversuch gebracht. „Denn kein aristokratischer Dünkel hat jemals mit solchem unerträglichen Übermute auf diejenigen herabgesehen, die nicht zu seiner Gilde gehörten, als die Newtonische Schule"[93] – „Der Besitz in dem sie sich stark fühlen wird durch meine Farbenlehre bedroht, welche in diesem Sinne revolutionär genannt werden kann, wogegen jene Aristokratie sich zu wehren alle Ursache hat."[94]

Im höchsten Alter gab er Eckermann Erlaubnis, den Polemischen Teil der ‚Farbenlehre' wegzulassen, falls der Verleger bei einer postumen Gesamtausgabe seiner Schriften über einen gewissen Umfang nicht hinausgehen wolle. „Ich desavouiere meine etwas scharfe Zergliederung der Newtonischen Sätze zwar keineswegs," sagte er da, „sie war zu ihrer Zeit notwendig und wird auch in der Folge ihren Wert behalten, allein im Grunde ist alles polemische Wirken gegen meine eigentliche Natur, und ich habe daran wenig Freude."[95] Was also hat ihn getrieben, derart gegen die eigene Natur zu handeln, nicht nur Umgangsformen zu verletzen, sondern die Gebote menschlichen Anstands und menschlicher Gesittung, die für ihn kein bloßes Lippenbekenntnis waren, dies eine Mal mit so fanatischer Intoleranz außer Kraft zu setzen?

Wie er in früheren Jahren über Newton urteilte, ist uns in zuverlässigem Wortlaut nicht überliefert. Aber die getrübte Quelle der ‚Physiognomischen Fragmente' Lavaters läßt doch mit ziemlicher Sicherheit darauf schließen, daß Goethes Bewunderung und Verehrung des großen Naturwissenschaftlers anfangs durch keinerlei Vorbehalt eingeschränkt wurde.[96] Erst mit dem Jahr 1790 ändert sich das. Da dann mit einem Schlag – „und ich sprach wie durch einen Instinkt sogleich vor mich laut aus, daß die Newtonische Lehre falsch sei."[24] Auf dem religiösen Fundament dieses Erweckungserlebnisses beruht der Polemische Teil der ‚Farbenlehre'. „Ich erkannte das Licht in seiner Reinheit und Wahrheit," erklärte er Eckermann, „und ich hielt es meines Amtes, dafür zu streiten."[44] Diesen Streit hat Goethe anders geführt, als es einer Meinungsverschiedenheit über die Eigenschaften des Lichts und die Entstehungsursachen von Farben angemessen erscheint und aus ihr selbst erklärlich wäre. Diese Disputation nahm die Züge einer kontroverstheologischen Polemik an. Denn dem Farbenlehrer ging es offensichtlich um mehr, als um eine wissenschaftliche Auseinandersetzung im Bereich der Optik: in, mit und unter ihr führt er einen Glaubenskampf, mit solcher Leidenschaft, als ginge es um die Frage des menschlichen Heils.

Im Konzept eines Briefes an Johann Heinrich Voß (vom 1. Juli 1795?) hat er geschrieben, ihm stehe „eine unübersehliche Not bevor", wenn er „dem englischen *Bal Isaac* zu Leibe gehn und die allerliebste hergebrachte Strahlenspalterei für ein Märchen erklären werde."[97] Baal Isaac – das mag auf den ersten Blick als ein halbwegs scherzhafter Vergleich erscheinen. Aber Goethe ließ seinen sorgfältig bedachten Brief ohne diese Passage herausgehen und wußte wohl, weshalb er sie unterdrückte: welch unerhörte Bedeutung er seinem Streit gegen Isaac Newton damit zuschrieb und welchen Einblick in sein Selbstverständnis er dem bibelkundigen Leser auf diese Weise ermöglicht hätte. Denn hier trat der gegen den englischen Irrlehrer, seine Anhänger und Verehrer aufbegehrende Farbenlehrer in die Fußstapfen des alttestamentlichen Propheten, der die Kinder Israel von der Abgötterei des Baal-Kultes abzubringen und sie dem wahren Gott wieder zuzuführen suchte. Elia, heißt es, war allein „ein prophet des Herrn; aber der propheten Baal sind vier hundert und fünffzig mann." Und wenn die Brandopfer-Experimente auf dem Karmel die falsche Lehre der Baals-Anhänger und die Wahrheit des von Elia verkündeten Gottes erwiesen haben, spricht der zum Volk: „Greiffet die propheten Baal, daß ihrer keiner entrinne. Und sie griffen sie. Und Elia führte sie hinab an den bach Kison, und schlachtete sie daselbst."[98] Ein Glaubenskampf von solcher Schärfe wiederholt sich mit den polemischen Schriften zur Farbenlehre. Auf ein Massaker läuft es auch hier hinaus.

Im Wortlaut des Polemischen Teils tritt diese theologische Dimension der wissenschaftlichen Auseinandersetzung an vielen Stellen zutage. Und man verkennt deren Ernst, man verfehlt ihre Bedeutung, wenn man dergleichen als bloße Metaphorik nehmen wollte, die dem Text nurmehr Nachdruck geben soll und austauschbar wäre gegen andere sprachliche Mittel zu gleichem Zweck. Solch gleichnisweise Rede stellt hier tatsächlich eine Gleichsetzung her. Da heißt es also, daß die Welt, die Newtons falsches Spiel nicht durchschaue, schon „hundert Jahre seine Lehre nachbetet". – „Freilich hatte man schon das ganze Jahrhundert durch den Schülern das Glaubensbekenntnis vorgetragen und sie genötigt es auswendig zu lernen." – „Man darf nur die erste Proposition, womit die Optik [Newtons] anfängt, gelten lassen oder gläubig in sich aufnehmen; so ist man auf ewig über das Farbenwesen beruhigt." – „Diese Verhältnisse, diese notwendigen und unerläßlichen Bedingungen muß Newton verschweigen, er muß den Leser, den Schüler im Dunkeln erhalten, damit ihr Glaube nicht wankend werde." – „Wir empfehlen diesen Versuch allen übrig bleibenden Newtonianern, um ihre Schüler in Erstaunen zu setzen und im Glauben zu stärken." Oder, auf den eigenen Widerspruch gegen die Irrlehre bezogen, ironisch: „man könnte sich's wirklich zur Sünde rechnen, die selige Überzeugung der Newtonischen Schule, ja überhaupt die himmlische Ruhe der ganzen halb unterrichteten Welt in und an dem Kredit dieser Schule zu stören und in Unbehaglichkeit zu setzen. Denn wenn die sämtlichen Meister die alte starre Konfession immer auf ihren Lehrstühlen wiederholen, so imprimieren sich die Schüler jene kurzen Formeln sehr gerne" – „wir ersuchen unsre Leser um die vollkommenste Aufmerksamkeit, dafür sie sich denn aber auch von der Knechtschaft dieser Lehre auf ewige Zeiten befreit fühlen werden."[99]

Erst daß sein Kampf gegen Newtons Lehre für Goethe eine theologische Reichweite besitzt, macht begreiflich, weshalb er hier selbst diejenigen Grenzen noch überschreitet, an die der wissenschaftliche Streit auch bei äußerster Erbitterung der Kontrahenten dadurch sich hält, daß er als freie geistige Auseinandersetzung in Rede und Gegenrede, durch Schrift und Gegenschrift sich vollzieht. Denn dieser Polemiker beläßt es keineswegs bei Verbalinjurien. Schon sein satirischer Wunsch, die verhaßten Newtonianer an jenem ihnen aufgenötigten Bekleidungsschandfleck kenntlich zu machen, deutet, halbwegs spaßig und halbwegs erschreckend doch, auf die früher wie später geübte Praxis, Glaubensgegner durch zwangsweise öffentliche Kennzeichnung zu isolieren und anzuprangern.

Es bleibt ja auch nicht bei der handfest-fröhlichen Aufforderung zum öffentlichen Protest und ‚Vorlesungsstreik', die der Weimarer Minister 1822 drucken läßt: „Jeder Studierende fordere auf seiner Akademie vom Professor der Physik einen Vortrag sämtlicher Phänomene, nach beliebiger Ordnung; fängt dieser aber den bisherigen Bocksbeutel [nach der Newtonschen Versuchsanordnung] damit an: ‚Man lasse durch ein kleines Loch einen Lichtstrahl usw.' so lache man ihn aus, verlasse die dunkle Kammer, erfreue sich am blauen Himmel und am glühenden Rot der untergehenden Sonne nach unserer Anleitung."[100] In seinem 1820 verfaßten Konzept zu einer Rezension hat sich Goethe darüber beklagt, daß in den Lehrbüchern der Physik die Lehre Newtons nach wie vor verbreitet werde, und tatsächlich geschrieben: „Ein solches greuliches Werk ist Biots kleinere Physik, wornach in Frankreich gesetzlich die Köpfe verdorben werden müssen, ins Deutsche ist es auch schon herübergebracht und ich möchte doch wohl wissen, ob ein Ministerium des öffentlichen Unterrichts, wenn es auch von denen darin waltenden Irrtümern überzeugt wäre, Vorlesungen darüber verbieten möchte und könnte?"[101] Das hat er nicht publizieren lassen. Aber so hat er gedacht.

Selbst die diffamierenden Feststellungen, daß Newtons ‚Opticks' „baren Unsinn" enthielten[102], ja daß eine Fortpflanzung von solch „dogmatisierten und didaktisierten Widersprüchen" nach und nach „zur fixen Idee werden, und zuletzt in einen völligen partiellen Wahnsinn ausarten" könne[103], muß man als wortwörtlich gemeinte nehmen. Vor ihren Konsequenzen scheute Goethe nicht zurück. 1805 hatte er in Halle Vorlesungen des Hirnforschers Franz Joseph Gall gehört, der in seiner phrenologischen Schädellehre die psychischen Funktionen im Gehirn lokalisieren, ihnen dort bestimmte ‚Organe' zuweisen wollte. In der ‚Erklärung der zu Goethes Farbenlehre gehörigen Tafeln' von 1810 kamen die 1792 von Christian Ernst Wünsch veröffentlichten ‚Versuche und Beobachtungen über die Farben des Lichtes' zur Sprache (die freilich schon mit diesem Titel die Newtonsche Position behaupteten), und Goethe beendete seine Abfuhr dieser Irrlehren mit dem ungeheuerlichen Satz: „Fast möchten wir glauben, daß es im Gehirn ganz besondere Organe für diese seltsamen Geistesoperationen gebe. Möge doch Gall einmal den Schädel eines rechten Stock-Newtonianers untersuchen und uns darüber einigen Aufschluß erteilen."[104]

Boykott unerwünschter Meinungsäußerungen, staatliche Zensur, Publikationsverbot, öffentliche Diffamierung, die Darstellung abweichender Ansichten als Ausgeburt geistiger Erkrankung – solche Maßnahmen kennt man aus den heftigsten Phasen der großen Glaubenskämpfe und ihrer säkularisierten Perversionen. Und mit der intellektuellen, moralischen, psychischen Diskriminierung des wissenschaftlichen Kontrahenten folgt Goethe in der Tat dem alten, dort vorgegebenen und über ihn hinaus fortwirkenden Grundmuster der Verteufelung von Glaubensgegnern, die man als Verkünder einer verdammenswerten Irrlehre auch in eigener Person verdammt. Da sei „Zu sehn, wie Teufel die Natur betrachten", läßt er seinen Faust zur Erdentstehungstheorie der Vulkanisten sagen.[105] Über die ‚Opticks' dachte er selber so, und gegen ihren Urheber ging er an wie gegen den Menschheitsverderber.

V
KIRCHEN- UND KETZERHISTORIE

Der dritte und letzte, Historische Teil der ‚Farbenlehre' gibt eine weit ausgreifende wissenschaftsgeschichtliche Darstellung. Sie setzt mit der ‚Urzeit' ein; behandelt die ‚Griechen' und die ‚Römer'; skizziert danach für die ‚Zwischenzeit', was „über die durch Barbaren gerissene Lücke in die mittlere und neuere Zeit vor allem andern bedeutend herüberreicht"[106]; erörtert ausführlicher dann das europäische ‚Sechzehnte Jahrhundert', das ‚Siebzehnte Jahrhundert' und schließlich eingehend das ‚Achtzehnte Jahrhundert', das in die Epochen ‚Von Newton bis auf Dollond' und ‚Von Dollond bis auf unsere Zeit' gegliedert wird.

Schon als Goethe ihm einen ersten Entwurf für den Historischen Teil vorlegte, hat Schiller bemerkt, dieses „kleine Schema zu einer Geschichte der Optik enthält viele bedeutende Grundzüge einer allgemeinen Geschichte der Wissenschaft und des menschlichen Denkens"[107]. Tatsächlich entwickelt die ausgearbeitete Fassung am Leitfaden der Farbenlehre eine Geistesgeschichte der Naturbetrachtung und Naturwissenschaft überhaupt. Denn das setzt dieser Geschichtsschreiber voraus, und löst er ein: Es „begreift sich die Geschichte der Farbenlehre auch nur in Gefolg der Geschichte aller Naturwissenschaften", ja es „ist die Geschichte der Wissenschaften mit der Geschichte der Philosophie innigst verbunden, aber eben so auch mit der Geschichte des Lebens und des Charakters der Individuen, so wie der Völker."[108]

Auf dieser Grundkonzeption beruht eine eigenartige und bemerkenswerte Darstellungsweise des Historischen Teils. Es wechselt nämlich nicht nur inhaltlich die Betrachtung von der Naturkunde zur Kulturgeschichte oder von der Forscherbiographie zur Institutionengeschichte der Akademien und Sozietäten oder von der Völkerpsychologie zur Mentalitätsgeschichte und so fort. Gleichermaßen stehen, durch entschiedene Zäsuren voneinander abgesetzt, hart gefügt, als disparate Formelemente nebeneinander erzählende und systematisch angelegte (‚narrative' und ‚strukturale') Teile, darstellende Kapitel und reflektierende Einschübe, breite Zitate und referierend-raffende Partien, epische Berichte und aphoristische Einsprengsel, weltgeschichtliche Betrachtungen und Miniaturstudien, streng objektbezogene Darlegungen und höchst subjektive Angaben über die Bedingungen des eigenen Schreibens, ausgeführte und nurmehr skizzenhafte Abschnitte, grundsätzliche und beiläufige, notwendige und angeschlossene Passagen. Eine ‚stückhafte', diskontinuierliche Darbietungsform gibt die in sich geschlossene, einheitliche historiographische Darstellung auf. In diesem Historischen Teil seines Werkes, den Goethe mit vollständigem Titel denn auch nur als ‚Materialien zur Geschichte der Farbenlehre' hat bezeichnen mögen, bildet die Struktur sich aus, welche sein dichterisches Alterswerk prägen und Jahrzehnte später das ‚stückhafte Erzählen' von ‚Wilhelm Meisters Wanderjahren' bestimmen wird. Diesen Roman von 1821/29, der die geschlossene Großform zertrümmert und unerhört kühn auf Verfahrensweisen moderner Erzählkunst vorausgreift, hat Goethe als eine Arbeit bestimmt, welche „sich selbst als kollektiv ankündiget, indem sie gewissermaßen nur zum Verband der disparatesten Einzelnheiten unternommen zu sein scheint": es finde sich „in dem Komplex des Ganzen Notwendiges und Zufälliges, Vorgesetztes und Angeschlossenes, bald gelungen, bald vereitelt, wodurch es eine Art von Unendlichkeit erhält, die sich in verständige und vernünftige Worte nicht durchaus fassen noch einschließen läßt."[109] Genau dieses Programm nimmt die apologetisch gestimmte Einleitung zur Geschichte des Farbenwesens voraus: „um eines durchgehenden Fadens nicht zu ermangeln," heißt es da, habe der Autor „allgemeine Betrachtungen eingeschaltet, den Gang der Wissenschaften in verschiedenen Epochen flüchtig bezeichnet, auch die Farbenlehre mit durchzuführen und anzuknüpfen gesucht. Daß hiebei mancher Zufall gewaltet, manches einer augenblicklichen Stimmung seinen Ursprung verdankt, kann nicht geleugnet werden. Indessen wird man einige Launen auch wohl einer ernsten Sammlung verzeihen, zu einer Zeit, in der ganze wetterwendische Bücher mit Vergnügen und Beifall aufgenommen werden."[110]

Knüpft Goethe, „um eines durchgehenden Fadens nicht zu ermangeln", die disparaten Teile seiner Darstellung auf diese Weise an das leitende Thema der Farbenlehre und ihres Entwicklungsganges, so wird nun das riesige Panorama der auf das Licht und die Farben bezogenen disparaten Vorstellungen und Einsichten, der unterschiedlichen Einzelbeiträge und Lehrmeinungen, der verschiedenen Schulen und ihrer Streitigkeiten, das er da ausbreitet, durchwirkt (und eingefärbt) von einem roten Faden wiederkehrender Anspielungen und Verweise auf die Geschichte der christlichen Kirche.

Indirekte wie ausdrückliche Vergleiche dieser Art finden sich zunächst in Goethes handschriftlichen Arbeitsnotizen zur Geschichte der Farbenlehre. So wird etwa von Francis Bacon festgehalten, daß er in seinem ‚Novum organum' von 1620 die „Götzen" (Idola) zu vertreiben suchte, welche „den Menschen hindern, in der Erkenntnis des Wahren vorwärts zu schreiten": die „Stammgötzen" nämlich („welche dem ganzen Menschenstamme vorschweben"), die „Busen- oder Schoßgötzen" („welche dem einzelnen Menschen lieb und wert sind"), die „Marktgötzen" („welche die versammelte Menschenschar anbetet und verehrt") und die „Theatergötzen" schließlich („auf einer hohen Bühne aufgestellt", „dem Volke zur Verehrung empfohlen und aufgedrungen")[111] – und Goethe vermerkt über diesen Bekämpfer der spekulativen Scholastik: „Sein Ablehnen aller Autorität ist eine Art Protestantismus."[112] Die Gegenposition bezeichnet er in einer ‚Übersicht des Siebzehnten Jahrhunderts': Was die Alten über die „Wirkung und Gegenwirkung des Lichtes und Auges" gelehrt hatten, habe man durch „scholastische Behandlung" aus dem Blick verloren.[113] Arbeitsnotiz: „Frage ob das Licht eine Substanz oder Akzidens? Die Schule behauptet nach Aristoteles das letztere. Die Jesuiten lehren eben dasselbe. Fortdauernde scholastische Manier."[114] Wie eine Widerspiegelung der Auseinandersetzungen um die heilige Trinität und die Natur Christi mutet so das Schema an, mit dem Goethe die Parteiungen erfaßt, welche ‚Von 1600 an' um das Wesen des Lichtes streiten: „Dualisten" (die aus einer Wechselwirkung von Licht und Finsternis die Farben entstehen lassen), „Trinitarier" (nach deren Lehre sich das Urlicht in drei Elemente zerlegt habe, von denen die „Elementarsäure" Schwefel die Farben hervorbringe) und „Solitarier" (welche das Licht als veränderbar, ja als teilbar ansehen und die Farben als seine integrierenden Bestandteile)[115] – wobei die Bezeichnung ‚Solitarier' für abgesondert lebende Wiedertäufer und ‚Trinitarier' (von den gegnerischen Sozinianern/Unitariern so benannt) für Anhänger der Dreieinigkeitslehre auch im kirchengeschichtlichen Gebrauch geläufig war[116]. Goethes Erklärung der zur ‚Farbenlehre' gehörigen Tafeln, die nach Abschluß des Hauptwerks veröffentlicht wurde, hat dieses Motiv dann in eigener Sache aufgenommen. Die gegen ihn gerichtete Rezension eines Newtonianers, liest man da, zeige der Nachwelt, „wie gegen das Ende des achtzehnten Jahrhunderts in den Naturwissenschaften auf eine Weise verfahren worden, deren sich das dunkelste Mönchtum und eine sich selbst verwirrende Scholastik nicht zu schämen hätte."[117]

Auf die gleiche Spur deutet in den nicht zum Druck bestimmten Vorarbeiten zum Historischen Teil eine ganze Reihe ausdrücklicher Gleichsetzungen. Goethe notiert von Newtons Lehre, „wie er [selber] sie vorgetragen und wie sie durch seine Gläubigen weiter ausgebreitet worden ist". Es werden die Farbenlehrer des 18. Jahrhunderts in einer Namensliste als Gegner oder als „Bekenner Newtons" charakterisiert. Über Johann Samuel Traugott Gehler wird vermerkt, er trage die Newtonsche Lehre „rechtgläubig" vor, und über „die Mathematiker aller Nationen", sie hielten an ihr fest und stellten sich „ganz ungebärdig", wenn man „von der physischen Seite sich dem Heiligtume nähern will." Der Engländer schließlich „erschrickt noch immer wie vor einer Gotteslästerung, wenn man etwas dagegen äußert."[118]

Dem Schreiber konnte nicht unbemerkt bleiben, was ihm an Verweisen und Gleichungen dieser Art in die Feder kam, und er war, scheint es, bemüht sie zurückzuhalten. Aber wenngleich in die Druckfassung keines der hier angeführten Beispiele mehr einging: sie zeigen an, wie Goethe die Auseinandersetzung mit Newton eigentlich verstand. Auch ist der endgültige Wortlaut des Historischen Teils seiner ‚Farbenlehre' durchaus nicht etwa freigeblieben von solchen Signalen. Zunächst nur vereinzelt und unaufdringlich verwendet, nehmen sie an Dichte und Deutlichkeit entschieden zu, nachdem der Geschichtsschreiber in der Abfolge der Ereignisse den Zeitpunkt erreicht hat, zu dem der große Gegner die Irrtümer seiner Vorgänger „dogmatisch" macht[70]. Newtons Briefe an die Königliche Sozietät der

Wissenschaften, heißt es nun, enthalten seine „ersten Konfessionen". Seine spätere Kurzfassung dieser Theorien erscheint „für diejenigen, welche die Beschränktheit dieser Lehre übersehen oder welche ein Glaubensbekenntnis derselben auswendig lernen wollen, gleich nützlich und hinreichend." – „Newton teilte seine Überzeugung, so wie seine Hartnäckigkeit, seinen Schülern mit, und wer den Parteigeist kennt, wird sich nicht verwundern, daß diese keine Augen und Ohren mehr haben, sondern das alte Credo immerfort wiederholen, wie es ihnen der Meister eingelernt"; Fontenelles Gedächtnisrede auf Newton zeige, wie weit „man nach und nach im Glauben gekommen!" Dann wird über ‚Erste Schüler und Bekenner Newtons' mitgeteilt, es könne niemandem entgehen, „daß hier, bei allem Glauben an den Herrn und Meister, die Lehre schon ziemlich auf dem Wege ist, verschoben und entstellt zu werden." Aber in Desaguliers werde man an der „ausflüchtenden Manier doch wohl sogleich den echten Jünger Newtons erkennen" – sowohl bei seiner Abwehr von Einwänden Rizettis, die „von einem Schüler Newtons als Gotteslästerung verabscheut werden mußten", wie bei seinen gegen Mariottes Newton-Kritik gerichteten unredlichen Experimenten, von denen man „späterhin einsichtige Naturforscher weggeschreckt, gerade wie die Kirche von Glaubensartikeln die naseweisen Ketzer zu entfernen sucht." Auch Voltaire mache „sichs zur Pflicht, das Newtonische Evangelium, das ohnehin schon die allgemeine Gunst erworben hatte, noch weiter auszubreiten"; Gauthiers Fall zeige, daß es „dieser Sekte schon vor sechzig Jahren eben so unbedenklich war, Albernheiten zu sagen, wie am heutigen Tag", und die französischen Enzyklopädisten insgesamt hätten „denn auch die alte Konfession mit Ernst und Vollständigkeit dergestalt abgelegt, daß sie vor den sämtlichen Glaubensgenossen mit Ehren bestehen können."[119]

Für das vielfältige Hin und Her, mit dem der Lehrstreit um das Farbenwesen durch die Jahrhunderte geht, findet sich im Historischen Teil der ‚Farbenlehre' eine zusammenfassende Beschreibung.[120] Sie bestimmt die Auseinandersetzungen um das Licht und die Farben als ein besonders ausgeprägtes Beispiel naturwissenschaftlicher Richtungskämpfe überhaupt und diese wiederum als eine der Erscheinungsformen des antagonistischen Prozesses, in welchem alle Geschichte sich vollzieht. Denn „Eben so schwankt die Menschheit im ganzen." Goethes Wortwahl bei der Darstellung dieses Vorgangs aber zeigt, daß er sein Strukturmodell auch dafür aus der von kontroverstheologischen Dogmen- und Glaubenskämpfen bestimmten Kirchengeschichte bezieht:

„Bald werden Monumente älterer Zeiten, Dokumente früherer Gesinnungen, göttlich verehrt, buchstäblich aufgenommen; jedermann gibt seine Sinne, seinen Verstand darunter gefangen; alle Kräfte werden aufgewendet, das Schätzbare solcher Überreste darzutun, sie bekannt zu machen, zu kommentieren, zu erläutern, zu erklären, zu verbreiten und fortzupflanzen. Bald tritt dagegen, wie jene bilderstürmende, so hier eine schriftstürmende Wut ein; es täte not man vertilgte bis auf die letzte Spur das, was bisher so großen Wertes geachtet wurde. Kein ehmals ausgesprochenes Wort soll gelten, alles was weise war, soll als närrisch erkannt werden, was heilsam war, als schädlich, was sich lange Zeit als förderlich zeigte, nunmehr als eigentliches Hindernis.

Die Epochen der Naturwissenschaften im allgemeinen und der Farbenlehre insbesondre, werden uns ein solches Schwanken auf mehr als eine Weise bemerklich machen."

Einer brieflichen Äußerung über die vulkanistischen Erdentstehungstheorien seiner Zeit hat Goethe später in gleichem Sinn hinzugefügt: „Irrtümer haben so gut wie Wahrheiten ihre Jahres- und Tageszeiten, ihres Gehens und Kommens." Auch über diese wiederbelebte „falsche Lehre" könne sich deshalb niemand beklagen, der – „die Kirchen- und Ketzer-Geschichte recht gut kennt".[121]

Ich bürde meinem Leser eine Menge von Zitaten auf. Aber wenn man Indizienbeweise führt, muß man die Beweisstücke vorlegen. Das gilt für den ganzen Versuch, den ich hier unternehme. Wo überdies jedes einzelne Zeugnis nur mit schwacher und, für sich genommen, wohl auch undeutlicher Stimme spricht, wird erst der Chor unüberhörbar. Die verfügbaren Hinweise für ein jeweils angemessenes Verständnis der drei Teile dieser ‚Farbenlehre' bestätigen einander wechselweise – wie dann auf höherer Ebene die so verstandenen Teile wiederum wechselseitig bekräftigen müßten, daß es tatsächlich sinnvoll und einsichtsfördernd wäre, sie als eine kryptotheologische Dogmatik, als eine kontroverstheologische Polemik und als eine Kirchen- und Ketzerhistorie des Farbenwesens zu begreifen.

Im Fall des Historischen Teils reichen die vorgelegten Indizien wohl aus, ihn als eine Transformation von ‚Kirchengeschichte' zu bestimmen. Daß gleiches für den Aspekt der ‚Ketzerhistorie' gilt, wird sich im Fortgang des Versuchs erweisen. Einstweilen beschränke ich mich darauf, aus Goethes wohl 1793 verfaßter Vorarbeit ‚Über Newtons Hypothese der diversen Refrangibilität' die Bemerkung anzuführen: „Jede Schule scheint von den Grundsätzen der römischen Kirche etwas geerbt zu haben. Wer von dem einmal festgestellten Glaubensbekenntnisse abweicht, wird als Ketzer ohne weiteres verdammt, und wenn ja zuletzt die Wahrheit siegt, so darf man nur in der Geschichte zurücksehen und man findet gewöhnlich, daß sie schon früher bekannt, öffentlich dargestellt, aber leider mit Gewalt oder Kunst [listenreichem Geschick] wieder auf eine Zeit unterdrückt worden."[122] Das war durchaus in eigener Sache gemeint.

Wenig später heißt es in der gleichen Schrift: „Es war nicht schwer, seinen [Newtons] Irrtum zu entdecken, denn schon mehrere vor mir haben ihn eingesehen; aber es ist schwer, ihn zu entwickeln [zwingend nachzuweisen], denn dieses ist noch keinem seiner Gegner gelungen, vielleicht gelingt es auch mir nicht; indessen werde ich mein Möglichstes tun, daß, wenn auch ich noch als Ketzer verdammt werden sollte, wenigstens ein glücklicherer Nachfolger eine brauchbare Vorarbeit finde."[123]

Tatsächlich erfaßt erst die Doppelbezeichnung als ‚Kirchen- und Ketzerhistorie' den eigentlichen Charakter des Historischen Teils. Denn nicht nur in einem allgemeinen, unspezifischen Sinn bezieht sich Goethes Sprachgebrauch hier auf die Geschichte der christlichen Kirche und ihrer Abwehr häretischer Bewegungen. Vielmehr beruht dieser dritte Teil der ‚Farbenlehre' in seiner ideologischen Grundkonzeption auf einem ganz bestimmten, eindeutig bestimmbaren kirchengeschichtlichen Werk. Gottfried Arnolds ‚Unpartheyische Kirchen- und Ketzer-Historie, Vom Anfang des Neuen Testaments Biß auf das Jahr Christi 1688' stand in der Bibliothek des Vaters[124] und geriet in Goethes Hand, als er 1768 von der Leipziger Universität ins Frankfurter Elternhaus zurückgekehrt war. In der Zeit seiner pietistischen Kontakte also, die das ‚Erweckungs'-Erlebnis von 1790 bestimmten, las er diese Schrift, deren Autor seinerseits aus dem Pietismus kam. Und 1794, in der Zeit seiner ersten Vorarbeiten zur Geschichte der Farbenlehre, hat er sie in die Liste der Bücher gesetzt, die er aus Frankfurt zu übernehmen wünschte.[125]

Was ihn in seinem pietistischen Jahr „berührt, aufgeregt und beschäftigt" hatte, berichtet Goethe in ‚Dichtung und Wahrheit'. Aus einem Abstand von mehr als 40 Jahren noch war ihm bewußt, welches Interesse die „übersinnlichen Dinge" damals für ihn gewonnen hatten – „von denen ich ein für allemal, insofern es möglich wäre, mir einen Begriff zu bilden unternahm. Einen großen Einfluß erfuhr ich dabei von einem wichtigen Buche, das mir in die Hände geriet, es war Arnolds Kirchen- und Ketzer-Geschichte. Dieser Mann ist nicht ein bloß reflektierender Historiker, sondern zugleich fromm und fühlend. Seine Gesinnungen stimmten sehr zu den meinigen, und was mich an seinem Werk besonders ergötzte, war, daß ich von manchen Ketzern, die man mir bisher als toll oder gottlos vorgestellt hatte, einen vorteilhaftern Begriff erhielt. Der Geist des Widerspruchs und die Lust zum Paradoxen steckt in uns allen. Ich studierte fleißig die verschiedenen Meinungen, und da ich oft genug hatte sagen hören, jeder Mensch habe am Ende doch seine eigene Religion, so kam mir nichts natürlicher vor, als daß ich mir auch meine eigene bilden könne, und dieses tat ich mit vieler Behaglichkeit."[126]

Daß dieses Studium entschieden eingewirkt hat auf Goethes Urteil über kirchengeschichtliche Vorgänge selbst, liegt auf der Hand und ist Sachkennern geläufig. Darüber hinaus haben Herbert Schöffler für den ‚Götz von Berlichingen' und Richard Brinkmann für ‚Die Leiden des jungen Werther' zeigen können, wie bestimmte Vorstellungen Arnolds auch in Goethes Dichtung ihre Spur hinterließen.[127] Aber mir scheint, Goethes Mitteilungen über den „großen Einfluß", den er von diesem „wichtigen Buche" erfahren habe („ein für allemal, insofern es möglich wäre"), werden in ihrer eigentlichen Reichweite und vollen Bedeutung allererst anhand des Historischen Teils seiner ‚Farbenlehre' einsichtig.[128]

Arnolds ‚Kirchen- und Ketzer-Historie' hat in zweifacher Hinsicht eine geradezu revolutionäre Umkehrung der früheren Darstellungen und des herrschenden Verständnisses von christlicher Kirchengeschichte vollzogen.

Erstens nämlich schrieb er sein Werk als eine Verfallsgeschichte des Christentums. Er stellt fest, „daß die kirche zuerst rein gewesen"[129] – solange die in Christus gegründete Frömmigkeit der Urgemeinde und dann die wahre Lehre der Apostel herrschte. Später, als „dieser göttliche Geist nach und nach seine krafft verlohr", habe die ursprünglich „wahre reine gemeinde" sich in eine „falsche abgefallene kirche" verkehrt und „unter Constantino M. durch die confuse und unvorsichtige aufnehmung aller heuchler und bösen, wie auch durch die natürliche vermehrung und fortpflantzung der falschen Christen viel millionen bastarte gezeugt, mit welchen aber kein wahres glied Christi zu schaffen hat."[130] Vor allem durch die Eingriffe Kaiser Konstantins des Großen (der auf dem Nicaea-Konzil gegen Arius die athanasianische Trinitätslehre durchsetzte) sei im 4. Jahrhundert „bekanter massen eine haubt-veränderung unter denen Christen vorgegangen".[131] Im Verlauf der kirchlichen Lehrstreitigkeiten und durch theologische Dogmatisierungen habe man die ursprüngliche reine Lehre dann mehr und mehr verdrängt, entstellt, verderbt, und bis in die Gegenwart ziehe sich ihr fortschreitender Verfall.

Goethes Darstellung der Geschichte der Farbenlehre entspricht modellgetreu dem Muster dieses Arnoldschen Kirchengeschichtsverlaufes. In der ‚Urzeit', „bei Ägyptiern, Indiern, Chinesen" sieht er die Technik der Farbengebung „mit Religion" und „aus einem frommen Begriff" behandelt. „Deswegen finden wir die Färberei bei Völkern von stationären Sitten auf einem so hohen Grade der Vollkommenheit". Und es sei alles, was wir da ursprünglich „bemerken können, praktisch. Das Theoretische begegnet uns zuerst, indem wir nunmehr zu den gebildeten Griechen übergehen."[132] Von ihnen aber und ihrer Lehre (also gleichsam aus der apostolischen Zeit der Geschichte der Farbenlehre) erklärt er zusammenfassend, sie ließen „alle Farbe aus Weiß und Schwarz, aus Licht und Finsternis entstehen"[133] – wie es seiner eigenen Grundüberzeugung entsprach. Und wie er selber meinte, es bilde sich „das Auge am Lichte fürs Licht, damit das innere Licht dem äußeren entgegentrete"[134], trifft er bei Platon auf die Vorstellung, ein „lebhafter Trieb" und „eine Art andern Feuers" dringe „von innen gegen die Augen": als „ein Feuer das dem äußern begegnet."[135] So sieht er dort, wo die lange Geschichte des Farbenwesens ihren Ursprung hat, die reine Lehre vorgegeben. Er schreibt in seinem Historischen Teil, „daß die Griechen mit allem bekannt gewesen, was wir als Hauptgrund der Farbenlehre anerkennen, was wir als die Hauptmomente derselben verehren"[136], und in seinem Nachlaß fanden sich die Verse

Im eignen Auge schaue mit Lust,
Was Plato von Anbeginn gewußt;
Denn das ist der Natur Gehalt,
Daß außen gilt was innen galt.[137]

Dem bei Arnold vorgezeichneten Verlauf entsprechend, setzt dann die Verderbnis und Verdrängung der von den Griechen überlieferten ursprünglichen, wahren Einsichten ein, und diese Verfallsgeschichte erreicht mit Newton und dessen durch seine Anhänger fortgepflanzten Irrlehren ihren Tiefpunkt; „so bleibt uns nun die Pflicht, dem Natur- und Geschichtsfreunde vor Augen zu legen, wie in der neuern Zeit die Platonischen und Aristotelischen Überzeugungen wieder emporgehoben, wie sie verdrängt oder genutzt, wie sie vervollständigt oder verstümmelt werden mochten, und wie, durch ein seltsames Schwanken älterer und neuerer Meinungsweisen, die Sache von einer Seite zur andern geschoben, und zuletzt am Anfang des vorigen Jahrhunderts völlig verschoben worden."[136]

Aufs Ganze gesehen, vollzieht sich dieser historische Prozeß durchaus als Abfall und Niedergang. Aber immer wieder gibt es auch Rückbesinnungen und Gegenbewegungen, treten Fürsprecher der Wahrheit auf den Plan. Von Athanasius Kircher beispielsweise (‚Ars magna lucis et umbrae', 1646) kann der Geschichtsschreiber vermerken, er habe „ausgesprochen, daß die Farben Kinder des Lichts und des Schattens seien"[138], und über Johann Matthäus Barth (‚Physica generalior', 1724): „Dieses ist die erste Spur die ich finde, daß ein Deutscher gegen die Newtonische Lehre einigen Zweifel erregt."[139] Insbesondere durch die Entdeckung der ‚Achromasie' sah Goethe der Newtonschen Irrlehre eine vermeintlich „tödliche Wunde" beigebracht.[140] Aus der Einsicht nämlich, daß sich das weiß erscheinende Licht aus Farben zusammensetze, hatte Newton irrtümlich geschlossen, daß eine Lichtbrechung ohne Farberscheinungen prinzipiell unmöglich sei (und die störenden Farbsäume der dioptrischen Fernrohre seiner Zeit deshalb für unvermeidlich erklärt). Daß später Chester Moore-Hall und John Dollond entgegen dieser Schulmeinung achromatische Objektive konstruieren konnten (farbrandkompensierende Kombinationen einer Bikonvexlinse aus weniger stark fächerndem Kronglas mit einer Bikonkavlinse geringerer Brennweite aus stärker fächerndem Flintglas), verstand Goethe als einen Durchbruch der Wahrheit in der allgemeinen Verfallsgeschichte. Mit den Bildern des aufs kommende Reich Gottes bezogenen neutestamentlichen Gleichnisses vom Säemann hat er das beschrieben: „Die Lehre von der Achromasie war wie ein fruchtbarer und unzerstörlicher Same über das Feld der Wissenschaften ausgestreut. So manches davon auch unter die Schuldornen fiel, um daselbst zu ersticken, so manches davon auch von den immer geschäftigen theoretisch-kritischen Vögeln aufgepickt und verschluckt wurde, so manches davon das Schicksal hatte, auf dem platten Wege der Gemeinheit zertreten zu werden: so konnte es doch nicht fehlen, daß in guten und tragbaren Boden ein Teil treulich aufgenommen ward, und wo nicht gleich Frucht trug, doch wenigstens im stillen keimte."[141]

Solche dem progressiven Verfall gegenläufigen Bewegungen in der Historie des Farbenwesens lassen sich mit dem generellen Niedergangsprinzip des Arnoldschen Geschichtsmodells nicht nur vereinbaren, sondern sind in ihm ausdrücklich vorgezeichnet. „Damit man aber sehe, daß es gleichwol auch noch redliche leute unter dem grossen hauffen der verderbten Christenheit gegeben," schreibt dieser Kirchenhistoriker, „so muß ich etliche aus den wüsten holen, nachdem in den andern orten alles sehr elend beschaffen war."[142] Aus dem 4. Jahrhundert, in dem die große Verderbnis des Christentums einsetze, stellt Arnold dafür das Beispiel des Kirchenlehrers Macarius vor.[143] Von ihm, „dessen ‚homilien' man noch, und nunmehro auch in Teutscher Sprache hat [in Arnolds eigener Übersetzung nämlich], ist gewiß, daß es ein erleuchteter sehr frommer mann gewesen [...]. Dahero ein gottliebender Leser sich erfreuen wird, wenn er den grossen ausfluß der göttlichen liebe in diesen ‚homilien' erkennet, und siehet, wie gleichwol Gott in der wüsten noch immer seine verborgene geheget, die auch andere zu allem guten wiederum angeführet haben. [...] Die verwirrten streit-händel, wort-kriege, schmähschrifften und schul-zänckereyen in denen gerühmten ‚Patribus orthodoxis' machen ein rechtschaffen gemüthe so mürbe und verdrossen, daß es sich hernach recht erquicket, wenn es in diesen und etlichen wenigen erleuchteten schrifften so viel süßigkeit der göttlichen krafft und lichts findet."[144] – Über der Lektüre von Franciscus Maria Grimaldis ‚Physico-mathesis de lumine, coloribis et iride libri 2' von 1665 schrieb Goethe an Knebel: „An einem Jesuiten Grimaldi welcher ohngefähr zu eben der Zeit mit Newton sich um das Licht und die Farben bekümmerte, habe ich sehr große Freude und Trost. Sein Buch de Lumine Coloribis et

Iride ist fünf Jahre früher gedruckt als Newton seine Optische Vorlesungen hielt und viel früher als er seine Optik herausgab. Grimaldi ist ein weit schärferer Beobachter als Newton und ganz dünkt mich auf dem rechten Wege von dem uns dieser Kirchenvater abgebracht hat."[145]

Arnolds ‚Kirchen- und Ketzer-Historie' als Verfallsgeschichte des Christentums zu charakterisieren, ist nur mit der einschränkenden Feststellung zulässig, daß das Ende dieses Niedergangs hier doch keineswegs als hoffnungsloser Tiefpunkt beschrieben werde. Wenn dieser Kirchenhistoriker in seiner Vorrede erklärt, daß „ein warheitliebendes gemüthe freylich gedrungen" sei, „der ersten unfehlbar reinen gemeinde allein zu folgen", hofft und erwartet er zuversichtlich, daß „diese unsere zeiten aus den vorigen verbessert, und die vergangenen ersten zeiten der alten kirchen der gantzen Christenheit wieder erstattet würden: denn so würden die gemeinden und versammlungen ihren frieden wiederum erlangen, und allein alle waffen wider die feinde Gottes kehren. Alsdenn würden ferne seyn die dispüten und kriege unter brüdern".[146] So steht am Ende der Kirchengeschichte die Gewißheit, welche Arnold in seinen ersten Sätzen ‚An den Leser' vorgibt: daß nämlich „der warhafftige Gott in diesen zeiten das licht der wahrheit gegen die bißherige finsterniß immer heller hervor brechen, und die bevestungen der vernunfft nach und nach mercklich durchlöchern und zum fall bereiten lässet."[147] Goethe hat seiner Kirchen- und Ketzerhistorie des Farbenwesens vorausgeschickt, „daß die Griechen mit allem bekannt gewesen, was wir als Hauptgrund der Farbenlehre anerkennen, was wir als die Hauptmomente derselben verehren".[136] Und ans Ende dieser Verfallsgeschichte hat er seine ‚Konfession des Verfassers' gesetzt – mit dem Bericht über das eigene Erweckungserlebnis von 1790, das ich im II. Kapitel beschrieben habe.

Den zweiten Aspekt, unter dem Gottfried Arnold allem herrschenden Verständnis von Kirchengeschichte widersprach und ihre gängige Darstellung umstürzte, hat Goethe in ‚Dichtung und Wahrheit' ausdrücklich angeführt: „was mich an seinem Werk besonders ergötzte, war, daß ich von manchen Ketzern, die man mir bisher als toll oder gottlos vorgestellt hatte, einen vorteilhaftern Begriff erhielt."[126]

Arnold hatte sein Werk als ‚Unpartheyische Kirchen- und Ketzer-Historie' bezeichnet und erklärt, daß „eben dieser vorsatz der unpartheylichkeit hauptsächlich erfordere, nichts, was zum gantzen begriff der historischen warheit dienet, auszulassen, zu bemänteln, zu verdrehen oder verkehren", und daß er also „die historien aus ihren wahren fontibus mit einem unpartheyischen gemüth selbst gefasset".[148] Der in Frankreich und den Niederlanden entwickelten neuen Methode weltlicher Geschichtsschreibung folgend, geht er (erklärtermaßen „mit hindansetzung aller vorgefaßten meinungen"[149]) auf die Quellen zurück. Ausführlich zitierend aus ihren Schriften, läßt er die Kontrahenten der großen kirchengeschichtlichen Streitigkeiten und Dogmenkämpfe selber zu Wort kommen. ‚Unparteiisch' meint dabei keineswegs, daß dieser Geschichtsschreiber standpunktlos sei oder gleichgültig gar in der Sache, um die es geht. Vielmehr bezeichnet es die Unabhängigkeit des Historikers von den Positionen der streitenden Parteien, in die die Christenheit zerfallen ist, und hier letztenendes eine entschiedene Parteinahme doch: für die unsichtbare, erleuchtete, heilige Gemeinde derer, die allein in der Nachfolge Christi stehen – als des selber „unpartheyischen meisters".[150] So entschieden Arnold die „offenbarlich-bösen und gantz verwerfflichen grossen kirch-gemeinen" der christlichen Konfessionen verdammt, „deren greuel auch ein vernünfftig-kluger sehen kan"[150], so wenig wird er doch zum kritiklosen Verteidiger häretischer Positionen. Als

Anwalt der durch die herrschende Kirche Verfolgten tritt er auf, insofern er jede Verketzerung ablehnt und hinsichtlich der vermeintlichen Häretiker bei aller Möglichkeit wirklichen Irrtums zu bedenken gibt, ob nicht „dennoch insgemein sie alle anders anzusehen und zu beschreiben wären, als wohl bißhero von ihren anklägern geschehen?" ob nicht gerade diejenigen, die sich „als die reinesten lehrer auffgeführet, wenn sie zur Apostel und ihrer jünger zeiten gelebt hätten, als die schändlichsten Kätzer, ja als Antichristen würden erkannt und verurtheilet worden seyn?" ob diese Irrlehrer also nicht umgekehrt „die zeugen der warheit zu verkätzern genöthiget gewesen?"[151] Arnold hat durchaus nicht einfach die Vorzeichen ausgewechselt und die zuvor als Ketzer Verdächtigten und Verfolgten, die alten Häretiker und die neuen pietistischen ‚Frommen im Lande' nun als die wahren Christen dargestellt. Aber so hat man ihn doch weithin verstehen wollen[152] – unter denen, die gegen seine ‚Ketzer-Historie' Sturm liefen, wie unter denen, die ihr beipflichteten und sich daran ergötzten.

Goethe, der sich „besonders ergötzte", hat sich in einer programmatischen Aufzeichnung vom 21. Juli 1793 vorgesetzt, der „Historiker", der eine „Geschichte der Farbenlehre" verfasse, werde „die Meinungen der Alten, die Hypothesen und Theorien der mittlern und neuern Zeit, die Streitigkeiten so unparteiisch als möglich erzählen"[153]. Es geschah wohl nicht zufällig, daß er Arnolds Titelwort damit aufnahm. Allenfalls in dem Sinn, den dessen ‚Kirchen- und Ketzer-Historie' meinte, konnte der Farbenlehrer Unparteilichkeit auch für den Historischen Teil des eigenen Werkes in Anspruch nehmen. So oder so aber hieß sein „so unparteiisch als möglich" denn doch: aufs entschiedenste Partei nehmend. Die parteiliche Umwertung des Ketzerbegriffs, die er von diesem Kirchengeschichtsschreiber vollzogen sah, machte er sich vollkommen zu eigen – in eigener Sache, und nahm dessen häretische Bezeichnung der alten Ketzer als „zeugen der warheit" wortwörtlich zur Überschrift für eines seiner Xenien, mit dem er an frühere Gegner der Newtonschen Lehre erinnerte.[154] Arnold hatte die Frage aufgeworfen, ob die theologischen Eiferer („liederlich und frech") es nicht „dahin gebracht, daß sich redliche gemüther wegen des grossen mißbrauchs des kätzer-namens wol erfreuen, und hingegen des namens der orthodoxie fast schämen und entschütten müssen?"[155] Goethe hat 1831 an Zelter geschrieben: „Je länger ich lebe, je mehr freue ich mich meiner lichten Ketzerei, da die herrschende Kirche der dunklen Kammer, des kleinen Löchleins und in der neuern Zeit der kleinen Löchlein zu hunderten bedarf, um das Offenbarste zu verheimlichen und das Planste zu verwirren."[156]

Auch für den dritten Teil der ‚Farbenlehre' ist die Beweisaufnahme damit abgeschlossen. In einem späten, handschriftlichen Konzept für eine naturwissenschaftliche Rezension findet sich Goethes Eingeständnis: es „sehen unsere Physiken nicht aus wie Lehrbücher sondern wie Kirchen- und Ketzergeschichten".[157] Gilt das irgendwo, dann gewiß für seine eigene Schrift. In welche Spur er diesen Historischen Teil der ‚Farbenlehre' gelenkt hat, war ihm durchaus bewußt.

VI
LEIDEN DES LICHTS

Der neue Ketzer, welcher mit der in die Chromatik transformierten kryptotheologischen Dogmatik, Polemik, Kirchen- und Ketzerhistorie seiner dreiteiligen ‚Farbenlehre' „Epoche in der Welt zu machen" unternahm[3]: was denn meinte er, wenn er an Zelter schrieb, daß „die herrschende Kirche der dunklen Kammer, des kleinen Löchleins und in der neuern Zeit der kleinen Löchlein zu hunderten bedarf, um das Offenbarste zu verheimlichen und das Planste zu verwirren"[156]? Wie denn sah er den experimentierenden Newton und seine Anhänger da mit dem Licht verfahren, und welche Rolle schrieb er dem wissenschaftlichen Gegner damit zu?

Das dritte Experiment des ersten Buches der ‚Opticks' verfolgend, hat Goethe im Polemischen Teil der ‚Farbenlehre' notiert: „es ist dieses der allgemein bekannte Versuch, da man durch eine kleine Öffnung des Fensterladens das Sonnenbild in eine dunkle Kammer fallen läßt, solches durch ein horizontal gestelltes Prisma, dessen brechender Winkel nach unten gerichtet ist, auffängt; da denn das Bild an die entgegengesetzte Wand in die Höhe gebrochen nicht mehr farblos und rund, sondern länglich und farbig erscheint."[158] Wie, nach seinen Worten, „der Meister sowohl als die Schüler" auf dieses Experiment „ihr größtes Gewicht legen"[159], so hat er selbst eben diese Versuchsanordnung mit äußerstem Nachdruck als ein künstlich-verschrobenes, unnatürlich-gewalttätiges Arrangement ausgegeben, das notwendig zu trügerischen Ergebnissen und falschen

Schlüssen führe. Ihm selber war die ‚Erweckung' im freien Raum, bei ungehindert einfallendem Licht zuteil geworden, nicht in des Irrlehrers finsterer Experimentierkammer, zu der das liebe Himmelslicht nur durch ein Bohrloch oder einen Spalt beschränkten Zutritt erhielt. Immer wieder kommt er darauf zurück, in Abhandlungen, Briefen, Gesprächen und Versen.[160] 1806 (aus dem Nachlaß):

Ist erst eine dunkle Kammer gemacht,
Und finstrer als ägyptische Nacht,
Durch ein gar winzig Löchlein bringe
Den feinsten Sonnenstrahl herein,
Daß er dann durch das Prisma dringe,
Alsbald wird er gebrochen sein.[161]

1827 (gedruckt unter dem Titel ‚Warnung, eigentlich und symbolisch zu nehmen'):

Freunde, flieht die dunkle Kammer
Wo man euch das Licht verzwickt,
Und mit kümmerlichstem Jammer
Sich verschrobnen Bilden bückt.[162]

Dem Initial-Experiment Goethes vor der weißen Wand bei frei eintretendem Sonnenlicht entspricht der sechste Versuch im ersten Buch der ‚Opticks', „durch welchen sich Newton selbst zuerst von der Wahrheit seiner Erklärungsart überzeugte".[163] Wieder hatte er dabei in der dunklen Kammer experimentiert, diesmal mit zusätzlichen Instrumenten, gewissermaßen unter verschärften Bedingungen.

Wie seine in den ‚Opticks' enthaltene (nebenstehende) Skizze zeigt[164], ließ der Experimentator hier einen Strahl des Sonnenlichts (S) durch einen Spalt im Fensterladen (F) eintreten, brach ihn durch ein erstes Prisma (ABC), leitete das gebrochene Licht auf eine entgegenstehende Tafel (DE) und durch deren kleines Bohrloch (G), welches nur den

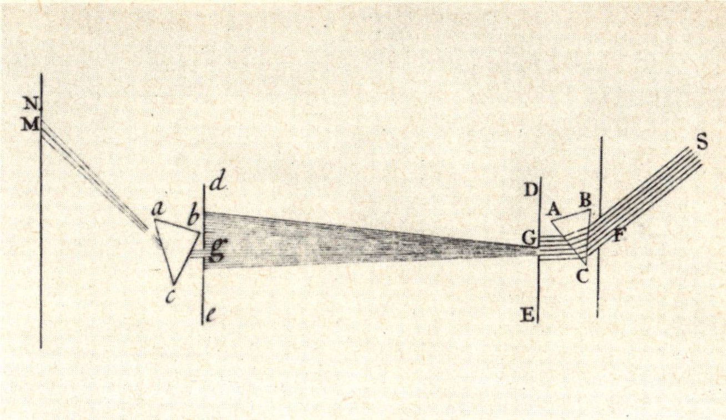

mittleren Teil des auftreffenden Spektrums passieren läßt, gegen eine zweite Tafel (de) und durch ihr wiederum nur für einen mittleren Ausschnitt des Spektrums durchlässiges Bohrloch (g), brach es danach durch das Prisma (abc) ein zweites Mal, um schließlich an der Projektionswand (bei MN) mittels der durch Drehungen des ersten Prismas erzielten Verschiebungen die ‚diverse Refrangibilität' der Spektralfarben zu erweisen, aus denen das weiße Licht sich zusammensetze.[165]

Goethe: „Es ist dieses das sogenannte experimentum crucis, wobei der Forscher die Natur auf die Folter spannte, um sie zu dem Bekenntnis dessen zu nötigen, was er schon vorher bei sich festgesetzt hatte. Allein die Natur gleicht einer standhaften und edelmütigen Person, welche selbst unter allen Qualen bei der Wahrheit verharrt. Steht es anders im Protokoll, so hat der Inquisitor falsch gehört, der Schreiber falsch niedergeschrieben."[163] In Gottfried Arnolds ‚Kirchen- und Ketzer-Historie' hatte der Farbenlehrer lesen können, wie die geistliche Inquisition „soldaten, büttel, stockmeister und hencker" eingesetzt habe gegen die vermeintlichen Ketzer. Bei ihm stieß er auf die Frage, ob man nicht solche erpreßten „bekäntnüsse unrecht gedeutet, verdrehet, ungleich appliciret, und sonst auf tausenderley art ihren guten leumund abgeschnitten", ja ob „solche offenbare boßheit und halsstarrigkeit der Clerisey in ihrem verkehrten sinn nicht viel eher zur wesentlichen beschreibung der kätzereyen gehören, als die standhafftigkeit und gedult derer verfolgten, welche man vor hartnäckig gehalten?"[166] Aus der Historie der Ketzerverfolgungen entlehnt der Geschichtsschreiber der Farbenlehre die Worte, die Bilder, mit denen er Newton die Rolle des Inquisitionsrichters zuschreibt, welcher in der Folterkammer seines dunklen Experimentierraums das Licht zu spalten, ihm unter der Tortur seines „experimentum crucis" das schon vorher festgesetzte Bekenntnis abzuzwingen sucht, daß es sich aus den sieben Spektralfarben zusammensetze. „Die Phänomene", hält Goethe dem entgegen (1823), „müssen ein für allemal aus der düstern empirisch-mechanisch-dogmatischen Marterkammer vor die Jury des gemeinen Menschenverstandes gebracht werden."[167]

Experimentum crucis – in Anlehnung an Francis Bacon, der 1620 im ‚Novum Organum' unter Hinweis auf die Kreuze an Scheidewegen von „Instantiae Crucis" geschrieben hatte (und von „Experimenta Lucifera"), hat Robert Hooke 1665 den neuen Begriff geprägt als Bezeichnung für dasjenige Experiment, welches über die Wahrheit einer erfahrungswissenschaftlichen Theorie oder die zweier konkurrierender Hypothesen entscheidet.[168] Newton nahm das auf und erklärte 1672 den (späteren) sechsten Versuch der ‚Opticks' zu seinem „experimentum crucis".[165] Gestützt auf diesen Terminus technicus hat Goethe in einem zweiten Schritt die Newtonsche Marterkammer gar als Kreuzigungsstätte bestimmt. Wohl erläutert er im Druck des Polemischen Teils den zur Rede stehenden Begriff und Newtons Absicht durchaus zutreffend: „Crux bedeutet hier einen in Kreuzesform an der Landstraße stehenden Wegweiser, und dieser Versuch soll also für einen solchen gelten, der uns vor allem Irrtum bewahrt und unmittelbar auf das Ziel hindeutet."[169] In einer Vorarbeit zum Historischen Teil der ‚Farbenlehre' aber liest man: „Bei diesem Experimente ist die Natur [aus: hat die Natur welche wahrhaft ans Kreuz geschlagen wurde] so deutlich sie sich dabei auch aussprach, doch ihren Kreuzigern wenig verständlich gewesen, ja diese fanden vielmehr, weil sie des Irrtums bedurften, ihren Irrtum bestätigt."[170] Schon im Jahr seines Erweckungserlebnisses (1790) hat Goethe auch die Kreuzigungs-Verse geschrieben, die unter den ‚Venetianischen Epigrammen' erschienen, aus dem hier dargestellten Zusammenhang aber erst verständlich werden:

„Alles erklärt sich wohl", so sagt mir ein Schüler, „aus jenen
  Theorien, die uns weislich der Meister gelehrt."

Habt ihr einmal das Kreuz von Holze tüchtig gezimmert,
  Paßt ein lebendiger Leib freilich zur Strafe daran.[171]

„Ich erkannte das Licht in seiner Reinheit und Wahrheit, und ich hielt es meines Amtes, dafür zu streiten"[44]: Indem er die ‚Leiden', welche in Newtons Experimenten dem Licht zugefügt wurden, dem Martyrium der Unschuldigen, ja der Passion Christi gleichsetzte, hat er in diesem Kampf zu den schärfsten Waffen gegriffen, die das Arsenal unserer Geschichte und unserer Sprache enthält. Die maßlosen Anschuldigungen, zu denen er sich in seiner Polemik gegen den Irrlehrer hinreißen ließ, die haarsträubenden Zwangsmaßnahmen, die er gegen ihn eingesetzt wünschte, werden allererst dadurch verständlich, daß er in diesem wissenschaftlichen Kontrahenten den folternden Inquisitor, ja den Kreuziger der Gottnatur vor sich zu sehen glaubte.[172]

VII
ARIANISMUS

Die französische Ausgabe der ‚Opticks' von 1722 zeigt ein Frontispiz, dessen Vorlage Newton selbst gezeichnet hatte.[173] Unter der Devise „Nec variat lux fracta colorem"[174] ist ein Versuch mit Linse und zwei Prismen abgebildet, den man wahrscheinlich als eine letzte Variante seines „experimentum crucis" zu verstehen hat.[175]

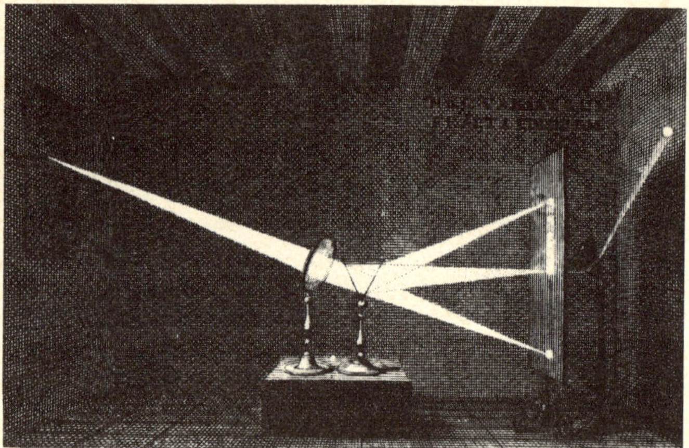

Chaufourier del. Harisset Sculp.

Durchs enge Loch in diese düstere Marterkammer des Inquisitors gezwungen, auf seine prismatische Folter gespannt, ans Kreuz seiner Irrlehre geschlagen, sollte also das weiße Licht erweisen, daß es sich aus Newtons sieben Spektralfarben zusammensetze und auf solche Art teilbar sei. Das nun hat Goethe in einem letzten, kühnen Schritt in Analogie zur göttlichen Dreifaltigkeit gesetzt.

Neu ist der Einfall doch nicht, man hat ja selber den höchsten
Einzigsten reinsten Begriff Gottes in Teile geteilt.[176]

Wohl schon 1795 entstanden, bezeichnet das Distichon eine eindeutig häretische, zu seiner Zeit entschieden anstößige Position des Autors. Goethe hat es zwar Schiller vorgelegt, beim Druck der ‚Xenien' aber zurückgehalten und zu Lebzeiten nicht veröffentlicht. Gleiches gilt für das zweite Stück eines Doppel-Xenions, welches die hochverfängliche Gleichung nun in ihre schärfste, weil gänzlich unverhohlene Fassung bringt:

Triumph der Schule

„Welch erhabner Gedanke! Uns lehrt der unsterbliche Meister,
Künstlich zu teilen den Strahl, den wir nur einfach gekannt."

Zweifel des Beobachters

Das ist ein pfäffischer Einfall! Denn lange spaltet die Kirche
Ihren Gott sich in drei wie ihr in sieben das Licht.[177]

Wie diese Distichen haben sich viele der Goetheschen Gedichte zur Farbenlehre erst im Nachlaß gefunden. Zumal die anstößigsten. Und manche von ihnen erweisen sich nur bei sehr genauem Zusehen als zur Sache gehörig.

„Sag', was enthält die Kirchengeschichte?
Sie wird mir in Gedanken zunichte;
Es gibt unendlich viel zu lesen,
Was ist denn aber das alles gewesen?"

Zwei Gegner sind es, die sich boxen,
Die Arianer und die Orthodoxen.
Durch viele Säkla dasselbe geschicht,
Es dauert bis an das jüngste Gericht.[178]

Keiner der Kommentatoren und Interpreten hat darin anderes gesehen, als eine unbestimmte kirchengeschichtliche Reminiszenz (und einen „der ersten deutschen Belege für die Benutzung des Wortes ‚boxen' in dichterischer Sprache"[179]). Allenfalls sprach man noch Jacob Minor nach, der 1904 zu bemerken wußte: „die Arianer stehen für die Ketzer überhaupt. Es ist also derselbe Gegensatz, den Goethe 1797 zwischen Glauben und Unglauben statuiert und den Arnold mit Kirche und Ketzer bezeichnet hatte. Auf beiden Seiten aber sah der alte Goethe nichts als Pfaffen; um die Christen und die christlichen Gemeinden handelte es sich niemals in diesem Mischmasch von Irrtum und Gewalt."[180] Was es auf sich habe mit Arianern und Orthodoxen, erklären solche Auslegungsversuche anhand der Verse, welche in vielen Ausgaben Goethescher Gedichte dem eben zitierten Text nachfolgen:

Mit Kirchengeschichte was hab' ich zu schaffen?
Ich sehe weiter nichts als Pfaffen;
Wie's um die Christen steht, die Gemeinen,
Davon will mir gar nichts erscheinen.

Ich hätt' auch können Gemeinde sagen,
Eben so wenig wäre zu erfragen.

Glaubt nicht, daß ich fasele, daß ich dichte,
Geht hin und findet mir andre Gestalt!
Es ist die ganze Kirchengeschichte
Mischmasch von Irrtum und von Gewalt.[181]

In Wahrheit liegt hier nun keineswegs ein zusammenhängendes Goethesches Gedicht vor, sondern eine von den Nachlaßbearbeitern eigenmächtig hergestellte Spruchfolge.[182] Die unrechtmäßig angefügten Unmutsverse über „die ganze Kirchengeschichte" als „Mischmasch von Irrtum und von Gewalt" können das Verständnis des hier zur Rede stehenden Textes keinesfalls vorschreiben.

„Sag', was enthält die Kirchengeschichte?..." – seine vier ersten Zeilen stehen in Anführungszeichen; ein ratlos fragender Sprecher kommt so zu Wort. Vierzeilig dann auch die Goethesche Antwort. Sie bringt, scheint es, die unübersehbare Geschichte der christlichen Kirche auf einen typologischen Nenner, stellt sie dar als einen immer gleichen, unaufhörlichen Streit zwischen häretischen und vorgeblich rechtgläubigen Pfaffen. Geschrieben hat Goethe da freilich „Arianer". Die zählen zwar zu den Ketzern. Doch wäre zu bedenken, ob hier wirklich nur eines für das andere steht, die Arianer-Bezeichnung also ohne spezifische Eigenbedeutung einfach aufgeht im Ketzer-Begriff.

Goethe zu Eckermann, 1827: "Ihr müßtet wie ich [...] seit funfzig Jahren die Kirchengeschichte studiert haben, um zu begreifen, wie das alles zusammenhängt."[183] Schon sein Lehrer Gottfried Arnold hatte ihn in der ‚Ketzer-Historie' ausführlich über den Arianismus unterrichtet[184]. Aber er hatte ihn auch darüber belehrt, daß der Boxkampf zwischen Arianern und Orthodoxen, dieser erste große Lehrstreit der Christenheit, bereits im 4. Jahrhundert entschieden wurde und der Arianismus bei germanischen Stämmen allenfalls bis ins 7. Jahrhundert sich hielt. Sollte dieser Kampf gegen die herrschende Kirche ernstlich „bis an das jüngste Gericht" andauern, hätte die Substanz der arianischen Lehre durch einen Paradigmawechsel hindurch doch bewahrt bleiben müssen. Worum ging es also?

Aus der Vorstellung Gottes als des allein Ungewordenen, Ungezeugten, Anfangslosen und Ewigen hatte der Libyer Arius, seit 313 Presbyter in Alexandria, abgeleitet, daß Christus als ein Geschöpf Gottes zu verstehen sei, das ersterschaffene und einzig vollkommene freilich, dem Wesen nach aber Gott ungleich. Eine Wesensgleichheit (Homoousietät, Konsubstantialität) des Sohnes mit dem Vater hätte nach Ansicht der Arianer den alleinzigen Gott als teilbar zusammengesetzt ausgegeben, während der Sohn und der heilige Geist in Wahrheit doch nur als Gott subordinierte, von ihm bewirkte, zur irdischen Welt hin vermittelnde Wesenheiten (Hypostasen) aufgefaßt werden dürften.[185] Also hieß es in der Christologie des Arius: ἦν ποτε ὅτε οὐκ ἦν (‚es war [ein Zustand, eine Zeit], da er nicht war')[186] – der eine unteilbare Gott war vor dem Sohn, Christus also eine Hervorbringung Gottes. Gegen diesen strikten Monotheismus setzte die kirchliche Orthodoxie das Trinitätsdogma durch und nennt die Christenheit in ihrem Nicänischen Glaubensbekenntnis Christus bis heute „Gott von Gott, Licht vom Licht" und „geboren, nicht geschaffen" – : „eines Wesens mit dem Vater".

Der Ketzer Arius war 318 exkommuniziert und 325 auf dem Konzil von Nicaea verdammt worden. Aber auch mit der theologischen Überwindung des Arianismus im Fortgang des 4. Jahrhunderts fand die Auflehnung gegen die orthodoxe Dreieinigkeitslehre kein Ende. Bei den neuzeitlichen Unitariern oder Sozinianern blieb der antitrinitarische Subordinatianismus virulent. Goethes Kirchenlehrer Arnold verwahrte sich zwar dagegen, daß er der Arianer „verwerffliche lehre an ihr selbst billigen wollte"[187], hat aber im Schutz eines Gewährsmannes immerhin mitgeteilt, „daß sie mit ihrer lehre das wort Gottes viel reiner vorgetragen haben als die [gegnerischen] Athanasianer, welche die alte religion mit worten, die nicht in der Schrifft stehen, zu verwirren und neuerungen zu machen schienen."[188] Sein Schüler trat eindeutig auf die Seite der Ketzer. 1824 bestimmte er sein Verhältnis zur orthodoxen Trinitätslehre mit den Worten: "Ich glaubte an Gott und an die Natur und an den Sieg des Edlen über das Schlechte; aber das war den frommen Seelen nicht genug, ich sollte auch glauben, daß drei eins sei und eins drei; das aber widerstrebte dem Wahrheitsgefühl meiner Seele".[189]

Unmittelbar anschließend steht da (in Eckermanns Gesprächsbericht): „Ferner bekam es mir schlecht, daß ich einsah, die Newtonische Lehre vom Licht und der Farbe sei ein Irrtum, und daß ich den Mut hatte, dem allgemeinen Credo zu widersprechen. Ich erkannte das Licht in seiner Reinheit und Wahrheit, und ich hielt es meines Amtes, dafür zu streiten." In der Tat hat Goethe seinen Kampf gegen Newton als eine Fortsetzung eben jenes großen Glaubensstreites mit anderen Mitteln verstanden. Die eigene Ablehnung des Trinitätsdogmas mag ihn darin bestätigt haben. Aber es handelt sich doch um eine Transformation; daß er Newton hinsichtlich seiner religiösen Überzeugungen „dem Arianismus zugetan" sah („einer mäßigen Lehre, die vielen vernünftigen Leuten der damaligen Zeit behagte und den Deismus der folgenden vorbereitete")[190], stand deshalb nicht im Wege. Goethe hat den als Irrlehrer entlarvten naturwissenschaftlichen Gegner und seine Anhänger bedenkenlos in die orthodoxe Position des von der Kirchengeschichte vorgegebenen Strukturmodells gerückt. Denn diese „herrschende Kirche"[191] verkündete, daß das farbige Spektrum „eines Wesens" mit dem weißen Licht sei, in ihm ursprünglich enthalten und durch die prismatische Brechung dann aus ihm zur Erscheinung gebracht. Geradezu als das Nicänische Glaubensbekenntnis der ‚Opticks' hat Goethe formuliert: nach Newtons Lehre „sei die Farbe dem Licht nicht nur eingeboren, sondern die Farben in ihren spezifischen Zuständen seien in dem Licht als ursprüngliche Lichter enthalten, welche nur durch die Refraktion und andre äußere Bedingungen manifestiert, aus dem Lichte hervorgebracht und in ihrer Uranfänglichkeit und Unveränderlichkeit nunmehr dargestellt würden."[192]

Er selber hingegen hielt die arianische Position. Vor aller

Farbenerscheinung, so lehrt er, ist das unteilbare reine Licht. Und die Farben sind ihrem Wesen nach dem Lichte ungleich, sind keineswegs als dessen ursprünglich-uranfängliche Bestandteile immer schon in ihm enthalten, werden vielmehr, wenn das Licht auf die Finsternis trifft, im Medium der Trübe, vom Licht bewirkt, durchs Licht erschaffen. „Die Farben", lehrt er, „sind Taten des Lichts, Taten und Leiden"[193] – wie Christus, der leidende Gottessohn, nach arianischer Lehre die vollkommenste Schöpfungstat Gottes war.[194]

Der Farbenlehrer, in seiner „lichten Ketzerei"[156], verstand sich als Arianer. Bestünde noch ein Zweifel daran, daß man sein kirchengeschichtliches Xenion auf den Streit gegen den athanasianisch-orthodoxen Newton beziehen muß, räumte Goethes Briefwechsel mit Zelter ihn aus. Von Thomas Seebeck war zwischen ihnen die Rede. Der hatte an Goethes Bemühungen um das Farbenwesen nicht nur gelegentlich Anteil genommen, sondern sie, nach dessen Überzeugung, durch seine Arbeiten über entoptische Farben auf entscheidende Weise ergänzt und bestätigt und, nahezu allein unter allen zünftigen Physikern, seiner ‚Farbenlehre' jedenfalls in ihren Grundzügen zugestimmt. 1818 war dieser einzige Bundesgenosse als ordentliches Mitglied der Physikalischen Klasse in die Königliche Akademie der Wissenschaften zu Berlin berufen worden, in den innersten und einflußreichsten Kreis derer, die Goethes Lehre verwarfen. 1832 hat Zelter über seine Begegnungen mit Mitgliedern der Berliner Akademie nach Weimar geschrieben, es „ward gestern von Seebeck gesprochen: wie der Minister Arbeit gehabt, den bedeutenden Mann in die Akademie zu schaffen, der doch der berufenen [Goetheschen] Farbenlehre ergeben gewesen, sich aber nachher im Amte selber, wo nicht als Abgefallener, doch gemässigt erwiesen habe."[195]

Goethes Antwort lautete: „Seebeck, ein ernster Mann im höchsten besten Sinne, wußte recht gut wie er zu mir und meiner Denkweise in naturwissenschaftlichen Dingen stand; war er aber einmal in die herrschende Kirche aufgenommen, so wäre er für einen Toren zu halten gewesen, wenn er nur eine Spur von Arianismus hätte merken lassen."[196]

VIII
DER REFORMATOR

Im Nachlaß des pietistisch erweckten, arianisch gesinnten Farbenlehrers hat sich eine Niederschrift ‚Über Newtons Hypothese der diversen Refrangibilität' gefunden. Aus dem Jahr 1793 vermutlich. Da heißt es: „Jede Schule scheint von den Grundsätzen der römischen Kirche etwas geerbt zu haben. Wer von dem einmal festgestellten Glaubensbekenntnisse abweicht, wird als Ketzer ohne weiteres verdammt, und wenn ja zuletzt die Wahrheit siegt, so darf man nur in der Geschichte zurücksehen und man findet gewöhnlich, daß sie schon früher bekannt, öffentlich dargestellt, aber leider mit Gewalt oder Kunst [listenreichem Geschick] wieder auf eine Zeit unterdrückt worden."[122]

In die Geschichte zurücksehend, hat der Farbenlehrer 17 Jahre später im Historischen Teil seines Werkes dargelegt, daß schon „die Griechen mit allem bekannt gewesen, was wir als Hauptgrund der Farbenlehre anerkennen"[136], und aus späterer Zeit die Naturforscher angeführt, die sich zu der durch Newtons Irrlehre verfinsterten, von seinen Anhängern unterdrückten, nun in Goethes chromatische Dogmatik gefaßten Wahrheit des Lichts und der Farben bekannten. In seiner ‚Unpartheyischen Kirchen- und Ketzer-Historie' hatte Gottfried Arnold die Frage aufgeworfen, ob die vom orthodoxen Glaubensbekenntnis abweichenden, durch die herrschende Kirche unterdrückten Ketzer denn nicht die eigentlichen „zeugen der warheit" waren.[151] Mit genau diesen Worten nun ist eines der Xenien überschrieben, die sich in Goethes Nachlaß gefunden haben:

Zeugen der Wahrheit

Vier Franzosen nenn' ich euch erst, sie sahen den Irrtum
Mehr oder weniger ein, aber der Irrtum bestand.[197]

Gemeint sind Edme Mariotte, Louis Bertrand Castel, Edme Gilles Guyot und Jacques Gauthier d'Agoty, von deren Vorbehalten oder Einwänden gegenüber Newton in der ‚Geschichte der Farbenlehre' berichtet wird.[198] Mit besonderer Anteilnahme und Ausführlichkeit hat Goethe dabei Gauthier bedacht: „Im November des Jahres 1749 trägt er der Akademie ein umständliches Memoire vor, worin er sowohl gegen Newton polemisiert, als auch das was er theoretisch für wahr hält, niederlegt. Diese gelehrte Gesellschaft war nun schon so groß und mächtig, daß sie der Wissenschaft schaden konnte. Vorzügliche Mitglieder derselben, wie Nollet und Buffon, hatten sich der Newtonischen Lehre hingegeben. Gauthiers Zudringlichkeit mag höchst unbequem gewesen sein. Genug, sein Aufsatz ward nicht in die Memoiren der Akademie aufgenommen, ja man erwähnte desselben nicht einmal in der Geschichte der Verhandlungen. [...] Zu der Zeit, als diesen tüchtigen Mann die französische Akademie unterdrückte, lag ich als ein Kind von einigen Monaten in der Wiege. Er, umgeben von so vielen Widersachern, die er nicht überwinden konnte, obgleich begünstigt und pensioniert vom Könige, sah sich um eine gewünschte Wirkung und eben so wie treffliche Vorgänger um seinen guten Ruf gebracht. Ich freue mich, sein Andenken, obgleich spät, zu rehabilitieren, seine Widersacher als die meinigen zu verfolgen und den von ihm, da er nicht durchdringen konnte, oft geäußerten Wunsch zu realisieren:

Exoriare aliquis nostris ex ossibus ultor."[199]

Diesem chromatischen Häretiker, seinem Vorgänger, hat Goethe das 1797 veröffentlichte Xenion in den Mund gelegt:

Der letzte Märtyrer
Auch mich bratet ihr noch als Huß vielleicht, aber wahrhaftig!
Lange bleibet der Schwan, der es vollendet, nicht aus.

Jan Hus, der tschechische Kirchenreformer, 1415 vom Konzil zu Konstanz als Ketzer verdammt und mitsamt seinen häretischen Schriften auf dem Scheiterhaufen verbrannt, gibt hier das Modell für Goethes französischen Vorläufer ab. Denn nach einer zur Reformationszeit entstandenen, dann weit verbreiteten Legende hatte der zum Feuertod verurteilte Theologe (anspielend auf das tschechische husa=Gans) vorausgesagt: „Heute bratet ihr eine gans, aber über 100 jahr werdet ihr einen schwan hören singen, den solt ihr ungebraten lassen."[200] Luther war es, den der in Konstanz Verbrannte im Bild des Schwans als den Vollender seiner Bemühungen um die Reformation der Kirche soll angekündigt haben. Und Luther kannte diese Verheißung, trat in sie ein: „Sanct Johannes Hus hat von mir geweissagt, da er aus dem gefengnis jnn behemerland [Böhmen] schreib, Sie werden itzt eine gans braten (denn Hus heisst eine gans) Aber uber hundert jaren werden sie einen schwanen singen horen, Den sollen sie leiden, Da sols auch bey bleiben, ob [so] Gott wil".[201]

Der figuralen Gleichsetzung Gauthier=Hus=Gans, die Goethes Xenion seinem französischen Vorgänger als dem ‚letzten Märtyrer' zuschreibt, entspricht die Gleichung der Nachfolger: Schwan=Luther=Goethe. Der Farbenlehrer sah sich in der Rolle eines Vollenders der chromatischen Reformation.

Das offenbar früheste Zeugnis für diese Selbsteinschätzung ist eine (undatierte) Nachlaß-Notiz: „und wenn soviel Teufel in den Hörsälen und Buchläden sich gegen mich widersetzten als Zeichen und Zahlen zu Gunsten der falschen Lehren seit hundert Jahren verschwendet worden so sollen sie mich doch nicht abhalten laut zu bekennen, was ich einmal für wahr anerkannt".[202] Sichtlich wird da die Denk- und Redeweise des Reformators usurpiert, von dem es im Historischen Teil der ‚Farbenlehre' heißt, daß er sich's bequem mache „durch seinen Teufel, den er überall bei der Hand hat"[203]: die „wenn-so"-Konstruktion dieses Satzes mitsamt dem vorangehenden syntaktisch funktionslosen „und" („Deshalb erlaube ich mir scherzhaft zu sagen *und wenn* soviel Teufel [. . .] *so* sollen sie mich *doch*") folgt offensichtlich dem Lutherschen Choral „*Und wenn* die Welt voll Teufel wär' . . . *So* fürchten wir uns nicht so sehr, Es soll uns *doch* gelingen." In einer späten Aufzeichnung dann, zu Goethes Lebzeiten ungedruckt, zeigt sich diese frühe Anspielung zur Gleichung verfestigt, figuriert nämlich der theologische Reformator unverkennbar als Prototyp des reformierenden Farbenlehrers: „Gegen das Papsttum der einseitigen Naturlehren welches sich anmaßt durch Zeichen und Zahlen den Irrtum in Wahrheit zu verwandlen habe ich meine Thesen schon vor vielen Jahren angeschlagen. Aber die künstliche [listenreiche] Behendigkeit dieses Pfaffengeschlechtes hatte eine allgemeine Wirkung meines Unternehmens zu hindern gewußt."[204]

Gut lutherisch gegen Pfaffen und pfäffische Machenschaften wetternd, identifizierte sich der neue Reformator im Sprachgebrauch seiner naturwissenschaftlichen Auseinandersetzungen unentwegt mit dem alten. Von Newtons Theorie schreibt er, sie habe „die Welt in pfäffischen Aberglauben verhüllt"[205]; von ihrem Fürsprecher Friedrich Albert Karl Gren, daß er sich „unsern unschuldigen optischen Beiträgen mit pfäffischem Stolz und Heftigkeit widersetzte"[206]; von Johann Karl Fischers Lehrbuch der mechanischen Naturlehre, daß dort „der Newtonische Irrtum abermals recht kräftig mit akademischem Siegel gestempelt ist, so wie ein römischer Pfaffe die Lehre von der Transsubstantiation, der unbefleckten Empfängnis der Mutter Gottes mit dem größten Behagen immer wieder vorträgt"[207]; von dem tschechischen Physiologen Jan Evangelista Purkyně (der an Goethes Untersuchungen zur Farbenwahrnehmung anknüpfte), daß „er sich aus dem Abgrund des Pfafftums durch eigene Kräfte herausgehoben".[208] Und noch 1822 heißt es in einem Brief an Zelter, die Widersacher seiner Farbenlehre kämen ihm vor „wie katholische Pfaffen, die einen Protestanten aus dem tridentinischen Concilium widerlegen wollten."[209]

Auch die Goetheschen Gedichte zur Farbenlehre nehmen diese reformatorische Kampfvokabel auf. Als „pfäffischer Einfall" wird dort die Newtonsche Lichtspaltung dargestellt[210]; die naturwissenschaftlichen Glaubensgegner würden, wenn irgend möglich, zum Widerruf ihn „pfäffisch zwingen"[211]; der „Pfaffen-Orden" habe ihm den Weg verrannt[212]; wie einst dem Johann Reuchlin werde es auch ihm im Kampf „gegen die obskuren Kutten" am Beistand eines Hutten und Sickingen nicht fehlen.[213]

Ein Physikprofessor in Kiel hatte sich auf der Grundlage der Newtonschen ‚Opticks' mehrfach entschieden ablehnend über Goethes Theorien geäußert und es 1812 auch noch gewagt, ihm ein solches „Werk gegen die Farbenlehre nach einer den Deutschen angeborenen unartigen Zudringlichkeit" nach Weimar zu schicken.[214] Christoph Heinrich Pfaff hieß der Absender – Goethe ließ sich solch eine Möglichkeit zum höhnenden Wortspiel nicht entgehen (und setzte mit dem letzten Reimwort seiner Wutverse die Kritik dieses Kieler Pfaffen auch noch dem I-A-Geschrei des Esels gleich):

Absurder Pfaffe! wärst du nicht
In Unnatur verschlämmet,
Wer hätte dir eignes Augenlicht
Vom Urlicht abgedämmet?
Du Esel! willst zur Demut mich
Demütigsten ermahnen,
Höre doch den Narrenstolz und dich
Und Pfäfferei yahnen![215]

Zur Identifikation mit dem Reformator führt Goethes Kampfrede vom Pfaffenwesen schließlich auch durch einen Rückgriff auf das Alte Testament. In einem Brief an den Sächsischen Kurfürsten hat Luther 1545 die römische Kirche seiner Zeit mit dem Baalskult gleichgesetzt und den im 1. Buch der Könige gegen die Götzendiener ankämpfenden Propheten Elia entsprechend für die reformatorische Seite in Anspruch genommen: wie dieser der Baals-Priester „spottet sampt jrem gebet und Gott, So mügen wir der Papisten gebet sampt jrem Gotte auch spotten. Denn wir wissen, das jr gebet verflucht ist, wie jr Lere und Glaube“[216]. Den Streit des Elia gegen die Baals-Anhänger und seinen Sieg über diese Irrlehrer als Präfiguration des Kampfes gegen die Papstkirche deutend, hat man Luther (unter Berufung auf Maleachi 3,23 und Matthäus 17,11) nachweislich schon seit 1519 den neuen Elia genannt, als wiederkehrenden Elia verstanden. Diese vermutlich von Erasmus und Zwingli aufgebrachte Bezeichnung hat sich in der Folgezeit weit verbreitet.[217] Offenbar war sie Goethe bekannt.

In seinen auf das Reformationsjubiläum von 1817 bezogenen Xenien heißt es:

Nichts ist zarter als die Vergangenheit;
Rühre sie an wie ein glühend Eisen:
Denn sie wird dir sogleich beweisen
Du lebest auch in heißer Zeit.[218]

Die hier angedeutete Entsprechung zwischen Luthers Kampf gegen die Papisten und dem eigenen Streit gegen die Newtonianer wird nun vermittelt durch ihrer beider Gleichung mit dem Dritten: im Elia spiegeln sich der alte wie der neue Reformator. Goethes Arbeitsnotizen für eine Reformations-Kantate zum 300. Jahrestag des Thesenanschlags setzen nämlich den alttestamentlichen Propheten einerseits als Prototyp Luthers ein; andererseits spielen sie mit der Gottesoffenbarung, welche Elia auf dem Berge Horeb unter freiem Himmel erfährt (1. Könige 19,11 ff.), auf das Gebot des Farbenlehrers an, Newtons „dunkle Kammer" zu fliehen und den „Blick an heitern Tagen" zur „Himmelsbläue" zu lenken[219]:

> „Sprecher (Elias.)
> Die Abweichung gegen Baal vorbereitend.
> Dienst auf Höhen und im Freien.
> Chöre des Volks, das zur Heiterkeit früheren freiern Himmelslebens zurückkehrt [...]
> Chöre der Priester Baals, pfaffenartig mit Härte und Rohheit imponierend."[220]

Ausdrücklich hat Goethe 1795 (im Konzept für einen Brief an Voß[97]) Luthers Gleichsetzung mit Elia in eigener Person und Sache wiederholt und sich auch auf solche Weise die Rolle eines neuen Reformators zugeschrieben. Seinen Angriff gegen die Newtonsche Lehre und den schon absehbaren erbitterten Widerstand ihrer Anhänger bedenkend, erklärte er da: „Mir steht auch noch von dieser Seite eine unübersehliche Not bevor. Wenn ich dem englischen *Bal Isaac* zu Leibe gehn und die allerliebste hergebrachte Strahlenspalterei für ein Märchen erklären werde." Was aber im Alten Testament von dem berichtet wird, der den gotteslästerlichen Baalskult auszurotten suchte, war dem bibelfesten Bekämpfer des Newtonkults ohne Zweifel gegenwärtig

– „sprach Elia zum volck: Ich bin allein überblieben ein prophet des Herrn; aber der propheten Baal sind vier hundert und fünffzig mann"; die alle führte Elia „hinab an den bach Kison, und schlachtete sie daselbst."[98]

„Jede Schule scheint von den Grundsätzen der römischen Kirche etwas geerbt zu haben", hieß es in Goethes eingangs angeführter Nachlaßnotiz; „Wer von dem einmal festgestellten Glaubensbekenntnisse abweicht, wird als Ketzer ohne weiteres verdammt". Aber wie Gottfried Arnolds ‚Unpartheyische Kirchen- und Ketzer-Historie' die alten Häretiker als die wahren Christen zu verstehen gab, hat auch dieser neue Ketzer sich selbst als den wahrhaft Rechtgläubigen verstanden.[221] Am Ende übertrug er das Ketzerei-Verdikt auf die von seiner eigenen Lehre Abgefallenen. Selbst auf den folgsamen Eckermann, als der bei Gelegenheit geringfügige Einwände gegen einzelne Thesen vorzubringen wagte (worüber „Goethes erhaben-heiteres Wesen sich verfinsterte"). „‚Es geht mir mit meiner Farbenlehre'", so habe er den zweifelnden Jünger beschieden, „‚gerade wie mit der christlichen Religion. Man glaubt eine Weile, treue Schüler zu haben, und ehe man es sich versieht, weichen sie ab und bilden eine Sekte. Sie sind ein Ketzer wie die anderen auch, denn Sie sind der erste nicht, der von mir abgewichen ist. Mit den trefflichsten Menschen bin ich wegen bestrittener Punkte in der Farbenlehre auseinander gekommen. Mit *** wegen ... und mit *** wegen ....' Er nannte mir hier einige bedeutende Namen."[222]

„Hier ein Brief von Lichtenberg", schrieb der Reformator der Farbenlehre 1793 an Herder, „woraus du sehen wirst daß noch manches zu tun ist ehe wir vom Gesetz erlöst uns einer evangelischen Gemeinschaft erfreuen können."[223]

IX
DIE REINE LEHRE

Die Befremdlichkeit des Unternehmens, mit dem Goethe „Epoche in der Welt zu machen" glaubte[3], hat sich durch das bislang Vorgebrachte eher gesteigert und verschärft, als vermindert oder gemildert. Aber erst wenn in den Kreis der Beobachtungen alles eingebracht, in den Gang der Überlegungen alles einbezogen ist, was einem Versuch, das Schwerverständliche in bestimmter Weise erklärbar zu machen, entgegensteht, erst wenn damit die Beschwichtigungen ausgeschlossen und die Ausflüchte blockiert sind, wäre wohl der dialektische Fall denkbar, daß diese Widerstände selbst auf einen gangbaren Weg weisen.

Goethe neigte durchaus nicht zu unbedachtem oder leichtfertigem Umgang mit biblischen Bildern, religiösen Vorstellungen, theologischen Begriffen – die er doch in seine mündlichen Äußerungen, schriftlichen Aufzeichnungen und gedruckten Mitteilungen zum Farbenwesen so häufig eingesetzt hat, wie nirgendwo anders (wenn man die Schriften unmittelbar religiösen Inhalts ausnimmt). Rechtfertigen aber, oder jedenfalls begründen ließe sich die theologische Verfassung der drei Teile seiner ‚Farbenlehre' und ließen sich die biblischen oder kirchengeschichtlichen Rollen, die er sich und seinen Gegnern in dieser Auseinandersetzung zugeschrieben hat, allein aus seinen Vorstellungen vom Charakter der Sache selbst, um die es da ging.

Während des preußischen Feldzugs gegen das revolutionäre Frankreich, bei dem er 1792 seinen Herzog begleitete (glückselig darüber, daß „eine höhere Leidenschaft" ihn erfüllte), stellte er Beobachtungen und Experimente zur Farbenlehre an, „rekapitulierte und redigierte" die mitgeführten „chromatischen Akten" und entwarf „Figuren zu den Farbentafeln"[224]. In seinen Aufzeichnungen über diese Zeit heißt es, daß „jede Verehrung eines würdigen Gegenstandes immer von einem religiosen Gefühl begleitet" sei.[225] Gespräche über Kunstwerke liegen dieser Bemerkung zugrunde. Aber gleichermaßen würdige, verehrenswürdige Gegenstände der Betrachtung und Erforschung waren für Goethe die Naturerscheinungen. Und da blieb es nun nicht bei einem bloßen „religiosen" Begleitgefühl. Da ging es auf die Sache selbst. Der Licht- und Farbenlehre und dem Streit um sie kam nach Goethes Überzeugung nicht nur jene allerhöchste Bedeutung zu, die es erlaubte oder, um kenntlich zu werden, geradezu erforderte, darüber (gleichnishaft) in religiöser Sprache und auf theologische Weise zu reden. Das Licht und seine „Taten und Leiden" hat er vielmehr als ein genuin religiöses Phänomen verstanden, den Streit um die rechte Lehre von den Farben deshalb als eine theologische Auseinandersetzung geführt. Der 1785 an Jacobi schrieb, er schweige gern, „wenn von einem göttlichen Wesen die Rede ist", das er doch „nur in und aus den rebus singularibus erkenne", und so suche er jetzt „das Göttliche in herbis et lapidibus"[226] – der suchte es auch und fand es in lumine et coloribus: „Ich erkannte das Licht in seiner Reinheit und Wahrheit, und ich hielt es meines Amtes, dafür zu streiten."[44]

Immer wieder benennt er es so: „das reine weiße Licht"[227], „das reine, sich immer selbst gleiche Licht"[228], „das klare, reine, ewig ungetrübte Licht"[229]. Achtet man auf diesen Wortgebrauch und auf die Verbindungen, die damit hergestellt werden, macht sich ein aufschlußreiches Abhängigkeits- und Bedingungsverhältnis bemerkbar. Immer wieder nämlich fordert Goethe vom Licht- und Farbenbeobachter (spricht er Newton ab, nimmt er für sich in Anspruch) „reine Absicht“[230], eine „reine Betrachtung der Phänomene“[231] und „reine Erfahrungen“ (die „zum Fundament der ganzen Naturwissenschaft liegen sollten“)[232], „Versuche einer reinen Zusammenstellung der Phänomene“ dann, Bemühungen um „die reinsten Resultate“[233] und die „reinen Begriffe“[234] – „damit die reine aufzustellende Lehre nicht getrübt werde.“[235] Das durchgehend gleiche Wort „rein“ (dessen Bedeutungsspektrum das Saubere, Klare, Unverfälschte, Unverdorbene, Natürliche, Lautere, Redliche, Wahre, Heilsame umgreift) steht hier für einen als zwingend verstandenen Zusammenhang in der Sache selbst: „reine Absicht“ und „ein reiner Sinn“[236] auf der Subjektseite bedingen, sofern sie „rein zu Werke“ gehen[237], die objektive Erkenntnis des „reinen Lichts“, die in „reiner Lehre“ sich mitteilt. Am Begriff der „reinen Lehre“ aber lassen sich die Beweggründe und die Absichten des theologischen Sprachgebrauchs bestimmen. In der ‚Farbenlehre‘ selbst hat Goethe auf „die reine christliche Lehre im Sinn des Neuen Testamentes“ verwiesen.[238] Bezeichnet er nun, in offensichtlichem Rückgriff auf diese geläufige Begriffsverwendung, seine eigene chromatische Dogmatik als „die reine Lehre“[239], dann spricht er damit ihr selber religiöse Bedeutung zu: gibt sie als Heilslehre zu verstehen. Denn im „reinen Licht“ sah der Farbenlehrer eine Offenbarung des Göttlichen. Noch in seinem letzten Lehrbrief über das Farbenwesen (der sich mit den hochkomplizierten Lichtbrechungsphänomenen des Regenbogens befaßte und dem jungen Sulpiz Boisserée weitere „Ankündigungen“ darüber versprach) heißt es, 30 Tage vor seinem Tod: So werden wir „des eigentlichen reinen Glaubens uns immer würdiger zu machen suchen“.[240]

Von weit her, aus altorientalischer, antiker und biblischer, aus gnostischer, kabbalistischer, mittelalterlich-scholastischer Lichtmetaphorik, Lichtmetaphysik und Lichttheologie kommen die Gottesvorstellungen, die dieser Farbenlehre zugrunde liegen, in sie eingegangen sind oder ihr entsprechen.[241]

Was dabei die „reine christliche Lehre im Sinn des Neuen Testamentes" angeht, so war dem in den biblischen Schriften früh und gründlich Belesenen ohne Zweifel gegenwärtig, wie der 1. Johannesbrief Gott im Licht und als Licht begreift: „das ist die verkündigung, die wir von ihm [Christus, im Johannesevangelium 8,12] gehöret haben, und euch verkündigen: daß Gott ein licht ist, und in ihm ist keine finsterniß. So wir sagen, daß wir gemeinschafft mit ihm haben, und wandeln in finsterniß, so lügen wir, und thun nicht die wahrheit. So wir aber im licht wandeln, wie er im licht ist, so haben wir gemeinschafft unter einander, und das blut Jesu Christi, seines Sohns, machet uns rein von aller sünde."[242] Goethes Lehrer Gottfried Arnold hat diese Verse umgesetzt in eine Seligpreisung, die den ‚Beschluß' seiner ‚Kirchen- und Ketzer-Historie' bildet. Gott, heißt es bei ihm, werde sich „in einem jeden als das wahrhafftige licht äussern und bezeugen, das da alle menschen erleuchtet. Selig ist der, welcher, so bald er dessen schein und krafft erblicket, demselben eyffrig nachspüret, seine augen dardurch eröffnen lässet, und so dann auf seinen wegen dieser brennenden lucerne getrost nachfolget, biß der morgenstern selbst, und endlich der volle sonnen-schein anbricht."[243] Dem kommt ein Brief des 76jährigen Farbenlehrers an die Naturforscher Carus und d'Alton so nahe, daß man vermuten darf, Goethe habe sich nicht nur an die Eingangsverse des Johannesbriefes, sondern auch an diese auf ihnen beruhenden ‚Beschluß'-Sätze Arnolds gehalten und sie in die eigene Lebensgeschichte übersetzt, als er schrieb: „Ich gedenke, wie ich seit einem halben Jahrhundert auf eben diesem Felde [der Naturwissenschaft] aus der

Finsternis in die Dämmerung, von da in die Hellung unverwandt fortgeschritten bin, bis ich zuletzt erlebe, daß das reinste Licht, jeder Erkenntnis und Einsicht förderlich, mit Macht hervortritt, mich blendend belebt und indem es meine folgerechten Wünsche erfüllt, mein sehnsüchtiges Bestreben vollkommen rechtfertigt."[244]

Eine der Bestätigungen eigener Überzeugung, die er mit produktivem Enthusiasmus aufnahm, kam ihm im nachhinein und spät noch aus den Schriften zur Religionsgeschichte des alten Orients zu, die er 1815 studierte. Die „reine Religion der Parsen" hat er damals nach seinen eigenen Worten „aus dem späteren Verfall [!] hervorgehoben und zu ihrer schönen Einfalt zurückgeführt"[245], indem er ihren Sonnenkult in seinem Divan-Gedicht ‚Vermächtnis altpersischen Glaubens'[246] der eigenen Lichttheologie annäherte und in den ‚Noten und Abhandlungen' dazu vermerkte: „Auf das Anschauen der Natur gründete sich der alten Parsen Gottes-Verehrung. Sie wendeten sich, den Schöpfer anbetend, gegen die aufgehende Sonne, als der auffallend herrlichsten Erscheinung. Dort glaubten sie den Thron Gottes, von Engeln umfunkelt, zu erblicken."[247] – „Ihr Anblick gibt den Engeln Stärke", heißt es im Sonnengesang Raphaels zu Beginn der ‚Faust'-Dichtung. Und nach Eckermanns Gesprächsbericht hat Goethe noch in seinen letzten Lebenstagen die Sonne als „eine Offenbarung des Höchsten" bezeichnet: „Ich anbete in ihr das Licht und die zeugende Kraft Gottes, wodurch allein wir leben, weben und sind"[248].

Fest auf die „reine Lehre" gegründet, richtet Goethes ‚Licht und Farbe' überschriebenes, arianisch-frommes Xenion an dieses Licht und an diese Farbe seine optativischen Imperative. Das sind die des Gebets:

Wohne du ewiglich Eines dort bei dem ewiglich Einen,
Farbe, du wechselnde, komm freundlich zum Menschen herab.[249]

Plotins Vorstellung vom ‚Einen' (dem Grund und Ursprung alles Seienden) als dem intelligiblen ‚Licht'[250] spielt da hinein: Der Vorstellung Gottes als des „ewiglich Einen" korrespondiert die unbeirrbare Glaubensgewißheit des Farbenlehrers, daß das Licht als „ewiglich Eines" ein uranfänglich unteilbares sei und also Newtons Spaltungslehre ein Sakrileg, das nicht geduldet werden dürfe. Mir, erklärt er 1817 in den ‚Tag- und Jahres-Heften', war es „vollkommen vergönnt das geheimnisvoll klare Licht, als die höchste Energie, ewig, einzig und unteilbar zu betrachten."[251]

Ist damit das dogmatische Zentrum der „reinen Lehre" umschrieben, so liegt die Frage nahe, weshalb denn im Titel des Werkes statt der vom Licht bewirkten Farben nicht vielmehr die prima causa des Lichtes selbst erscheint. „Ob man nicht, indem von den Farben gesprochen werden soll, vor allen Dingen des Lichtes zu erwähnen habe", gibt Goethes Vorwort mit seinem ersten Satz zu bedenken. Antwort: Es sei schon „viel und mancherlei von dem Lichte gesagt worden", aber „eigentlich unternehmen wir umsonst, das Wesen eines Dinges auszudrücken. Wirkungen werden wir gewahr, und eine vollständige Geschichte dieser Wirkungen umfaßte wohl allenfalls das Wesen jenes Dinges. Vergebens bemühen wir uns, den Charakter eines Menschen zu schildern; man stelle dagegen seine Handlungen, seine Taten zusammen, und ein Bild des Charakters wird uns entgegentreten."[252] ‚Farbenlehre' also nannte er seine Schrift, weil er das an sich selber unaussprechliche Wesen des Lichts allein durch eine umfassende Darstellung des Farbenwesens als vollständiger Geschichte seiner „Taten und Leiden" glaubte ausdrücken und begreiflich machen zu können. Auch wenn man gelten läßt, was er da generalisierend vom „Wesen eines Dinges“ und „Charakter eines Menschen“ behauptet – die Vorstellung, daß ein unaussprechliches, unbegreifliches Wesen nurmehr in den Wirkungen, Handlungen, Taten sich ausspreche und begreiflich mache, die von ihm ausgehen, ist im religiösen Denken begründet. Erklärt der Farbenlehrer: „die Natur des Lichts wird wohl nie ein Sterblicher aussprechen; und sollte er es können, so würde er von niemanden, so wenig wie das Licht, verstanden werden“[253], dann spricht er im Mittel des Lichts von der Unaussprechbarkeit und Unbegreiflichkeit des unbekannten Gottes, der sich offenbart in dem, was er wirkt, in seinen Handlungen, seinen Taten.[254]

Solcher reinen Lehre steht „die u n r e i n e, hypothetische, falsche Newtonische Lehre“[255] entgegen, „das klare, reine, ewig ungetrübte Licht sei aus dunklen Lichtern zusammengesetzt“[256]. Den von ihr Verblendeten, welcher den häretischen Lehrsatz vom siebenfarbigen weißen Lichtstrahl angenommen hat, stellen Goethes Verse auf den dänischen Physiker Ludolph Hermann Tobiesen als einen Blinden dar, welcher der „Himmelsgabe Reinen Lichtes“ nicht ansichtig wird und so in der Finsternis (des Unglaubens) wandelt. Durch die Namensgleichung Tobiesen-Tobias begründet, geschieht das wiederum im Rückgriff auf die biblischen Schriften, in Anlehnung an die alte Präfigurationstheologie. Denn vom Vater Tobias erzählt das gleichnamige apokryphe Buch des Alten Testaments, daß ihm heißer Schwalbenkot in die Augen fällt und ihn erblinden läßt, daß dann aber eine Salbe, die sein Sohn Tobias auf Geheiß des Engels bereitet, ihn wieder sehend macht. Im alten Tobi(a)s ist der neue Tobi(e)s(en) präfiguriert:

Armer Tobis, tappst am Stabe
Siebenfarbiger Dröseleien,
Kannst dich jener Himmelsgabe
Reinen Lichtes nicht erfreuen.

Nicht erlustigen dich im Schatten,
Wo mit urgebotner Liebe
Licht und Finsternis sich gatten,
Zu verherrlichen die Trübe.

Werd' ihm doch die kräft'ge Salbe,
Diesem Armen, bald gesendet,
Dem die theoretische Schwalbe
Augenkraft und Lust geblendet.[257]

Der Verfasser der ‚Farbenlehre' hielt an der Hoffnung fest, daß „das Barometer der Vernunft" endlich doch hoch genug steigen werde, „um jenen dichten Dunstkreis auf einmal zu zerreißen, damit die beschmutzte Sonne sich in ihrer ewig-reinen Klarheit zeige und die reine Materie dagegen das ihr anheimgegebene Farbenspiel auch vor dem geistigen Auge der Menschen beginne."[258] Newton hatte diesen Dunst über die Erde verbreitet. Newton hatte die Sonne beschmutzt, indem er (mit seiner Spektralanalyse) aus Licht Finsternis und (mit der Weißsynthese aus den Spektralfarben) aus Finsternis Licht machte. Und gewiß kannte sein bibelkundiger Widersacher die Worte, mit denen der Prophet Jesaja Gottes Zorn und den Tod denen verheißt, „die aus finsterniß licht und aus licht finsterniß machen"[259]. Im Historischen Teil der ‚Farbenlehre' stellte er die ungeheuerliche Behauptung auf, es sei Newtons „in sich selbst erstarrte Lehre eine Art von Arche des Herrn, deren Berührung sogleich den Tod bringt."[260] Diese Arche freilich (die Bundeslade des Volkes Israel, in die die Gesetzestafeln gelegt waren und die anzurühren den Tod brachte[261]) barg das unantastbar Heilige. Goethes verfängliches Gleichnis aber will besagen, daß die Irrlehre Newtons den Tod bringe, weil sie – im äußersten Gegensatz doch zur „Arche des Herrn“ – gerade das ganz und gar Unheilige, Unreine darstellt und aus eben diesem Grund jeden ins Verderben führt, der sich mit ihr einläßt. Deshalb also forderte er die Studenten auf, den Versuchsraum zu verlassen, sobald der Physikprofessor auch nur Anstalten machte, ihnen Newtons Experimente vorzuführen.[262] Deshalb wünschte er, daß ein Ministerium des öffentlichen Unterrichts die Verbreitung der Newtonschen Lehre von vornherein verbieten möge.[263] Und deshalb fuhr er Eckermann an: „Das müssen Sie gar nicht wissen“!, als der ihn bei der Beobachtung von Blaufärbungen fragte, wie denn die Anhänger Newtons dieses Phänomen erklärten – „Bekümmern Sie sich gar nicht um die Newtonianer, lassen Sie sich die reine Lehre genügen, und Sie werden sich gut dabei stehen.“[264] Deshalb schrieb er: „Freunde, flieht die dunkle Kammer“!

Das Gedicht (‚Warnung, eigentlich und symbolisch zu nehmen‘), das mit diesem Vers beginnt, verwendet den paränetischen Imperativ und dessen ‚gemeindebildenden‘ Plural, und seine Strophen sind einem Choral gleichgeformt, den zu Goethes Zeit jedermann kannte – verfaßt von Gottfried Arnold, dem Autor der ‚Unpartheyischen Kirchen- und Ketzer-Historie‘.[265] „Es ist eigen“, sagte Goethe 1827, „ich habe doch so mancherlei gemacht, und doch ist keins von allen meinen Gedichten, das im lutherischen Gesangbuch stehen könnte.“ In einem ‚chromatischen Gesangbuch‘, wenn es das denn gäbe, könnte immerhin stehen (mit der Angabe ‚Melodie: O Durchbrecher aller Bande‘):

Die reine Lehre

Freunde, flieht die dunkle Kammer,
Wo man euch das Licht verzwickt,
Und mit kümmerlichstem Jammer
Sich verschrobnen Bilden bückt.
Abergläubische Verehrer
Gab's die Jahre her genug,
In den Köpfen eurer Lehrer
Laßt Gespenst und Wahn und Trug.

Wenn der Blick an heitern Tagen
Sich zur Himmelsbläue lenkt,
Beim Siroc der Sonnenwagen
Purpurrot sich niedersenkt,
Da gebt der Natur die Ehre,
Froh, an Aug' und Herz gesund,
Und erkennt der Farbenlehre
Allgemeinen ewigen Grund.[266]

X
TOTALITÄT

War es Goethe um den „Allgemeinen ewigen Grund" der Farbenlehre zu tun, dann heißt das, ihm ging es ums Ganze.

Newtons Beschäftigung mit der Optik folgte einer technisch-praktischen Absicht. Er versuchte, die Farbsäume auszuschließen, welche sich bei den damals verwendeten dioptrischen Fernrohren störend bemerkbar machten. Deren Entstehungsursachen nachforschend, entdeckte er die ‚diverse Refrangibilität' des weißen Lichts – zog daraus freilich den Schluß, daß die Dispersion als Ursache solcher Farbsäume eine unvermeidliche Folge der Lichtbrechung sei, und erklärte (da er die Abhängigkeit des Brechungsindex' von der Beschaffenheit des brechenden Materials nicht erkannte) die Entstörung der Refraktionsteleskope durch Herstellung achromatischer Linsen fälschlich für naturgesetzlich ausgeschlossen.[267] Über diesen ursprünglichen praktischen Zweck seiner Untersuchungen (den er dann durch das nicht lichtbrechende Spiegelteleskop erreichte) ging die Grundlagenforschung Newtons freilich weit hinaus. Aber sein Interesse an den Farben blieb beschränkt auf den isolierten Teilbereich des durch die Refraktion erzeugten Spektrums, und was dieser Physiker und Mathematiker darüber mitteilte, kann durchaus auch ein Blinder begreifen.

Goethe ließ sich nach seinen eigenen Worten „das Recht nicht nehmen, die Farbe in allen ihren Vorkommnissen und Bedeutungen zu bewundern, zu lieben und wo möglich zu erforschen."[268] Seine ‚Farbenlehre' beruht auf dem Augenschein und wendet sich wiederum an ihn (wird also, ausdrücklich, nur „durch wiederholtes Schauen ganz zu eigen gemacht"[269]). Deshalb umfaßt sie ohne Rücksicht auf die naturwissenschaftlich gebotene Unterscheidung der verschiedenartigen Farbphänomene alles, was der menschlichen Sinneswahrnehmung farbig erscheint und daraufhin als zusammengehörig aufgefaßt wird: die ‚physiologischen', wie die ‚physischen', wie die ‚chemischen' Farben. Dieses ganze Farbenwesen bringt er auf die von der sinnenhaften Wahrnehmung beglaubigte, gegen Newton gerichtete e i n e große Formel von den Farben als den „Taten des Lichts". Denn deren Geltung wird keineswegs auf die ‚physischen Farben' begrenzt, welche das Licht im Medium des Trüben hervorruft. Sie erstreckt sich auch auf die ‚physiologischen Farben', die im Medium des selbsttätigen Auges entstehen (etwa: „Zu den farbigen Schatten gehören zwei Bedingungen, erstlich, daß das wirksame Licht auf irgend eine Art die weiße Fläche färbe, zweitens, daß ein Gegenlicht den geworfenen Schatten auf einen gewissen Grad erleuchte"[270]), und ebenso auf die ‚chemischen Farben', die sich im Medium materieller Substanzen manifestieren (etwa: „Die Einwirkung des Lichts auf die Federn und ihre Farben ist durchaus bemerklich. So ist zum Beispiel auf der Brust gewisser Papageien die Feder eigentlich gelb. Der schuppenartig hervortretende Teil, den das Licht bescheint, ist aus dem Gelben ins Rote gesteigert"[271]).

Newton, physikalische Eigenschaften des Lichts isolierend, bahnte der Mathematik den Zugang zu den optischen Phänomenen und half die Farbenmetrik vorbereiten, welche das gesamte Spektrum durch verschiedene Mischungsverhältnisse weniger Grundfarben definiert und zu dem dreidimensionalen Farbraum führte, in dem (beispielsweise) ein reines Gelb heute nach der Farbenkarte DIN 6164 durch die Ordinatenwerte $x(\lambda)0{,}5096$, $y(\lambda)0{,}4904$, $z(\lambda)0{,}0$ bestimmt wird. Goethe hingegen weitete das Blickfeld aus bis zur psychologischen, ästhetischen, symbolischen, zur ‚Sinnlich-sittlichen Wirkung der Farbe'[272] und behielt also bei seinen prismatischen Experimenten mit solchem Gelb auch dessen „heitere, muntere, sanft reizende Eigenschaft" im Auge, von der „das Herz ausgedehnt, das Gemüt erheitert" wird[273], und ebenso die Fälle, wo durch unmerkliche Verunreinigungen diese „Farbe der Ehre und Wonne zur Farbe der Schande, des Abscheus und Mißbehagens umgekehrt" wird: „die gelben Hüte der Bankerottierer, die gelben Ringe auf den Mänteln der Juden"[274]. Seine Farbenlehre betraf „die ganze sichtbare Welt"[275]. Und für dieses Universum des Farbenwesens skizzierte er auch noch die ‚Nachbarlichen Verhältnisse' zur Philosophie, Mathematik, Färbetechnik, Physiologie und Pathologie, Naturgeschichte, allgemeinen Physik und Tonlehre.[276] Eine unmittelbare Verknüpfung der Tonlehre „mit dem übrigen Physischen und auch mit der Farbenlehre" bedenkend, hat er 1810 geschrieben: „Wenn ein paar große Formeln glücken, so muß das alles Eins werden, alles aus Einem entspringen und zu Einem zurückkehren."[277]

Und das Ganze war für ihn keineswegs begrenzt auf die physische Welt. Eckermann berichtet von einer winterlichen Spazierfahrt mit dem 81jährigen, bei der die beiden noch einmal beobachteten, wie der Blick zur Lichtseite hin Gelb und zur Schattenseite hin, durch die vom zarten Dunst gebildete Trübe, eine blaue Färbung wahrnimmt (‚Dioptrische Farben'[278]). „Lieben und Hassen, Hoffen und Fürchten sind auch nur differente Zustände unsres trüben Inneren, durch welches der Geist entweder nach der Licht- oder Schattenseite hinsieht", hatte Goethe im Tagebuch geschrieben; „Blicken wir durch diese trübe organische Umgebung nach dem Lichte hin, so lieben und hoffen wir; blicken wir nach dem Finstern, so hassen und fürchten wir."[279]

Deshalb haben die beiden Spazierfahrer und Farbenbeobachter damals gesprochen „von der hohen Bedeutung der Urphänomene, hinter welchen man unmittelbar die Gottheit zu gewahren glaube."[280]

Das erscheint uns freilich als eine höchst fragwürdige, dilettantische Vermischung objektiver Sachverhalte und subjektiver Vorstellungen. Aber die Beobachtungen und Experimente dieses das Ganze bedenkenden „autodidaktischen Dilettanten"[2] hatten das Untersuchungsobjekt Farbe nicht „vom Menschen abgesondert"[281], also nicht vom wahrnehmenden Subjekt getrennt, sondern den Vorgang des Sehens, die Beteiligung des menschlichen Sinnesorgans dabei im Blick behalten. Goethes wohl zwischen 1799 und 1801 verfaßte ‚Geschichte der Arbeiten des Verfassers in diesem Fache' hat den Prozeß seiner darauf beruhenden Einsichten in Stichworten festgehalten: „Farbige Schatten. Schon früher Interesse daran. Mannigfaltige Versuche. Die Erscheinung stärkerm und schwächerm Licht zugeschrieben. Realistisch objektive Erklärungsart ein langes Hindernis. Erscheinung durch trübe Mittel. Bläue des Himmels. Einsicht in das Grundphänomen. Weitere Fortschritte. Sogenannte zufällige Farben. Einsicht in den physiologischen Teil. Fundament im Organ gesucht. Die farbigen Schatten werden unter diese Rubrik gebracht. Große Förderung."[282]

Diese auf ein „Fundament im Organ" verweisende Förderung ist ihm offenbar durch Lichtenberg zugekommen. Auf eine vorläufige handschriftliche Abhandlung Goethes über farbige Schatten antwortend, hatte der in einem Brief vom 7. Oktober 1793 die Vermutung geäußert, daß „hierin etwas noch zurück sei, das anders erklärt werden muß. Es ist z. B. gewiß, daß wenn man lange durch ein rotes Glas sieht und zieht es plötzlich vor den Augen weg, so erscheinen die Gegenstände einen Augenblick grünlich; sieht man hingegen durch ein grünes Glas, so erscheinen sie alsdann anfangs rötlich. Dieses hängt mit Büffons couleurs accidentelles zusammen, die man in den Augen bemerkt."[283] Goethes große gültige Leistung bestand nun in der Entdeckung, daß dieser von Lichtenberg erwähnte ‚Sukzessivkontrast' wie der von ihm (im Fall der farbigen Schatten) offenbar vermutete und damit in Zusammenhang gebrachte ‚Simultankontrast' keineswegs „zufällige" Phänomene oder gar Sinnestäuschungen darstellen. Vielmehr nannte er diese Erscheinungen ‚Physiologische Farben' – „weil sie dem gesunden Auge angehören, weil wir sie als die notwendigen Bedingungen des Sehens betrachten, auf dessen lebendiges Wechselwirken in sich selbst und nach außen sie hindeuten."[284] Auf den in der Außenwelt vorgegebenen objektiven Farbeindruck nämlich reagiert das gesunde menschliche Auge (sukzessiv oder simultan) mit einer subjektiven Wahrnehmung der ihm aufgedrungenen, von ihm ‚geforderten' jeweiligen Kontrastfarbe:

> „Gelb fordert Blaurot [Violett]
> Blau fordert Gelbrot [Orange]
> Purpur fordert Grün
>
> und umgekehrt."[285]

Bevor Goethe diese „Einsicht in den physiologischen Teil"[282] gewann, hatte er (wohl im Juli 1793 während der Belagerung von Mainz) eine schematische Zusammenstellung der sechs elementaren ‚physischen Farben' vorgenommen, die (nebenstehend) hier wiedergegeben ist.

Er fügte hinzu, es lasse sich „dieses Schema in einem Farbenkreise bequem darstellen."[286] Das hat er später getan. Und so stehen dann in seinem Farbenkreis[287] (durch die gestrichelte Linie markiert, die ich hier in das frühe Schema eingesetzt habe) diejenigen Farben diagonal einander gegenüber, die auch als ‚physiologische' Kontrastfarben wahr-

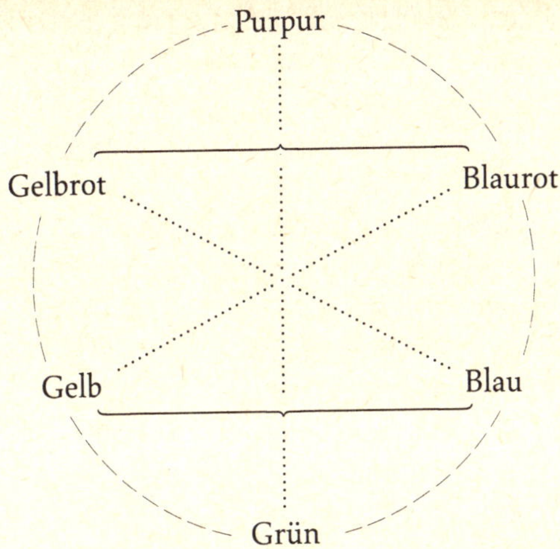

genommen werden (und hier in seinem Schema durch hinzugefügte gepunktete Linien bezeichnet sind). Komplementär- oder Kompensationsfarben nennt man sie heute: jedes dieser aus dem ‚objektiven' Farbeindruck und der entsprechenden ‚subjektiven' Kontrastwahrnehmung gebildete Farbenpaar läßt sich wieder zu Weiß mischen. Mit vollem Recht also stellte Goethe fest, daß zusammen mit der von außen vorgegebenen Farbe die jeweils vom Auge hervorgebrachte Komplementärfarbe „die Totalität des ganzen Farbenkreises" enthalte[288] – „Das Auge verlangt dabei ganz eigentlich Totalität und schließt in sich selbst den Farbenkreis ab. In dem vom Gelben geforderten Violetten [Blauroten] liegt das Rote und Blaue; im Orange [Gelbroten] das Gelbe und Rote, dem das Blaue entspricht; das Grüne vereinigt Blau und Gelb und fordert das Rote, und so in allen Abstufungen der verschiedensten Mischungen."[289] Deshalb nannte er seinen Farbenkreis „naturgemäß eingerichtet"[290] – „da jenes Schema, worin sich die Farbenmannigfaltigkeit darstellen läßt, solche Urverhältnisse andeutet, die sowohl der menschlichen Anschauung als der Natur angehören"[291]. Diese 1808/1810 im Didaktischen Teil seiner ‚Farbenlehre' vorgetragene Überzeugung nun sah Goethe 1820 durch Thomas Seebecks ‚entoptische' Farbversuche[53] auf triumphale Weise bestätigt. Bei dessen Experimenten leitet ein am senkrechten Stab des Spiegelungsapparats unten angebrachter Spiegel (von der Sonne abgekehrt und in schräger Position) das von der Atmosphäre widergespiegelte Licht durch einen zuvor geglühten, dann rasch abgekühlten Glaskörper oder einen Kristall etc. Die Farberscheinungen im Inneren dieses Minerals lenkt ein oben angebrachter zweiter Spiegel ins Auge des Betrachters. Steht dessen spiegelnde Fläche parallel zum unteren Spiegel, so zeigen sich farbengesäumte dunkle Eckpunkte, die ein helles Kreuz bilden. Wird der obere Spiegel jedoch um 90 Grad gedreht, also in eine rechtwinklige Position zur unteren Spiegelfläche gebracht, erscheint statt des hellen Kreuzes ein dunkles, schwarzes, und setzen sich die zuvor wahrgenommenen Farbsäume in ihre Komplementärfarben um.[292] Nach einem eigenen Experiment mit Glimmerblättchen („als sechsseitige Tafeln zugerichtet") führt Goethe die Farben an, „die sich bei Seitenwendung des Spiegels in ihre Gegensätze verwandeln": Gelb in Violett (Blaurot), Gelbrot (Orange) in Blau, Purpur in Grün.[293] Und das sind eben jene Komplementärfarben, die eigentätig auch das Auge hervorbringt. Begeistert sah Goethe die „Verwandtschaft der entoptischen Farben" nicht nur „mit den übrigen physischen", sondern ebenso mit seinen physiologischen Farben „in vollkommener Kraft und Schönheit hervortreten. Hieran finden wir abermals ein herrliches Beispiel daß alles im Universen zusammenhängt, sich auf einander bezieht, einander antwortet. Was in der Atmosphäre vorgeht begibt sich gleichfalls in des Menschen Auge, und der entoptische Gegensatz [dieser Komplementärfarben] ist auch der physiologe."[294]

Daß das menschliche Auge, aus dem „Bedürfnis nach Totalität, welches unserm Organ eingeboren ist"[295], die gleichen Farbphänomene hervorbringt, die nach Goethes Überzeugung das Licht selber bewirkt, und so „in sich selbst den Farbenkreis" abschließt[289], war für ihn „der Angel auf dem die ganze Lehre sich bewegt"[296]. Denn davon war er unbeirrbar überzeugt, „daß alles was innen ist auch außen sei, und daß nur ein Zusammentreffen beider Wesenheiten als Wahrheit gelten dürfe."[297] „Die Totalität des Innern und Äußern", schrieb er, „wird durchs Auge vollendet."[298] Und in seine Einleitung zum Dogmatischen Teil der ‚Farbenlehre' setzte er die dem Plotin nachgedichteten Verse

> Wär' nicht das Auge sonnenhaft,
> Wie könnten wir das Licht erblicken?
> Lebt' nicht in uns des Gottes eigne Kraft,
> Wie könnt' uns Göttliches entzücken?[299]

Hier gilt, was eine der aphoristischen Aufzeichnungen Goethes zur Morphologie besagt: „daß wir mit Bewußtsein uns in der Region befinden, wo Metaphysik und Naturgeschichte übereinander greifen, also da, wo der ernste treue Forscher am liebsten verweilt."[300]

Was die „Naturgeschichte" betrifft, so liegt seinen Versen die Vorstellung zugrunde, daß das menschliche Auge ein „Geschöpf des Lichtes" sei und eben dadurch nicht allein instand gesetzt, in der Hervorbringung ‚physiologischer' Farben all das zu leisten, „was das Licht selbst leisten kann"[301], sondern allererst auch zur Wahrnehmung des Lichts und der von ihm bewirkten ‚physischen' und ‚chemischen' Farben befähigt. „Aus gleichgültigen tierischen Hülfsorganen ruft sich das Licht ein Organ hervor, das seines Gleichen werde", heißt es unerhört hellsichtig in der Einleitung zum Didaktischen Teil der ‚Farbenlehre'; „so bildet sich das Auge am Lichte fürs Licht, damit das innere

Licht dem äußeren entgegentrete."[302] Nur auf eine schmale Frequenz im Schwingungsband des von der Sonne ausgehenden und durch die Atmosphäre unterschiedlich abgefilterten Energiestroms elektro-magnetischer Wellen mit Helligkeits- und Farbempfindungen reagierend, zeigt sich das menschliche Sinnesvermögen den optischen Bedingungen der Erdoberfläche derart angepaßt, daß es entwicklungsgeschichtlich in der Tat als deren Produkt verstanden werden muß: „sonnenhaft", also licht- und farbwahrnehmungsfähig ist das Auge (nur) für ‚unsere' Sonne, weil es sich d u r c h sie „am Lichte fürs Licht" gebildet hat.

Was die „Metaphysik" angeht, so liegt seinen Versen die Vorstellung zugrunde, daß sich in der Lichthaftigkeit des Auges als Voraussetzung seiner Fähigkeit zur Wahrnehmung des Sonnenlichts eine Bedingung nicht allein des sinnenhaften Erkennens abbilde. In der altindischen und -persischen Kultur, der antiken Philosophie, der mittelalterlichen Theologie war dieser Gedanke entwickelt worden[303], und auf die Vorsokratiker, insbesondere auf Empedokles hat Goethe sich ausdrücklich berufen, als er sich den Grundsatz zu eigen machte, „nur von Gleichem werde Gleiches erkannt"[304]. Plotin, der ihm das Wort vom ‚sonnenhaften' Auge vorgab[299], verstand den menschlichen Geist als φῶς ἐκ φωτός (‚Licht aus Licht')[305] und sah ihn kraft dieser Teilhabe imstande, im Akt einer Erleuchtung, welche das Nichtdenkbare nichtdenkend schaut, das Licht des ‚Einen' wahrzunehmen.[306] Das begriff er freilich als ein intelligibles Licht. Goethe dachte sinnenhaft. „Eine geistige Form", meinte er, werde „keineswegs verkürzt, wenn sie in der Erscheinung hervortritt, vorausgesetzt, daß ihr Hervortreten eine wahre Zeugung, eine wahre Fortpflanzung sei."[307] Die ‚naturgeschichtliche' Einsicht, daß wir nur deshalb das Licht zu erblicken vermögen, weil unser Auge „sonnenhaft" sei, versicherte ihn der ‚metaphysischen'

Wahrheit, daß uns nur deshalb „Göttliches entzücken" könne, weil „des Gottes eigne Kraft" in uns lebe – ein wenig theologischer formuliert: daß die Gottebenbildlichkeit des Menschen Voraussetzung seiner Gotteserkenntnis sei.

Daß aber die „Totalität des Innern und Äußern" auf solche Weise „durchs Auge vollendet" erscheint[298] und eben diese „Totalität der Farbenerscheinung als der Angel auf dem die ganze Lehre sich bewegt"[296], setzt zwingend voraus, daß Newtons Einsicht in die spektralanalytische Zerlegbarkeit des weißen Lichts als Irrlehre abgewiesen werde. Dies war der Preis, den Goethes großartig geschlossenes Denkgebäude forderte. Hier galt, was er bei anderer Gelegenheit seinem Freunde Zelter eingestand (und generalisierte): Ich „muß bei meiner Überzeugung bleiben, weil ich die Folgen die mir daraus geworden nicht entbehren kann."[308] Denn nur, wenn die ‚physischen Farben' nicht als vorgegebene Bestandteile eines spaltbaren Lichtes verstanden werden, sondern als die Hervorbringungen des unteilbaren, reinen Lichts im Medium der Trübe – als „Taten des Lichts", nur dann erweist sich nach Goethes Grundüberzeugung jene Entsprechung zu den ‚physiologischen Farben', welche die Netzhaut hervorbringt – als ‚Taten des Auges'. Darauf gegründet, stellt seine gegen die verderbliche Spaltungstheorie ankämpfende Heilslehre die Totalität des Zusammenhangs von Subjektivem und Objektivem, Innerem und Äußerem, Mensch und Natur, Gott und Welt wieder her, deren alles umspannende Klammer in ‚vorwissenschaftlichen' Zeiten jene Theologie gewesen ist, welche der Farbenlehrer auf seine Weise wieder in Kraft zu setzen suchte. Darin eben, „daß alles was innen ist auch außen sei", lag für Goethe der eigentliche Wahrheitsbeweis seiner Farbenlehre: „nur ein Zusammentreffen beider Wesenheiten" ließ er „als Wahrheit gelten"[297].

Dieses Zusammenhangsdenken und Totalitätsverlangen, das sich im Bereich des Farbenwesens wie bei allen naturwissenschaftlichen Bemühungen Goethes auf ein von Analogien durchwaltetes, von Äquivalenzen zusammengehaltenes, durch die Kongruenz von ‚Innen' und ‚Außen' mit faßbarer Bedeutung und übergreifendem Sinn erfülltes Universum richtete (hinter dessen „Urphänomenen" er „unmittelbar die Gottheit zu gewahren" glaubte[280]), bestimmt in vergleichbarer Weise auch Goethes dichterisches Werk. Auch für diesen von mythischen Wiederholungen, gleichnishaften Spiegelungen, allegorischen Entsprechungen, symbolischen Bezügen durchwalteten poetischen Kosmos gilt der auf die ‚Farbenlehre' bezogene Satz, es sei „nichts außer uns, was nicht zugleich in uns wäre"[297]. „Daß uns Goethes Dichtung so viel bedeutet," hat Heinz Schlaffer notiert, liege „nicht allein, nicht einmal vorwiegend an ihrer Modernität, sondern an dem, was sich der Moderne versagt." Denn sie erfülle im Medium des schönen Scheins ein Verlangen nach Zusammenhängen und Sinnbezügen, das in unserer Wirklichkeit unerfüllbar geworden ist. Schlaffer: „Was einst die Ordnungen der Mythologie, des Kults, der Religion, des Brauchtums und sogar des Aberglaubens dem Menschen an Orientierung boten, ist in der Neuzeit nur noch als Fiktion gestattet. Aus dem Material des Überholten, des Archaischen schöpfen neuzeitliche Kunst und Dichtung ihre Stoffe und Formen. Das Ästhetische wird durch die Differenz zwischen der schönen Unverbindlichkeit fiktiv gewordenen Lebenssinnes und den rationalen Denk- und Lebensformen der Neuzeit gebildet. Unsere Phantasie, die sich aus den ältesten Bedürfnissen speist, ist archaischer als unsere jeweilige Lebenswelt, die beschleunigten Veränderungen unterworfen wird. Daher verlangen wir von den Fiktionen, daß sie Sinnwelten heraufbeschwören, die uns sonst nicht mehr zugänglich sind. Dichtung bringt Sinn zur

Evidenz und gibt zugleich zu erkennen, daß auf ihn kein Verlaß ist. [...] Die Antiquiertheit des Menschen in der Moderne hat in Goethe ihren Anwalt gefunden."[309]

Ich will hier nicht nachfragen, ob Goethes unzeitgemäße Vorstellungen wahrhaftig in der Weise überholt seien, wie Schlaffer unterstellt: erlaubt nur noch dort, wo sie sich in dichterischen Werken ausformen, denen keine Verbindlichkeit mehr zugebilligt wird; ob uns mit einem offenbar fortdauernden Verlangen nach sinngebenden Zusammenhängen und dem Leiden an ihrem Verlust wirklich nur ein letzter, peinlich zu tragender Erdenrest ptolemäischer Eierschalen anhafte – oder ob darin nicht doch eine Mitgift des Menschen überdauere, die ihn zu neuen Einsichten treiben könnte, eine Ahnung gar von ‚Wahrheit'. Was den Anwalt der „Antiquiertheit des Menschen in der Moderne" angeht: der wußte in der Tat, daß Newtons ‚Opticks' nicht mehr aufs Ganze gingen, Zusammenhänge lösten, Sinn außer Kraft setzten, und wußte doch ebenso, daß Dichtungen den „Zauber vergangenen Sinns, die Schönheit ungültig gewordener Weltbilder"[310] wohl zu bewahren vermögen, aber sie nicht wieder in Kraft setzen können in unserer „Lebenswelt". Mit seiner ‚Farbenlehre', in der es nicht um Fiktionen ging, sondern um Realitäten, kämpfte er auf dem Platz, wo die Entscheidungen fielen. Mag sein, daß er deshalb diese „Mühe eines halben Lebens" auf sich nahm, statt „ein halb Dutzend Trauerspiele mehr" zu schreiben, und am Ende sagte: „Es gereut mich auch keineswegs".[1]

XI
DIE WAHRHEITSFRAGE

Was ihm in seiner „chromatischen Bekehrung"[10] widerfuhr, hat Goethe als „das gewaltsame Losbrechen" einer Sinnesänderung beschrieben, bei der man „Zeichen und Wunder" zu schauen glaubt[39], und in der Tat zielte die „Mühe eines halben Lebens"[1], die damit einsetzte, letztlich doch auf eine Wahrheit über alle physikalische Vernunft und mathematische Erweislichkeit.

Freilich gründete er seine naturwissenschaftlichen Erkenntnisbemühungen auf das sinnliche Wahrnehmungsvermögen – „Das Höchste wäre: zu begreifen, daß alles Faktische schon Theorie ist. Die Bläue des Himmels offenbart uns das Grundgesetz der Chromatik. Man suche nur nichts hinter den Phänomenen: sie selbst sind die Lehre."[311] Aber unter dem mächtigen Eindruck dieser grundgesetzlichen Verlautbarung seines ‚gegenständlichen Denkens'[312] mochte man nicht mehr sonderlich darauf achtgeben, wieviel er selbst doch „hinter den Phänomenen" gesucht hat, gefunden hat. Über Roger Bacon, den er sehr schätzte, heißt es im Historischen Teil der ‚Farbenlehre': „Zuvörderst weiß er das Zeugnis der Sinne gehörig anzuerkennen; doch bleibt ihm nicht unbewußt, daß die Natur dem bloß sinnlichen Menschen vieles verberge. Er wünscht daher tiefer einzudringen und wird gewahr, daß er die Kräfte und Mittel hiezu in seinem eigenen Geiste suchen muß."[313] Das war, sowenig es sich mit geläufigen Vorstellungen über Goethes Denkweise vertragen mag, durchaus auch in eigener Sache gesagt. „Die größten Wahrheiten", schrieb er 1831 an den

Kanzler von Müller, „widersprechen oft geradezu den Sinnen, ja fast immer."[314] Diese Ansicht teilt er wohl mit dem neuzeitlichen Naturwissenschaftler. Nur verstehen beide unter den „größten Wahrheiten" einigermaßen Verschiedenes: „daß die Natur dem bloß sinnlichen Menschen vieles verberge", treibt die exakte Physik zur Entwicklung immer fehlerfreierer, immer weiter über das (unvollkommene, ungenaue) menschliche Wahrnehmungsvermögen hinausgreifender und technisch aufwendigerer Beobachtungsapparaturen; den Farbenlehrer hingegen wies es dorthin, „wo Metaphysik und Naturgeschichte übereinander greifen"[300]. Überzeugt davon, daß es notwendig sei, „der Erfahrung gewisse Ideen aufzudringen"[315], ließ er sich nicht davon abbringen, daß „beim Anschauen der Natur Ideen geweckt werden, denen wir eine gleiche Gewißheit als ihr selbst, ja eine größere zuschreiben"[316]. Auch durch Schiller nicht, der schon 1794, in dem berühmten ersten Gespräch der beiden über die ‚Urpflanze', auf strikte Unterscheidung zwischen Erfahrung und Idee gedrungen hatte[317] und hinsichtlich der Farbenlehre nun 1798 aus Weimar zu hören bekam, der Naturforscher sei doch „in einzelnen Fällen aufmerksam, nicht allein [darauf,] wie die Phänomene erscheinen, sondern auch wie sie erscheinen sollten. Es gibt, wie ich besonders in dem Fache das ich bearbeite, oft bemerken kann, viele empirische Brüche [Abweichungen, Widersprüche], die man wegwerfen muß, um ein reines konstantes Phänomen zu erhalten".[318] Goethe war da mit Hegel einig, von dem kolportiert wird, auf den kritischen Hinweis eines Studenten, es finde sich in Südamerika eine Pflanzenart, die seinem Begriff der Pflanze nicht entspreche, habe er entgegnet, das sei dann „um so schlimmer für die Natur".[319] Schiller, der Kantianer, wies den an der Farbenlehre Arbeitenden warnend darauf hin, „daß ein Hauptmoment in der Methode seyn wird, den rein faktischen so wie den polemischen Theil aufs strengste von dem hypothetischen unterschieden zu halten, daß die Evidenz des Falles und die des Newtonischen Falsums nicht in das problematische der Erklärung verwickelt werde, und daß es nicht scheine, als wenn jene auch so wie diese eine[n] gewissen Glauben postuliere. Es liegt zwar schon in Ihrer Natur, die Sache und die Vorstellung wohl zu trennen, aber demunerachtet ist es kaum zu vermeiden, daß man eine gangbar gewordene Vorstellungsweise nicht zuweilen den Dingen selbst unterschiebt, und aus einem bloßen Instrument für das Denken eine Realursache zu machen geneigt ist."[320] Aber Goethes Replik in diesem methodologisch-„chromatischen Cursus"[320] beschränkte sich auf die Feststellung, es sei die an sich ja höchst wünschenswerte „Absonderung der Hypothese vom Fakto [. . .] noch schwerer als man gewöhnlich denkt, weil jeder Vortrag selbst, jede Methode schon hypothetisch ist", und scheute das volle Eingeständnis nicht: „Da Sie als ein Dritter nunmehr nach und nach meinen Vortrag anhören, so werden Sie das Hypothetische vom Faktischen besser trennen, als ich es nun künftig jemals vermag, weil sich gewisse Vorstellungsarten doch bei mir festgesetzt und gleichsam faktisiert haben."[321] Schillers hellsichtiger Verdacht, 12 Jahre vor Erscheinen der ‚Farbenlehre', daß sie in allen drei Teilen einen „gewissen Glauben postuliere", hat den Kern der Sache berührt.

Ohne Zweifel, der Farbenlehrer ließ von tief eingewurzelten Vorstellungsarten sich leiten. Solche „Vorurteile", meinte er, „beruhen auf dem jedesmaligen Charakter der Menschen, daher sind sie, mit dem [seinem] Zustand innig vereint, ganz unüberwindlich; weder Evidenz noch Verstand noch Vernunft haben den mindesten Einfluß darauf."[322] Nur meint das keineswegs, daß das bewußte Vorurteil, welches ihn in der Tat vom Augenblick seiner ‚Erwekkung' an gegen jede Demonstration der physikalischen

Richtigkeit von Newtons Einsichten immunisierte[323], ihn nun auf wissentlich unwahren eigenen Thesen beharren ließ. „Im Wissen wie im Handeln", heißt es im Polemischen Teil der ‚Farbenlehre', „entscheidet das Vorurteil alles, und das Vorurteil wie sein Name wohl bezeichnet, ist ein Urteil vor der Untersuchung. Es ist eine Bejahung oder Verneinung dessen, was unsre Natur anspricht oder ihr widerspricht; es ist ein freudiger Trieb unsres lebendigen Wesens nach dem Wahren wie nach dem Falschen, nach allem, was wir mit uns im Einklang fühlen."[324] Ob dieser freudige Trieb des alles entscheidenden Vorurteils nach dem Wahren oder dem Falschen verlange (die „reine Lehre" begründe oder eine „unreine, hypothetische, falsche"[255]), sah er also abhängig vom „jedesmaligen Charakter", von der „Natur", vom „Wesen" eines Menschen. So konnte er dem Gegner eben das vorwerfen, worauf er sich für die eigene Person doch berief. Newton „ganz von Vorurteil umnebelt"[325]; er selbst erleuchtet – von einem Vorurteil nämlich, das ihm als „eine aus dem Innern am Äußern sich entwickelnde Offenbarung", als „Betätigung eines originalen Wahrheitsgefühles" erschien[326].

Merkwürdig, daß eine derart auf Intuition abgestellte, irrational eingefärbte, vorkritische Erkenntnistheorie sich verbinden konnte und vereinbaren ließ mit der geradezu leidenschaftlichen Präzision der Beobachtungen und der unermüdlichen Sorgfalt der Experimente, die dieses Werk auszeichnen, mit der strengen Selbstkontrolle, welcher der Autor sich unterwarf, mit seinen kritischen Reflexionen auf mögliche Störfaktoren und Fehlerquellen der wissenschaftlichen Erkenntnisbemühung.[327] ‚Empiriker' hat er eines seiner Distichen in Schillers ‚Musenalmanach für das Jahr 1797' überschrieben:

Daß ihr den sichersten Pfad gewählt, wer möchte das leugnen?
Aber ihr tappet nur blind auf dem gebahntesten Pfad.[328]

Denn es sei „vieles wahr", meinte er, „was sich nicht berechnen läßt, so wie sehr vieles, was sich nicht bis zum entschiedenen Experiment bringen läßt."[329] Offenbar setzt seine Vorstellung vom potentiell wahrheitsverbürgenden Vorurteil voraus, daß er zwischen dem empirischen Befund (zwischen der Wirklichkeit, wie ich jetzt abkürzend sagen will) und der Wahrheit keineswegs jene fraglose Identität unterstellte, die anzunehmen wir geneigt sind, wenn wir Wahrheit reduzieren auf Wirklichkeit. Hat er doch erklärt, man könne selbst „in den Naturwissenschaften über manche Probleme nicht gehörig sprechen, wenn man die Metaphysik nicht zu Hülfe ruft; aber nicht jene Schul- und Wort-Weisheit; es ist dasjenige was vor, mit und nach der Physik war, ist und sein wird."[330] Zur sakralen Formel bündelt er da am Ende die Worte. Vorgegeben in der Rede der ‚Offenbarung' von Gott als dem, „der da war, und der da ist, und der da kommt"[331], weist sie über alle Schulweisheit hinaus in den Bereich einer meta-physischen Wahrheit (die „mit" der Physik gegeben sei!). Wohl hielt es der Farbenlehrer für eine „Gotteslästerung, zu sagen: daß es einen optischen Betrug gebe."[332] Aber er verstand das „Vergängliche" doch als Gleichnis und die Wirklichkeit als getrübte Vermittlung, als „farbigen Abglanz" der Wahrheit nur[333]. So sah er sich ermächtigt, seinem Vorurteil (als Trieb „nach dem Wahren") zu folgen und im kritischen Fall „empirische Brüche" beiseite zu stellen, um das „reine" Phänomen zu erfassen: Wahrheit also nicht an der Wirklichkeit abzumessen, sondern das sinnenhaft Wahrnehmbare, experimentell Erweisliche, exakt Berechenbare einer vorgewußten Wahrheit zu unterwerfen.

Diese Denkweise, die das ideologische Fundament der ‚Farbenlehre' abgibt, ist uns fern gerückt und fremd geworden. Sie begreiflicher zu machen, wäre vielleicht ein Umweg hilfreich: ein so weiter Schritt zurück in der Mentalitätsgeschichte, daß man Goethe nicht mehr von seiner der Neuzeit zugewendeten Seite her sieht, sondern ihm gleichsam im Rücken steht und seine dem Mittelalter zugekehrte Seite wahrnimmt. Denn es hat kein anderes Zeitalter wirkliche Tatbestände so entschieden in der Weise erfaßt und dargestellt, „wie sie erscheinen s o l l t e n"[318], und so hemmungslos in der Wirklichkeit nicht bezeugte Sachverhalte „gleichsam faktisiert"[321], wie das europäische Mittelalter.[334] Mit unrichtigen Autoren- oder Quellenangaben, hinzugefügten Einzelsätzen oder vollständig fingierten Texten reicht das von den großen geschichtsmächtigen Betrugswerken der Silvesterlegende (mit der Konstantinischen Schenkung), der Symmachianischen Fälschungen, der Pseudo-Clemensbriefe und der pseudoisidorischen Fälschungen bis zu einer unübersehbaren Zahl von Kleinfälschungen mit nur regionaler Reichweite und begrenzter Wirkung. Sie griffen sehr wohl in Besitz- und Privilegienverhältnisse ein und zielten auch im Bereich der Heiligenverehrung, des Reliquienkultes oder Ablaßwesens durchaus auf materielle Vorteile, richteten sich aber ebenso auf die Rechtsordnung und die Glaubenssätze der Kirche. Hervorgebracht haben dergleichen nahezu ausnahmslos Geistliche, die des Kirchenvaters Augustin Verwerfung von Lüge und Betrug sehr wohl kannten und vertraten, Kirchenfürsten und Päpste unter ihnen. Und hingenommen haben es keineswegs nur diejenigen, die zu kritischer Unterscheidung gefälschter von authentischen Urkunden außerstande waren. Moraltheologisch sah man solche Fälschungen wohl als ‚läßliche Sünden' (Erlaßsünden, peccata venialia) an – wie sie selbst von Gerechten und Heiligen begangen werden. Goethe:

Priester werden Messe singen
und die Pfarrer werden pred'gen;
Jeder wird vor allen Dingen
Seiner Meinung sich entled'gen
[...]
Und so lasset auch die Farben
Mich nach meiner Art verkünden,
Ohne Wunden, ohne Narben,
Mit der läßlichsten der Sünden.[335]

Was den Kernbereich dieses epochalen Phänomens angeht, war das Mittelalter die hohe Zeit der Fälschungen nicht etwa trotz, sondern geradezu wegen seiner Glaubenskraft und Frömmigkeitsbereitschaft. Anders, als unsere buchstabengestrenge, urkundentreue, faktenorientierte und in solchem Sinn wissenschaftlich-kritische Mentalität zu urteilen geneigt ist, ging es diesen mittelalterlichen Fälschern offenbar nicht darum, Wahrheit zu unterdrücken, sondern vielmehr darum, Wahrheit zur Geltung zu bringen in der Wirklichkeit – dadurch, daß man isolierte äußere Sachverhalte in Übereinstimmung brachte mit einer übergeordneten, als gerecht, wahr, göttlich verstandenen Welt- und Heilsordnung. Ihre Fälschungen waren Berichtigungen, denen gegenüber eine formale Echtheitskritik nur untergeordnete Bedeutung beanspruchen durfte, und also im Selbstverständnis der Zeit (um Goethes Worte aufzugreifen) durchaus die „Betätigung eines originalen Wahrheitsgefühles"[326].

Der Farbenlehrer ist keineswegs ein Betrüger gewesen, war auch kein mittelalterlicher Fälscher mehr. Das aber mag dieser Perspektivenwechsel doch verdeutlichen: Seine ‚Farbenlehre' war der Versuch, eine Heilslehre zur Deckung zu bringen mit der empirischen Wirklichkeit und das vorgewußte Wahre so als Wirkliches auszuweisen.

Wie das aus seinen erkenntnistheoretischen Äußerungen hervorgeht und die eigene Arbeitspraxis bestimmt, so läßt es sich an seinem Umgang mit Newtons Feststellungen ablesen. Er führt, beispielsweise, im Polemischen Teil der ‚Farbenlehre' wörtlich übersetzend eine Mitteilung des Gegners an, die völlig korrekt, also wirklichkeitsgetreu war, obgleich sie (aus Newtons Sicht) ‚wahrheitswidrig' erscheinen mußte: Seine Versuche, die aus der Lichtspaltung hervorgehenden Spektralfarben in Form farbiger Pigmente zu Weiß zurückzumischen, hätten kein „reines und vollkommenes Weiß zu erzeugen" vermocht, sondern nur – „ein gewisses düsteres dunkles Weiß, wie aus der Mischung von Licht und Finsternis entstehen möchte".[336] Lediglich deshalb führt Newton hier eine „Mischung von Licht und Finsternis" („a Mixture of Light and Darkness") an, weil er jenes dunkle, schmutzige Weiß veranschaulichen möchte, welches, durch Farbpulver hervorgebracht, doch aussah wie aus Schwarz und Weiß gemischt. Daß das mit Goethes Theorie der Farbenentstehung aus Licht und Finsternis (oder Trübe) auch nicht das mindeste zu tun hatte, ist völlig unmißverständlich. Goethe aber läßt, was Newtons Worte ‚wirklich' meinten, wider besseres (wider schlechteres) Wissen im Licht der ‚Wahrheit' seiner eigenen ‚Farbenlehre' erscheinen. Und höchst konsequent bemüht er dafür die Heilsgeschichte, indem er anspielt auf den Bileam des Alten Testaments.[337] Der wurde von den Moabitern genötigt, das Volk Israel durch den Schadenszauber seines Fluches zu verderben. Aber der Engel des Herrn stellte sich ihm in den Weg, als er auf seinem Esel heranritt, und Gott zwang ihn, statt des Fluches den Segen über Israel auszusprechen. Goethe also: „Hier springt ihm [Newton, wenn er die „Mischung von Licht und Finsternis" anführt] endlich auch dieser so lang zurückgehaltene Ausdruck durch die Zähne; so muß er immer wie Bileam segnen, wenn er fluchen will, und alle seine Hartnäckigkeit hilft ihm nichts gegen den Dämon der Wahrheit, der sich ihm und seinem Esel so oft in den Weg stellt. Also aus Licht und Finsternis! mehr wollten wir nicht."[338]

Gegen den Versuch, diese ‚Farbenlehre' als eine im Medium der Wissenschaft operierende ‚Farbentheologie' begreiflich zu machen, könnte man wohl einwenden, daß die dafür geltend gemachten Charakteristika zwar theologisch formuliert, der Sache nach aber unspezifisch seien: die Neigung zu Dogmatik und Polemik, zur Verketzerung abweichender Theorien, auch ein reformatorisches Selbstbewußtsein oder das gegen widersprechende Argumente immunisierte Beharren auf der eigenen Schulmeinung als der reinen Lehre usf. begegneten doch so häufig in der Geschichte der Wissenschaften, daß sie geradezu als wissenschaftstypisch gelten dürften. Mehr noch. ‚Die Struktur wissenschaftlicher Revolutionen' hat Thomas S. Kuhn dahingehend beschrieben, daß ein ‚Paradigmawechsel' (meint: die Ablösung eines wissenschaftlichen Erklärungsmodells, dessen Tauglichkeit für die Lösung der von ihm selber definierten Probleme auf kritische Weise versagt, durch eine neue Theorie) keineswegs etwa von Sachargumenten erzwungen und „durch Beweise entschieden" werde, denn entscheidende Argumente würden gewöhnlich „erst viel später entwickelt, erst wenn das neue Paradigma schon ausgeformt, angenommen und in Gebrauch ist." Vielmehr müßten Wissenschaftler das Gefühl gewinnen, „daß der neue Gedanke auf dem richtigen Wege ist, und manchmal sind es nur persönliche und unartikulierte ästhetische Erwägungen, die das tun können. Manch einer ist durch sie zu einer Zeit bekehrt worden, da die meisten der technischen Argumente, die sich artikulieren ließen, in die andere Richtung wiesen." So spricht Kuhn hier von „Eingebungsblitzen, durch die ein neues Paradigma geboren wird", ja von einer „Konversion", und erklärt, eine Entscheidung dieser Art könne „nur aufgrund eines Glaubens getroffen werden."[339] Genau besehen, sind das Metaphern. „Konversion" meint da eigentlich nichts anderes als einen entschiedenen Wechsel der wissenschaftlichen Betrachtungsweise; „Glaube" die auf Mutmaßungen gestützte Vorerwartung, daß dieses neue Erklärungsmodell aufgetretene Anomalien beseitigen und eine neue, dem bisherigen ‚Paradigma' überlegene Problemlösungsfähigkeit erweisen werde. Ohne Zweifel trifft man in der Wissenschaftsgeschichte auf Erscheinungen, deren Nähe zu theologischen Positionen eine Beschreibung mit Hilfe religiöser Metaphorik nahelegt, ja die hier und da von den Beteiligten selbst in solcher Weise formuliert worden sind. In Goethes ‚Farbenlehre' aber erreicht die Theologisierung von Wissenschaft eine Qualität, die sie von solchen Annäherungsfällen grundsätzlich unterscheidet.

Mit Newton (dessen ‚Opticks' doch 86 Jahre vor seinem Erweckungserlebnis erschienen waren) stößt Goethe freilich auf einen Gegner, der die Theologie keineswegs ausgrenzte aus dem Zuständigkeitsbereich der Naturwissenschaft, sondern gerade als Naturwissenschaftler durchaus theologische Interessen verfolgte. Wie Fritz Wagner dargelegt hat, richtete Newton seine Forschungen „more mathematico auf die Struktur des Seins selbst, auf das Geheimnis der göttlichen Weltschöpfung", meinte „dem Vatergott überall in der von ihm durchforschten physischen und moralischen Welt" zu begegnen und glaubte noch „mit der unbarmherzigen Verfolgung von Nebenbuhlern, mit der Heranbildung eines Jüngerkreises, mit der Einwirkung auf die Besetzung von Lehrstühlen, mit dem hierarchischen Ausbau der von ihm geleiteten Institution" (der Royal Society) als Auserwählter Gottes zu handeln.[340] Ganz anders aber als die ‚Farbenlehre', kann man bereits die ‚Opticks' ohne irgendeine theologische Implikation verstehen und akzeptieren. Und für die neuzeitliche Entwicklung, die damit einen tiefen Bruch in der abendländischen Geistesgeschichte vollzieht[341], wird diese Spaltung schlechthin charakteristisch. Wie sich jetzt die Theologen geneigt zeigen, ihren Begriff von Religiosität auf das wechselseitige Verhältnis von Gott und Mensch zu beschränken, verstehen die an der exakten Naturwissenschaft beteiligten oder orientierten Wissenschaftler einen grundsätzlichen Verzicht auf ‚Metaphysik' (den sie allenfalls in ihren Sonntagsreden aufgeben) geradezu als den Ausweis von Wissenschaftlichkeit.

Wo immer das seither anders liegt, scheint eben diejenige Triebkraft wirksam, die sich an Goethes ‚Farbenlehre' als dem wohl entschiedensten, nachdrücklichsten, ausgeprägtesten Beispiel von Wissenschaftstheologie im Zeitalter der Spaltung von Theologie und Wissenschaft mit besonderer Deutlichkeit ausmachen läßt. Wo also religiöse Kategorien mehr sind als metaphorische Selbstdarstellungs- und Beschreibungsmittel oder Denunziationsversuche, wo wirklich Offenbarungen in Anspruch genommen und Erwekkungen erlebt werden oder Konversionen stattfinden, die Zeugen der Wahrheit gegen eine herrschende Kirche auftreten und diese wiederum gegen die Häretiker steht, Sektierer ausgrenzt, Jünger und Bekenner um sich schart, die Abgefallenen als Verräter verfolgt, aufgrund einer dogmatisierten reinen Lehre rivalisierende Anschauungen als Irrlehren verdammt und ihren missionarischen Wahrheitsanspruch gegen die Glaubensanfechtungen auch widersprechender Erfahrungen und Argumente behauptet, wo also mit dem Anspruch auf Wissenschaftlichkeit tatsächlich doch solche Glaubenskämpfe ausgefochten werden – und Vorgänge dieser Art sind in der Geschichte des Marxismus oder der Psychoanalyse deutlich erkennbar, machen sich neuerdings auch in ‚alternativen' und ‚grünen' Bewegungen bemerkbar – überall dort treten offenbar Elemente einer auf individuelle oder kollektive Erwartungen gerichteten, im Medium von Wissenschaft operierenden Heilslehre ins Spiel. Die geht allemal aufs Ganze, gründet sich auf einen Totalitätsanspruch, den die hochspezialisierten, weitgehend voneinander abgegrenzten Wissenschaften der Neuzeit aufgegeben haben, und leitet aus ihm ihren apodiktischen Impetus ab.

Die Anthroposophie, Siegelbewahrerin einer jedem ernsthaften Einwand entzogenen, zum Tabu erhobenen ‚Farbenlehre', gibt dafür ein sehr bezeichnendes Beispiel. Goethes Invektiven gegen Newton und seine Anhänger hält man selbst in ihren ‚goetheanischen' Randbezirken uneingeschränkt in Kraft. So ist etwa in Viktor und Wilhelm Scharnowells ‚Beiträgen zur Entwicklungsgeschichte der Naturerkenntnis' von 1973 noch immer (und ohne Anführungszeichen, die den Urheber solcher Beschuldigungen kenntlich machten) vom Widerstand der Natur „gegen die Befragungen und Intentionen ihres wissenschaftlichen Inquisitors" die Rede und von der „Anwendung prokrusteischer Experimental-Methoden", mit denen „durch manipulierte Herstellungs-Prozeduren das vorher Behauptete nachträglich wahr gemacht wird": in dem durch Newton begründeten „Machtwissenschafts-Betrieb" moderner Naturwissenschaft werde dem Experiment „die Rolle eines Winkeladvokaten zugemutet, welcher das Hervorbringen quantitativ fundierter, subjektivistischer Pseudo-Imaginationen nachträglich zu rechtfertigen hat, wobei die Phänomene im Prokrustes-Bett geeigneter Versuchsanordnungen zu zeugniskräftigen Hypothesen-Stützen zurechtgehackt werden."[342]

Die Schärfe, mit der man im inneren Zirkel der anthroposophischen Heilslehre alle substantiellen Vorbehalte gegenüber Goethes chromatischer Dogmatik verurteilt, erklärt sich wohl durch eben den Mechanismus im ideologischen Immunsystem, welchen Goethe selber bezeichnet hat. „Ich aber muß bei meiner Überzeugung bleiben," schrieb er 1829 an Zelter – „weil ich die Folgen die mir daraus geworden nicht entbehren kann." Und bemerkte zu diesem zwanghaften Vorgang, so hellsichtig wie selbstkritisch: „Aller dialektische Selbstbetrug wird uns dadurch deutlich."[308] Auf seine ‚Farbenlehre' haben anthroposophische Fundamentalisten Verheißungen gegründet, wie sie dem Verfasser selbst doch nie in den Sinn gekommen wären. Rudolf Steiner erklärte 1923: „Man muß von der Farbenlehre aus Gesundheit und Krankheit begreifen können. Das können Sie nur von der Goetheschen Farbenlehre aus, weil die einfach auf naturgemäße Weise in der Natur drinnensteht, niemals mit der Newtonschen Farbenlehre, die einfach etwas Ausgedachtes ist". So hat man aus Goethes Farbenkreis therapeutische Verfahren abgeleitet, denen geradezu unglaubliche Wirkungen zugesprochen werden.[343] Ja, man behauptet, es ergäben sich „von der natürlichen für alle Spezialgebiete gültigen Grundlagenforschung her völlig neue Ganzheits-Aspekte im Sinne der lebenszugewandten polaren dreidimensionalen Schwarz-Weiß-Lichtganzheitslehre Goethes", so daß auf der Grundlage seiner ‚Farbenlehre' nicht allein die „drei Volkskrankheiten Rheuma, Krebs und Zucker", sondern ebenso das Problem der „Supraleitung" und damit eine „umweltfreundliche Atomkernverschmelzung" bewältigt werden könnten.[344] Universalistische Heilserwartungen aber vertragen keinen Abstrich am Wahrheitsanspruch der reinen Lehre, auf die sie sich gründen. So verfällt die anthroposophische Abwehr naturwissenschaftlicher Kritik an der ‚Farbenlehre' nicht selten in eine geradezu wütende Entrüstung und rabiate Unduldsamkeit, die um nichts zurückbleibt hinter Goethes eigener Polemik gegen den Irrlehrer Newton.[345] In der Einleitung zum Didaktischen Teil seines Werkes vermerkt er, „es hatte von jeher etwas Gefährliches, von der Farbe zu handeln, dergestalt daß einer unserer Vorgänger gelegentlich gar zu äußern wagt: Hält man dem Stier ein rotes Tuch vor, so wird er wütend; aber der Philosoph, wenn man nur überhaupt von Farbe spricht, fängt an zu rasen."[346] Das gilt, in umgekehrter Weise, hier nach wie vor. In diesem Teilbereich ihrer Rezeptions- und Wirkungsgeschichte setzt sich etwas fort, was in der ‚Farbenlehre' selber angelegt ist. Mag das immerhin auf sektiererischer Basis, in verzerrter Form und obskurer Weise geschehen: auch solche Nachfolge noch macht eine Eigenart der Ursprungsschrift kenntlich.

XII
APOKALYPTISCHES

Goethes Bemühungen, die Heilslehre seiner Anschauungen vom Licht und den Farben mit der empirischen Wirklichkeit zur Deckung zu bringen, um auf solche Weise ihre Wahrheit gegen die physikalische Irrlehre der „herrschenden Kirche“ durchzusetzen, ging gegen die Zeit. Einem von vornherein aussichtslosen Versuch galten diese Anstrengungen seines halben Lebens. Denn als er den Kampf gegen Newton eröffnete, war die naturwissenschaftliche Entscheidung in dieser Sache längst gefallen. Aber vom Anfang an hat man das in diesem Sinn hoffnungslose Unternehmen dadurch sachlich zu rechtfertigen gesucht, daß man Goethes Auseinandersetzung mit Newton als eine Art Mißverständnis bezeichnete, ihrer beider entgegengesetzte Betrachtungsweisen jedenfalls als gleichermaßen berechtigte, ja gleichermaßen notwendige Formen der Naturforschung und ihre einander widersprechenden Theorien als einander ergänzende, gleichsam komplementäre Einsichten erklärte. Schon in einer der ersten Rezensionen der ‚Farbenlehre‘ (1810, von Jakob Friedrich Fries) hieß es, daß der Reichtum der Goetheschen Einsichten davon überzeuge, „wie sehr die gleichsam physische Betrachtung der Farbe in unsrer Physik neben der mathematisch-optischen Lehre von der Bewegung der Lichtstrahlen vernachlässigt worden ist. Jeder Kundige aber wird zugeben müssen, daß Newtons Farbenlehre nur das letztere in Anspruch nimmt, und also mit der Goethischen nur durch Verwechselungen hat in Streit geraten können."[347] Solche Schlichtungsversuche begleiten und bestimmen ihre Wirkungsgeschichte bis heute.

Rudolf Steiner, der Begründer der Anthroposophie, durch dessen Vorträge und Schriften die ‚Farbenlehre' zu einem Grundwerk, einem Kultbuch dieser ‚geisteswissenschaftlichen' Bewegung erhoben worden ist, und dessen Ansichten über das Licht/Finsternis- und Farbenwesen in einer Fülle anthroposophisch und ‚goetheanisch' bestimmter oder beeinflußter Publikationen fortwirken, hat 1890 erklärt, die Farbenlehre bewege sich „in einem Gebiet, welches die Begriffsbestimmungen der Physiker gar nicht berührt. Die Physik kennt einfach alle die Grundbegriffe der Goetheschen Farbenlehre nicht. Sie kann somit von ihrem Standpunkt aus diese Theorie gar nicht beurteilen. Goethe beginnt eben da, wo die Physik aufhört. Es zeugt von einer ganz oberflächlichen Auffassung der Sache, wenn man fortwährend von dem Verhältnis Goethes zu Newton und der modernen Physik spricht und dabei gar nicht daran denkt, daß damit auf zwei ganz verschiedene Arten, die Welt anzusehen, gewiesen ist."[348] Diese grundsätzliche Unterscheidung (derzufolge Steiner die ‚Farbenlehre' wohl „in ihrer hohen wissenschaftlichen Bedeutung gewürdigt" wissen wollte, aber doch erklären konnte, es falle ihm „natürlich nicht ein, alle Einzelheiten der Goetheschen Farbenlehre verteidigen zu wollen"[349]) gründet sich auf die Behauptung, es sei „vollständig unrichtig, wenn man glaubt, Goethe habe mit dem Licht etwa das konkrete Sonnenlicht, das gewöhnlich ‚weißes Licht' genannt wird, gemeint. Nur der Umstand, daß man sich von dieser Vorstellung nicht losmachen kann und das auf so komplizierte Weise zusammengesetzte [!] Sonnenlicht als den Repräsentanten des Lichtes an sich ansieht, verhindert das Verständnis der Goetheschen Farbenlehre. Das Licht, wie es Goethe auffaßt, und wie er es der Finsternis als seinem Gegenteil gegenüberstellt, ist eine rein geistige Entität, einfach das allen Farbempfindungen Gemeinsame. Wenn Goethe das auch nirgends klar ausgesprochen hat, so ist doch seine ganze Farbenlehre so angelegt, daß nur dieses darunter verstanden werden darf."[350]

Entsprechend – ein Beispiel für viele – Viktor und Wilhelm Scharnowell (1973): Newtons „Vorstellung vom Enthaltensein der Spektralfarberscheinungen im Licht ist erkenntniswissenschaftlich und naturwissenschaftlich problembehaftet. Bei diesem Postulat hätte vorher geklärt werden müssen, ob unter Licht – Licht-Wesen oder Licht-Erscheinung gemeint war und zu verstehen ist. Während die Behauptung, Farb-Erscheinungen seien im Licht-Wesen ‚enthalten', erkenntniswissenschaftlich unhaltbar ist, hat die Feststellung, Farb-Erscheinungen komplementärer Art seien im Licht-Erscheinungsbereich (z. B. neutralisiert) enthalten, eine gewisse physikalische Berechtigung."[351]

Dieser anthroposophische Schlichtungsversuch beruht auf einer mehr als zweifelhaften Prämisse. Goethe hat in der ‚Farbenlehre' das Licht nämlich keineswegs als „eine rein geistige Entität", sondern durchaus als das konkrete, sinnenhaft wahrnehmbare Licht verstanden. Seine Versuche galten den „von dem Sonnenlicht durchs Prisma hervorgebrachten Farben"[352]. Entgegen Steiners Unterstellung hat er das „klar ausgesprochen"[353] und „seine ganze Farbenlehre so angelegt, daß nur dieses darunter verstanden werden darf."

Werner Heisenberg hat 1941 die viel zitierte und (ohne sein „vielleicht") häufig wiederholte Feststellung getroffen: „Am richtigsten kann man vielleicht den Unterschied der Goetheschen und der Newtonschen Farbenlehre bezeichnen, wenn man sagt, daß sie von zwei ganz verschiedenen Schichten der Wirklichkeit handelten."[354] Ungefähr sagt das ja Steiner auch, nur mit ein bißchen andern Begründungen und mit anderen Konsequenzen. Hier nämlich erfolgt der Schlichtungsversuch ‚im Lichte der modernen Physik', genauer: der Atomphysik. Die grundsätzliche Unterscheidung (derzufolge Heisenberg erklären kann, „der Sieg, der Einfluß auf die Forschung des folgenden Jahrhunderts, ist der Newtonschen Farbenlehre geblieben", ohne die Goethesche Lehre doch verwerfen zu müssen) geht in diesem Fall von der (wiederum einer These Rudolf Steiners bemerkenswert nahestehenden) Behauptung aus, daß „die Einteilung der Welt in einen subjektiven und einen objektiven Bereich als eine allzu große Vereinfachung der Wirklichkeit" erscheine.[355] Die in Newtons ‚Opticks' praktizierte neuzeitliche Naturwissenschaft, heißt es, stelle „gewissermaßen den Versuch dar, die Welt soweit zu beschreiben, als dabei von uns selbst, von unserem Denken und unserem Handeln abgesehen werden kann." War es also, anders als bei Goethes ‚subjektiver' Naturbetrachtung, das Ziel dieser (unter Ausschaltung von Sinnestäuschung und Wahrnehmungsungenauigkeit) auf die Erfassung ‚objektiver' Wirklichkeit gerichteten Naturforschung, „die Natur möglichst so zu beschreiben, wie sie an sich, d. h. ohne unseren Eingriff und ohne unsere Beobachtung wäre, so erkennen wir jetzt, daß eben dieses Ziel unerreichbar ist. In der Atomphysik ist es in keiner Weise möglich, von den Veränderungen abzusehen, die jede Beobachtung an dem beobachteten Gegenstand hervorbringt. Durch die Art der Beobachtung erst wird entschieden, welche Züge der Natur bestimmt werden und welche wir durch unsere Beobachtungen verwischen": „unsere komplizierten Experimente sind eben nicht die Natur selbst, sondern eine durch unsere auf Erkenntnis gerichtete Tätigkeit veränderte und verwandelte Natur."

Die damit für hinfällig oder jedenfalls für zweifelhaft erklärte „Einteilung der Welt in einen subjektiven und einen objektiven Bereich" (von der aus die „Frage, welche der beiden Lehren richtig oder falsch sei", gegen Goethe zu entscheiden wäre) versucht Heisenberg zu ersetzen durch eine nicht mehr als Alternative angelegte, sondern stufenförmig geordnete Einteilung in Bereiche, welche zwar ineinandergreifen, sich aber „durch die Fragen, die wir an die Natur richten, und durch die Eingriffe, die wir bei ihrer Beobachtung zulassen, voneinander abschließen." Er bezieht sich dabei auf eine Stufenfolge, die Goethe in den Nachträgen zur ‚Farbenlehre' zu formulieren versuchte („Zufällig, Mechanisch, Physisch, Chemisch, Organisch, Psychisch, Ethisch, Religios, Genial"[356]), und zieht den so wünschenswerten wie naheliegenden Schluß, „daß die Naturwissenschaft dort, wo sie sich nicht mehr der leblosen, sondern der belebten Materie zuwendet, immer vorsichtiger werden muß mit den [Newtonschen] Eingriffen, die sie zum Zwecke der Erkenntnis an der Natur vornimmt. Je weiter wir unseren Wunsch nach Erkenntnis auf die höheren, auch die geistigen Bereiche des Lebens richten, desto mehr werden wir uns mit einer nur aufnehmenden, betrachtenden [Goetheschen] Untersuchung begnügen müssen." Das Ergebnis lautet: „Trennt man in dieser Weise die Wirklichkeit in verschiedene Gebiete, so löst sich der Widerspruch zwischen der Goetheschen und der Newtonschen Farbenlehre von selbst. Die beiden Theorien stehen an verschiedenen Stellen in jenem großen Gebäude der Wissenschaft. Sicher kann die Anerkennung der modernen Physik den Naturforscher nicht hindern, auch den Goetheschen Weg der Naturbetrachtung zu gehen und weiter zu verfolgen." Den ‚subjektiven' Tatbestand: „Goethe hat geglaubt, daß seine Farbenlehre in unüberbrückbarem Gegensatz zu der Newtons stünde", berichtigt Heisenberg durch seine ‚objektivierende' Feststellung: „Aber die beiden Theorien handeln eben im Grunde von verschiedenen Dingen".

Dieser fachwissenschaftliche Schlichtungsversuch wird aus der zumindest zweifelhaften Prämisse abgeleitet, daß die in der Atomphysik gewonnenen Einsichten Geltung auch im Zuständigkeitsbereich der klassischen Physik besäßen. Heisenberg sagt, ein für die „Welt im kleinen charakteristisches Naturgesetz hindert uns, Ort und Geschwindigkeit eines Teilchens mit beliebiger Genauigkeit zu kennen. Zwar lassen sich Experimente ausführen, die uns erlauben, etwa den Ort eines Teilchens mit großer Genauigkeit festzustellen, aber bei dieser Messung müssen wir das Teilchen einer starken äußeren Einwirkung aussetzen, so daß eine große Unbestimmtheit seiner Geschwindigkeit die Folge ist. Die Natur entzieht sich also der genauen Festlegung in unseren anschaulichen Begriffen durch die unvermeidliche Störung, die mit jeder Beobachtung verbunden ist."[357] Dieser letzte Satz verallgemeinert den mikrokosmischen Vorgang. Aber der Kampfplatz, auf dem Goethe gegen Newton antrat, sieht anders aus. Ohne das ausdrücklich als eine Kritik der Heisenbergschen Thesen kenntlich zu machen, hat Max Born (1963 in seinen ‚Betrachtungen zur Farbenlehre') entschieden bestritten, daß man „aus den Ergebnissen der modernen Physik, welche die scharfe Grenze zwischen objektiver Natur und subjektiver Erscheinungswelt verwischt hat", Folgerungen für die Farbenlehre ziehen dürfe. „In der Atomtheorie", schreibt er hinsichtlich der Unterscheidung ‚subjektiver' und ‚objektiver' Sachverhalte, „ist eine solche Trennung nicht mehr möglich, weil ihre Aussagen im allgemeinen von Entscheidungen und Handlungen des Beobachters abhängig sind." Aber „Farben sind keine Mikrophänomene, sondern grobe, alltägliche Erfahrungen. Sie haben mit den logischen und philosophischen Subtilitäten der Atomtheorie nichts zu tun."[358]

Selbst wenn man diesen kritischen Punkt in Heisenbergs Argumentationsgang auf sich beruhen lassen wollte: wie alle Bemühungen, den Widerspruch zwischen Goethe und Newton aufzulösen oder zu überbrücken, trifft sein Versuch am Ende auf den unüberwindlichen Widerstand der ‚Farbenlehre' selbst. Ihr auf Totalität zielendes universalistisches Grundkonzept schließt jede Versöhnung aus, die auf einer Abgrenzung von Zuständigkeitsbereichen beruht. Mit Irrlehren ist die ‚reine Lehre' grundsätzlich unvereinbar. So mußte der, der „das Licht in seiner Reinheit und Wahrheit"[44] erkannte, seinen eigentlichen Auftrag in einer auf kompromißlose Ausschaltung Newtons gerichteten Auseinandersetzung mit der „herrschenden Kirche" sehen. Schon in Goethes chromatischer ‚Dogmatik' nimmt die Behandlung der ‚physischen Farben' weit größeren Raum ein, als die der ‚physiologischen' und ‚chemischen' zusammen (deren „Wahrheit" der Farbenlehrer ohnehin erst im unauflöslichen Verbund mit jenen sah), und seine Erklärung dieser mittels durchscheinender oder brechender Medien entstehenden ‚Refraktionsfarben' hat er aufs entschiedenste „als ausschließende Alternative" zur Newtonschen Theorie vorgetragen[359]; die chromatische ‚Polemik' dann gilt allein der Widerlegung der Newtonschen Irrlehre, und in der ‚Kirchen- und Ketzerhistorie' des Farbenwesens bildet sie den direkten oder indirekten Bezugspunkt aller Mitteilungen und Darlegungen. Goethe führte einen Verdrängungskampf, auf des Gegners eigenem Feld. Wohl stellt er andere Fragen als Newton, schlägt andere Wege ein, kommt zu anderen Ergebnissen, aber da ist kein Frieden zu stiften mit der Behauptung Hans Joachim Schrimpfs, diese ‚Farbenlehre' und die Methode exakter Naturwissenschaft seien „prinzipiell unvergleichbar"[360], oder gar mit der Unterstellung Michael Böhlers: „es geht Goethe bei seinen naturwissenschaftlichen Arbeiten weniger um die inhaltliche Richtigkeit der Theorien als um die Frage des wissenschaftlichen Forschens, der wissenschaftlichen Attitüden überhaupt, um eine Ethik der Wissenschaftsmethode. Dem gegenüber sind die Sachfragen der Farbenlehre sekundär."[361] Daß Goethe die Betrachtungsweise, die experimentellen Veranstaltungen, die Argumentationsformen des Irrlehrers verurteilte (weil allein doch die „reine Absicht", „reine Betrachtung der Phänomene" und „reine Erfahrungen" zu „reiner Lehre" führen könnten[362]), läßt keineswegs den Schluß zu, er habe die inhaltliche Richtigkeit der widerstreitenden Theorien als zweitrangig angesehen. Nimmt man die Sachfragen der ‚Farbenlehre' aber so ernst, wie sie es vorschreibt, und erkennt man etwa hinsichtlich der ‚Physiologischen Farben' Goethes wissenschaftliche Verdienste an, spricht hingegen in der Auseinandersetzung um die ‚Refraktionsfarben' Newton den „Sieg" zu, dann hat man – bezogen auf die Absicht und den Anspruch des Farbenlehrers – keine partielle Zustimmung erteilt, sondern die totale Ablehnung vollzogen. Heilswahrheiten sind unteilbar.

Den Verdrängungskampf auf des Gegners eigenem Feld führte Goethe überdies mit dessen eigenen Waffen. Eingestandenermaßen traute er doch nur der unverstellt-natürlichen Sinneswahrnehmung. Verabscheute selbst Brillen (des Betrachters „äußerer Sinn wird dadurch mit seiner innern Urteilsfähigkeit außer Gleichgewicht gesetzt"[363]) oder Mikroskope und Fernrohre (die „verwirren eigentlich den reinen Menschensinn"[364]). „Der Mensch an sich selbst", meinte er, „insofern er sich seiner gesunden Sinne bedient, ist der größte und genaueste physikalische Apparat, den es geben kann."[365] Denn die menschlichen Sinnesorgane und die sinnenhaft wahrnehmbaren Phänomene der äußeren Welt sah er in wahrheitsverbürgender ‚prästabilierter Harmonie' einander zugeordnet.[366] Was mußte er da von den Instrumenten halten, mit denen der „Inquisitor"[163] Newton in seiner „Marterkammer"[167] hantierte? Dem ersten seiner ‚Beiträge zur Optik' (1791) hat der Farbenlehrer ein Päckchen kleiner Tafeln in Form eines optischen Kartenspiels beigeben lassen. Dessen hier abgebildeter Umschlagsvignette liegt eine (nicht erhaltene) Goethesche Handzeichnung zugrunde. Sie folgt dem in nachmittelalterlicher religiöser Kunst weitverbreiteten Bildzeichen des Auges als einem Symbol Gottes[367], das Goethe vielfach begegnet sein muß, mit Gewißheit schon im ‚Orbis pictus' des Amos Comenius, den er in seiner Kindheit als Übungsbuch benutzte.[368] Abgebildet wird aber – Goethes eigenes Auge (das rechte, im Spiegel gesehen[369]). Mit freiem Blick schaut es über die am Boden liegenden Folterinstrumente hinweg: über das Prisma (links), mit dem Newton „die Farben zuerst aus dem weißen Licht entwickelt", und über die Linse (rechts), mit der er „das weiße Licht wieder aus ihnen zusammenzusetzen" versuchte.[370]

Wär' nicht das Auge sonnenhaft,
Wie könnten wir das Licht erblicken?
Lebt' nicht in uns des Gottes eigne Kraft,
Wie könnt' uns Göttliches entzücken?[371]

Da hätte er es doch mit Hegel halten müssen, der ihm vom Prisma als dem „dreieckigen Glasprügel" schrieb, mit dem „der Satansengel, ihn in seinen Fäusten führend, die Physiker schlägt."[372] Im Historischen Teil seines Werkes hat der Farbenlehrer ja selber vermerkt: „Ein geistreicher Gegner Newtons sagte mit Verdruß: diese Prismen sind sämtlich Betrüger, alle zur Theatererscheinung des magischen Gespenstes zugerichtet."[373] (Auf die trügerischen, ‚Nebelbilder' und ‚Spukbilder' genannten Projektionen der Laterna magica wird da angespielt; und das ‚Gespenst' ist entsprechend doppeldeutig, meint als Übersetzung von ‚spectrum' zugleich das trügerische Farbenbild der prismatischen Lichtbrechung.[374]) Das war Goethe aus dem Herzen gesprochen. Tatsächlich aber hat er seit dem Erweckungserlebnis jenes Initialexperiments von 1790 die Prismen nicht mehr beiseite gelegt. Diese handfeste Antinomie ist ein Indiz für seine Stellung zwischen den Zeiten.[375] Um Newton zu erledigen, stellte er unzählige Versuche mit dessen Glasprügeln an: kämpfte da gegen die Zeit mit den Mitteln der Zeit. Und unterlag.

„Wie wird Goethe uns in unsere Zukunft helfen?" lautete die Frage, der Karl Jaspers 1947 in seiner berühmten Rede bei der Verleihung des Goethepreises der Stadt Frankfurt nachging.[376] Er sagte damals, die Grundlage der modernen Naturbeherrschung sei „jene gewaltige Abstraktion von der unmittelbaren Menschen- und Naturwelt (die Goethe so einzig in den Gestalten und Farben begriffen hat, besser als Aristoteles), eine Abstraktion, die von Goethe schon verworfen wird, wenn er Abneigung gegen Mikroskop und Fernrohr hat. Diese Abstraktion hat bis in die Gegenwart ihre Schritte unaufhaltsam voran getan. In Goethes Entsetzen steckte die Wahrheit, daß hier in der Tat heraufkam, was zum Bruch mit der gesamten bisherigen Menschheits-

geschichte führen mußte. Goethe, hellsichtiger fühlend als seine Zeitgenossen, erkannte zwar nicht mit Klarheit diesen Weg, sah weder die Wahrheit noch die Unausweichlichkeit dieses Weges, aber er spürte, daß alles bedroht war, was ihm und was bisher wesentlich und wertvoll war. Die Grenze Goethes ist, daß er sich vor dieser heraufkommenden Welt verschloß, ohne sie begriffen zu haben, daß er nur Unheil sah, wo der Grund der Zukunft des Menschen gelegt wurde. Die Aufgabe, in dieser neuen Welt den Weg des Menschen zu finden, erkannte er nicht. Daher ist Goethe nach dieser Seite uns in unserer heutigen Welt so fremd. Hier hilft er uns garnicht. Er kann nur fälschlich von romantisch unwilligen Zeitgenossen beschworen werden gegen das, was längst wirklich geworden und als wahr erkannt ist. Goethes Unverständnis und seine ahnungsvoll schaudernde Verwerfung gegenüber der eigentümlich modernen – wenn auch heute immer noch nur Wenigen eigenen – Denkungsart, aus der die Naturwissenschaft und Technik großen Stils, anders als alle frühere Technik, hervorgegangen sind, das bannt ihn für uns in eine zwar wunderbar geschlossene, aber vergangene Welt. Diese Welt ist verloren vor dem, was jetzt jedenfalls unser Schicksal ist und was eine Größe des Menschen bedeutet und eine neue unerhörte Aufgabe, die wir ergreifen müssen, wenn wir leben wollen."[377]
Ganz so sicher kann man dessen wohl nicht mehr sein.

Freilich haben die Naturwissenschaften und in ihrem Gefolge die modernen Technologien ihre gewaltigen, weltverändernden Fortschritte auf dem Weg gemacht, dessen „Wahrheit" Goethe nicht anerkennen, dessen „Unausweichlichkeit" er nicht wahrhaben wollte. Wohl wissend, daß dieser Triumphzug nicht nur Gewinne, sondern auch Verluste brachte, hat Werner Heisenberg 1932 erklärt, es habe „seinen guten Sinn, daß einer der bedeutendsten Menschen alle Kraft daransetzte, die Fortschritte der Newtonschen Optik zu bekämpfen. Wenn man hier Goethe etwas vorwerfen kann, dann nur einen Mangel an letzter Konsequenz; er hätte nicht die Ansichten Newtons bekämpfen sollen, sondern sagen müssen, daß die ganze Physik Newtons: Optik, Mechanik und Gravitationsgesetz vom Teufel stammt."[378] Ich denke nicht, daß es Goethe in dieser Hinsicht an Konsequenz gemangelt hätte. Was konnte ein Dichter bewirken, wenn er dergleichen nur sagte? So setzte er die „Mühe eines halben Lebens" daran, mit der ‚Farbenlehre' die Wahrheit nicht allein zu proklamieren, sondern wirklich zu erweisen, daß eine Physik, welche die „sinnlich-sittliche" Qualität der Natur aus dem Blick verlor, vom Teufel stamme. Da ging es, im Sinne Thomas S. Kuhns, gewiß um den Versuch zu einem großen (gleichsam konterrevolutionären) ‚Paradigmawechsel': um den Versuch, dieser ganzen vom Glasprügel des Satansengels vorwärtsgetriebenen Naturwissenschaft eine andere Richtung zu geben – sie nämlich zu orientieren am sinnenhaft Begreiflichen, sie zu binden an das sinnvoll Zusammenhängende, sie zu verpflichten auf das sittlich Verantwortbare, und den Menschen auf solche Weise heimisch zu halten in der Welt, in der „allein wir leben, weben und sind".[379]

„Ein Autor der mit etwas Ungewöhnlichem auftritt," heißt es in der älteren Einleitung zur ‚Farbenlehre', „appelliert mit Recht an die Nachwelt, weil sich ja erst ein Tribunal bilden muß, vor dem das Ungewohnte beurteilt werden kann, und einen solchen Gerichtshof einzusetzen vermag nur die Zeit, welche dem Seltsamsten das Fremde abstreift".[380] An der Uneinsichtigkeit seiner Zeitgenossen verzweifelnd, hat Goethe keine ‚Naherwartung' mehr gehegt; hat es den „Nachfahren hinterlassen die Sache dereinst vor ein kompetentes Gericht zu bringen", da er „den gleichzeitigen Schöppenstuhl durchaus nicht anerkenne."[381] Aber auch die Hoffnung, daß eine spätere Zeit ihm Recht geben werde gegen den Irrlehrer, hat sich nicht erfüllt. Hier ist das Ungewöhnliche nur seltsamer noch und befremdlicher geworden mit der Zeit. Von unserer Farbenmathematik führt kein Weg mehr zurück zu Goethes Farbentheologie.

Was bleibt? Was kann dieser autodidaktische Dilettant[2] überhaupt noch lehren und „für die Wissenschaften leisten und wirken? was kann er als Gast in einer fremden Wohnung zum Vorteile der Besitzer ausrichten?"[382] Im ‚Schlußwort' des Didaktischen Teils der ‚Farbenlehre' hat er selber das gefragt – und in ihrem Historischen Teil eine Antwort darauf hinterlassen: die, daß die Wahrheit, „in Zeiten wo sie nicht durchdringen kann, nur gleichsam eine Protestation einlegt, um ihre Rechte, wo nicht zu behaupten, doch zu verwahren."[383]

Einer weiblichen Romanfigur seines Alterswerkes über ‚Wilhelm Meisters Wanderjahre', die als Prinzipalin eines Baumwoll-Industriebetriebes über Sachverstand verfügt und prognostische Phantasie besitzt, sind die vielberufenen Worte zugeteilt: „Was mich aber drückt ist doch eine Handelssorge, leider nicht für den Augenblick, nein! für alle Zukunft. Das überhand nehmende Maschinenwesen quält und ängstigt mich, es wälzt sich heran wie ein Gewitter, langsam, langsam; aber es hat seine Richtung genommen, es wird kommen und treffen."[384] Das hat mit Farbenlehre sichtlich nichts zu tun und ist in der Tiefe doch ursächlich mit Goethes Kampf gegen Newtons ‚Opticks' verbunden. Deren Bemühungen galten einer „mathematischen Durchdringung der Farbenlehre", meint Heisenberg: „Inwieweit sich dieser Wunsch schon damals mit der Erkenntnis verbunden hat, daß die genaue Kenntnis der physikalischen Gesetze auch zu einer technischen Beherrschung der Natur führen kann, ist wohl schwer anzugeben. Die Tatsache, daß

Newton sich selbst um die Verbesserung der Fernrohre lange und eingehend bemüht hat, deutet aber darauf hin, daß auch diese Seite der exakten Naturwissenschaft ihm durchaus geläufig war."[385] In der Tat stand die Absicht, jene störenden Farbsäume im dioptrischen Fernrohr zu beseitigen, am Beginn seiner wissenschaftlichen Arbeiten zur Optik und die Konstruktion des störungsfreien Spiegelteleskops an ihrem Ende[386]; zweifellos war da der technologische Aspekt bereits im Spiel und kündigte der industrielle sich an. Aber auch ohne ein solches Erkenntnisinteresse, auf grundsätzliche Weise bestimmt der technische Zugriff schon den Charakter des Newtonschen Experimentierens. Insofern nämlich seine Lichtspaltungsversuche mit Hilfe des Prismas das Farbenspektrum allererst bewirken oder erzeugen, sind sie an sich selber bereits technische Eingriffe in die Natur und Verfügungen über sie. Genau das meinten Goethes hellsichtige Invektiven gegen Newton als den Inquisitor, Folterer und Kreuziger der Gottnatur.[387]

Ihm selber freilich, der erklärtermaßen bemüht war, „die Naturprodukte in sich selbst zu betrachten ohne Beziehung auf Nutzen oder Zweckmäßigkeit"[388], verdanken wir keines der Leben erhaltenden oder lebenserleichternden Geschenke des wissenschaftlich-technischen und technisch-industriellen Fortschritts. Aber so blieb dieser Betrachtende unschuldig auch an ihren das Leben bedrohenden Folgen. So zählt er zu den Fürsprechern und Lehrmeistern eines schonenden, pfleglich behutsamen und geduldigen, ehrfürchtigen und liebevollen Umgangs mit der Natur.[389] Seine Bemerkungen über den Parsismus des alten Orients, in dessen Sonnenkult er die eigene Lichttheologie vorgebildet sah[390], enthalten Sätze von bestürzender Aktualität. Diese „edle reine Naturreligion", schreibt er, sei „durchaus auf die Würde der sämtlichen Elemente gegründet, insofern sie das Dasein und die Macht Gottes verkündigen. Daher die heilige Scheu das Wasser, die Luft, die Erde zu besudeln"; daher die „Ehrfurcht vor allem was den Menschen Natürliches umgibt", und der „Vorsatz die reinen Elemente nicht zu verunreinigen." „Eine so zarte Religion, gegründet auf die Allgegenwart Gottes in seinen Werken der Sinnenwelt, muß einen eignen Einfluß auf die Sitten ausüben" – so „daß in ihr die Möglichkeit einer höhern Kultur lag, die sich im westlichen Teile der östlichen Welt verbreitet"[391]. Goethe war ja durchaus nicht blind für die Unmenschlichkeit der Natur, für die ihr innewohnende zerstörerische, mörderische Gewalt, gegen die der Mensch sich behaupten und die zu bändigen er sich mühen muß. Aber er sah den Menschen in der „Reihe der Lebendigen"[392] und wußte, daß es auf Selbstzerstörung hinausläuft, wenn er die Natur zu foltern und zu kreuzigen unternimmt. Betroffener als Frühere sind wir durch seine Worte von der „empirisch-mechanisch-dogmatischen Marterkammer" für die Natur[393], von der wir inzwischen erschreckendere Bilder vor Augen haben, als Newtons Zeichnung des Versuchsraums für sein ‚experimentum crucis'[394].

Den heillosen Problemen des naturwissenschaftlich-technisch-industriellen Zeitalters ausgesetzt, dessen unaufhaltsamer Aufstieg Goethe quälte und ängstigte, macht uns nachdenklicher wohl als Frühere der Satz, den der Farbenlehrer am 22. Juni 1808 seinem Freunde Zelter geschrieben und ausdrücklich „der ganzen Naturforschung" zugedacht hat: „das ist eben das größte Unheil der neuern Physik, daß man die Experimente gleichsam vom Menschen abgesondert hat und bloß in dem, was künstliche Instrumente zeigen, die Natur erkennen, ja was sie leisten kann dadurch beschränken und beweisen will."[395] Mit guten Gründen plädiert man dafür, die Bemühung um naturwissenschaftliche Erkenntnis und deren technisch-industrielle Anwendung sachlich zu trennen, ein geschärftes vernunftgeleitetes

Bewußtsein aufzubringen für die Verantwortung, die man mit der Anwendung wissenschaftlicher Erkenntnisse für die Auswirkung solcher Technologien übernimmt, und dann gegen die unerwünschten Nebenfolgen und Risiken des technischen Fortschritts eben diejenige auf Selbsterhaltung verpflichtete Rationalität zu mobilisieren, die ihn selber hervorgebracht hat. Aber Goethe verstand sich nicht zu dieser Unterscheidung. Er sprach nicht erst vom möglichen Unheil der Technik, sondern bereits vom sicheren „Unheil der neuern Physik" an sich selbst.

Damit „Epoche in der Welt zu machen"[3], konnte ihm nicht mehr gelingen. Gegen Newtons ‚Opticks' hat seine Farbentheologie nichts ausgerichtet. Die Nachgeborenen aber, zur Naturzerstörung wie zur Selbstvernichtung fähig geworden, werden dieses tief befremdliche und anstößige Werk mit neuen Augen lesen müssen – als wäre es für sie geschrieben und enthielte im Irrtum eine unverhoffte Wahrheit. Die Therapie, mit der Goethe dem Unheil zu wehren suchte, schlug nicht mehr an, und nach Lage der Dinge erscheint es inzwischen vollends sinnlos, von ihr noch Hilfe zu erwarten. Aber daß auch seine Prognose nichts als ein befremdlicher Irrtum war, ist damit noch keineswegs ausgemacht. Wer weiß denn schon, ob die epochale Erkrankung, die er am Symptom der Newtonschen ‚diversen Refrangibilität' des Lichts meinte diagnostizieren zu können und bekämpfen zu müssen, nicht wirklich die Krankheit der Menschheit zum Tode ist?

Im höchsten Alter sagte Goethe dem Kanzler von Müller: „Ich habe keinen Glauben an die Welt und habe verzweifeln gelernt."[396] Es lassen sich mancherlei Ursachen ausmachen, die ihn so denken ließen. Von dem großen Verderber Newton und vom Unheil der neuern Physik hat er nicht mehr gesprochen, wenn er in diesen letzten Jahren die ihm Nahestehenden etwas wissen ließ von seiner Verzweiflung an der Welt. Aber es ist kaum denkbar, daß da die Farbenlehre nicht im Spiel war, mit der er doch die schwerste Niederlage und die tiefste Enttäuschung seines Lebens erfahren hat.

Vier Jahre vor seinem Tod soll der Farbenlehrer erklärt haben: „Denkt man sich bei deprimierter Stimmung recht tief in das Elend unserer Zeit hinein, so kommt es einem oft vor, als wäre die Welt nach und nach zum Jüngsten Tage reif. – Und das Übel häuft sich von Generation zu Generation! – Denn nicht genug, daß wir an den Sünden unserer Väter zu leiden haben, sondern wir überliefern auch diese geerbten Gebrechen, mit unseren eigenen vermehrt, unsern Nachkommen." Und: „Ich sehe die Zeit kommen, wo Gott keine Freude mehr an ihr [der Menschheit] hat und er abermals alles zusammenschlagen muß zu einer verjüngten Schöpfung. Ich bin gewiß, es ist alles danach angelegt, und es steht in der fernen Zukunft schon Zeit und Stunde fest, wann diese Verjüngungsepoche eintritt."[397]

Da redete er noch immer wie die Theologen (gesetzt den Fall, daß Eckermann korrekt berichtet hat). Aber die drohten schon in biblischen Zeiten mit Gottes Zorn, wenn man ihrer Lehre nicht folgen wollte; prophezeiten den Weltuntergang und das Jüngste Gericht und „einen neuen himmel und eine neue erde"[398]. Weshalb sollte man das sonderlich ernst nehmen?

ANMERKUNGEN

1 Johann Peter Eckermann: Gespräche mit Goethe in den letzten Jahren seines Lebens. Hrsg. von Regine Otto unter Mitwirkung von Peter Wersig. 2. Aufl. München 1984. Nach dieser Ausgabe wird im folgenden nur unter Angabe des Gesprächsdatums zitiert. Hier: 19.2.1829, 30.12.1823, 1.2.1827.
Daß Eckermann derart schockierende Äußerungen eigenmächtig unterstellte oder sie auch nur nennenswert verschärfte, ist so wenig wahrscheinlich, daß man sie als authentisch nehmen darf. Andere Gesprächspartner des alten Goethe berichten Ähnliches: vgl. Goethes Gespräche. Eine Sammlung zeitgenöss. Berichte aus seinem Umgang auf Grund der Ausgabe und des Nachlasses von Flodoard Frh. v. Biedermann, erg. u. hrsg. von Wolfgang Herwig. Bd 3,1. Zürich/Stuttgart 1971, S. 406 (Grüner, 8.8.1822) und S. 645 (Soret, 30.12.1823).

2 Emil H. du Bois-Reymond: Goethe und kein Ende. Berlin 1882, S. 29.

3 Eckermann, 2.5.1824.

4 LA I 4, 266 (= Goethe. Die Schriften zur Naturwissenschaft. Hrsg. im Auftrage der Deutschen Akademie der Naturforscher Leopoldina. Erste Abteilung, Bd 4, S. 266) – entsprechend wird im folgenden abgekürzt. Dem Stellennachweis der Zitate aus dem Didaktischen Teil (LA I 4) und dem Polemischen Teil der ‚Farbenlehre' (LA I 5), die Goethe in Paragraphen gegliedert hat, wird außerdem die entsprechende Zahl beigefügt.

5 Am Anfang stand ein interdisziplinäres Gespräch, das die Mathematisch-Physikalische und die Historisch-Philologische Klasse der Göttinger Akademie der Wissenschaften am 24. April 1982 über Goethes ‚Farbenlehre' führten (Bericht im Jahrbuch der Akademie für 1982, S. 89ff.). Mein Beitrag dazu wurde ausgearbeitet, in einer Reihe von Vorträgen zur Diskussion gestellt und schließlich in die hier gedruckte Fassung gebracht – wobei ich für seine Beratung in physikalischen Fragen vor allem Manfred R. Schroeder, für ihre Hilfe bei Recherchen, Schreibarbeiten und Korrekturen insbesondere Karin Ilten, Frank Möbus und Sabine Strümper zu danken habe.

6 Dazu der Artikel ‚Farbenlehre' von Rupprecht Matthaei im Goethe Handbuch, 2. Aufl. hrsg. von Alfred Zastrau, Bd 1, Stuttgart 1961, Abschnitt 4: ‚Urteil und Bedeutung', Sp. 2274–2280. – In die hier angeführten Rubriken fallen auch alle seither veröffentlichten Untersuchungen zur ‚Farbenlehre'.

7 26. 1. 1829 an Josef Carl Stieler. – Goethes Briefe werden im folgenden nur unter Angabe von Datum und Empfänger nach der Weimarer Ausgabe zitiert. – Da die für seine naturwissenschaftlichen Schriften maßgebliche Leopoldina-Ausgabe (vgl. Anm. 4) in den Textbänden ihrer I. Abteilung – anders als in der II. Abteilung ihrer Bände mit ‚Ergänzungen und Erläuterungen' – die Orthographie modernisiert und mir doch ein einheitliches Zitierverfahren wenigstens für Goethes eigene Äußerungen angebracht scheint, behandle ich sämtliche der LA und ebenso alle der WA (Weimarer Ausgabe) entnommenen Zitate in gleicher Weise, taste bei dieser durchgehenden Modernisierung der Schreibweise jedoch den Lautstand nicht an und verändere nirgends die Interpunktion.

8 17. 1. 1769 an Ernst Theodor Langer.

9 29. 7. 1782 an Johann Caspar Lavater.

10 Annalen 1809. In LA II 6, 390.

11 Dazu einiges bei Peter Schmidt: Goethes Farbensymbolik. Untersuchungen zu Verwendung und Bedeutung der Farben in den Dichtungen und Schriften Goethes. Berlin 1965 (S. 40ff.: ‚Das Farbenerlebnis der Italienischen Reise').

12 LA I 6, 414.

13 LA I 6, 417.

14 Zur Datierung vgl. Goethe Handbuch (wie Anm. 6) Sp. 2261 und LA II 3, XVIf. sowie Robert Steiger: Goethes Leben von Tag zu Tag. Bd III, Zürich/München 1984, S. 57 („Wohl Februar").

15 LA I 6, 420.

16 Dazu Fritz Sauter: Physikalische Vorstellungen über die Natur des Lichtes. In: Studium Generale, Jg 13, 1960, S. 450ff.

17 Vgl. Walter Gerlach: Farbenlehre und kein Ende (in: Natur und Idee. Hrsg. von Helmut Holtzhauer. Weimar 1966, hier S. 73) – nur „Heiße feste und geschmolzene Materie sowie heiße Gase unter sehr hohem Druck emittieren ein wirklich kontinuierliches Spektrum, so auch der Kern der Sonne."

18 Zur Erklärung dieses Irrtums vgl. E. G. Boring: Sensation and perception in the history of experimental psychology. New York 1942, S. 105 und Werner Abraham: Bemerkungen zu Goethes Farbenlehre im Lichte der Wahrnehmungspsychologie und der kognitiven Psychologie. In: Euphorion 77, 1983, S. 146f.

19 Opticks I/2, Prop. II, Theor. II (in der von Goethe benutzten 4. Aufl. London 1730, S. 108f.). – Goethes Übersetzung in LA I 5, 135 (456).

20 LA II 6, 118. Ähnlich lautet eine Nachlaßnotiz LA I 11, 367.

21 LA I 4, 101 (287).

22 7.3.1801 an Johann Wilhelm Ritter.

23 LA I 4, 3.

24 LA I 6, 420.

25 LA I 6, 428.

26 Eben diesen Tatbestand und die ungeheure Schubkraft einer solchen Initiation verkennen die Darlegungen Werner Abrahams, der erklärt, es lasse sich „die nicht nachlassende Energie" der Beschäftigung mit dem Farbenwesen „nur durch die philosophisch-methodische Grundhaltung Goethes erklären und nicht etwa durch das zufällige Experiment, das ihn zu einem von Newtons Resultat abweichenden Ergebnis führte." (wie Anm. 18, S. 150).

27 Apostelgeschichte 9. – Bibelzitate im folgenden nach der in Goethes Besitz befindlichen BIBLIA, Das ist: Die gantze Heil. Schrifft, Alten und Neuen Testaments, Nach der Teutschen Ubersetzung D. Martin Luthers. Basel 1772.

28 LA I 6, 420f.

29 WA I 1, 242.

30 Tagebuch 27.6.1774. In: Goethe und Lavater. Briefe und Tagebücher. Hrsg. von Heinrich Funck. Weimar 1901, hier S. 289.

31 LA II 3, 63.

32 LA I 8, 229.

33 LA I 6, 129. – Angesichts der von Rolf Christian Zimmermann aufgedeckten naturmystisch-hermetischen Einflüsse in Goethes Schriften darf man diese nachdrücklich abweisenden Äußerungen des Farbenlehrers doch nicht übersehen. Zimmermanns Hinweise auf den oben genannten pietistischen Traktat und insbesondere dann auf Athanasius Kircher erlauben keineswegs den überzogenen Schluß, Goethe habe „die zentralen Anschauungen seiner ‚Farbenlehre' schon vor 1790 direkt bei hermetischen Schriftstellern kennengelernt". (‚Goethes Verhältnis zur Naturmystik am Beispiel seiner Farbenlehre'. In: Epochen der Naturmystik. Hermetische Tradition im wissenschaftlichen Fortschritt. Hrsg. von Antoine Faivre und Rolf Christian Zimmermann. Berlin 1979, hier S. 352f.).

34 K. R. Eissler: Goethe. Eine psychoanalytische Studie 1775–1786. Bd 2, Basel/Frankfurt a. M. 1985, hier S. 1256 und 1269. Die folgenden Zitate S. 1257, 1258, 1265, 1267, 1269, 1268.

35 Etwas vorsichtiger als Eissler wird man in dieser Frage doch wohl

urteilen müssen. In einer Rezension von Lavaters ‚Aussichten in die Ewigkeit' hat Goethe 1773 geschrieben, sie stellten das Paradies als eine Art wissenschaftlicher Akademie vor, und: „Newton und Leibnitz haben zu ansehnliche Vorzüge vor Bürgern und Bauern, als daß man nicht merken sollte, einer ihrer Familie habe den Hofstaat dieses Himmelreichs zu bestallen gehabt." (WA I 37, S. 257) In einem Brief Goethes an Lavater (der ihm Porträtbildnisse geschickt und um Äußerungen darüber gebeten hatte, die er in seinen ‚Physiognomischen Fragmenten' verwenden konnte) heißt es im September 1775: „Hättest du Newton geschickt das wäre gesät und geerntet." (WA IV 2, S. 287) Lavaters Äußerungen über den „grossen ausserordentlichen" Newton (‚Fragmente' II 276ff.) sind dann tatsächlich entschieden positiv: Die Stirn „vielfassend und Gedanken schaffend. Mehr hohes, gewaltiges Denken, als abstraktes scheint sie auszudrücken. [...] Auffallend ist die Reinheit, die Ruhe des Ganzen, bey der sichtbaren innern Anstrengung – Anstrengung mit Glauben an sich selbst." Daß Goethe beigetragen habe zu diesem Artikel, hat Lavater selbst angegeben (11./12. 2. 1776 an J. G. Zimmermann); aber wie sein Beitrag tatsächlich lautete, ist durchaus ungewiß (vgl. Eduard von der Hellen: Goethes Anteil an Lavaters Physiognomischen Fragmenten. Frankfurt/M. 1888, S. 217–227).

36 WA I 35, 14.

37 Im Historischen Teil der ‚Farbenlehre': LA I 6, 154.

38 LA I 6, 424 (im Original nicht gesperrt).

39 WA I 29, 28f. – Goethe übersetzte: „In wenig Stunden / Hat Gott das Rechte gefunden." (WA I 2, 215).

40 Wiedergeburt und neues Leben. Aspekte des Strukturwandels in Goethes Italienischer Reise. Bonn 1978, S. 256.

41 Dazu Goethe-Wörterbuch, 1. Bd, Sp. 766f.

42 LA I 11, 356.

43 LA I 6, 421. Vermutlich handelte es sich bei diesem „benachbarten Physiker" um den Professor Johann Heinrich Voigt in Jena. Die Farben der von Goethe beobachteten Kantenspektren, so versuchte er seinen Besucher zu belehren, „gehörten keineswegs der Grenze [zwischen Hell und Dunkel], sondern dem Licht ganz allein an; die Grenze sei nur Gelegenheit, daß in dem einen Fall die weniger refrangiblen, im andern die mehr refrangiblen Strahlen zum Vorschein kämen. Das Weiße in der Mitte sei aber noch ein zusammengesetztes, durch Brechung nicht separiertes Licht, das aus einer ganz eigenen Vereinigung farbiger, aber stufenweise übereinandergeschobener Lichter entspringe; welches alles bei Newton selbst und in den nach seinem Sinn verfaßten Büchern umständlich zu lesen sei." (ebd.).

44 Eckermann, 4. 1. 1824.
45 LA I 3.
46 LA I 4, I 5 und I 6.
47 LA I 8.
48 Biedermann/Herwig (wie Anm. 1), Bd 3,2 S. 895.
49 2. 4. 1792 an Friedrich Heinrich Jacobi.
50 Biblia (wie Anm. 27) S. 906, Vers 32–36.
51 LA I 4, 19.
52 LA I 4, 20.
53 Seine erst 1820 erscheinende, auf den Forschungen von Malus, Biot, Arago und Seebeck beruhende Abhandlung ‚Entoptische Farben' (LA I 8, 94–130) bezeichnete Goethe „als einen meiner Farbenlehre sich unmittelbar anschließenden Aufsatz, und zwar am Ende der zweiten Abteilung, hinter dem 485. Paragraphen" (LA I 8, 95). Thomas Seebecks Entdeckung, daß diese Farbfiguren entstehen, wenn ein zwischen zwei Spiegel gebrachter Glaskörper zunächst geglüht, dann aber rasch abgekühlt worden ist, erschien ihm als „der Punkt aufs i zu meiner Farbenlehre" (1. 5. 1816 an Karl Ludwig v. Knebel), als zwingender experimenteller Nachweis nämlich für die gegen Newton behauptete Entstehung der Farben in der zwischen Licht und Finsternis gestellten trüb durchscheinenden Materie, weil die Erzeugung dieser ‚entoptischen' Farben nicht etwa durch eine Zerlegung des Lichts erfolge, sondern durch den Eingriff in die Materie des durchsichtig-trüben Glaskörpers, welcher vor der Erhitzungs- und Abkühlungsprozedur keine solchen Farberscheinungen aufzeigte. Vgl. die Erläuterung zum Gedicht ‚Entoptische Farben' im Anhang S. 218 ff.: Goethes Gedichte zur Farbenlehre, Nr. 62.
54 LA I 4. 21.
55 So Martin Vogel im Jahrbuch der Akademie der Wissenschaften in Göttingen für 1982, S. 90.
56 So Otto Creutzfeldt (wie Anm. 55).
57 LA I 4, 25 (1/3).
58 24. 5. 1828 an den Kanzler von Müller.
Ich lasse eine genauere Bestimmung der Goetheschen ‚Phänomenologie' außer Betracht. Zu welchen Spekulationen man gelangen kann, wenn nicht nur die mathematisch-physikalische, sondern auch Goethes „naiv-naturalistische Blickrichtung" aufgegeben wird zugunsten einer „phänomenologisch-ontologischen Einstellung, die in apriorischer Intuition die wesenhaften Konstitutionsverhältnisse [von Licht und Farben] als solche herauszuheben berufen ist", zeigt sich bei Hedwig Conrad-Martius: Farben. Ein Kapitel aus der Realontologie. (Ergänzungsband zum Jahrbuch f. Philosophie u. phäno-

menologische Forschung = Husserl-Festschrift. Halle/S. 1929, S. 339ff., hier S. 357).

59 LA I 4, 31 (30).

60 Ebd.

61 LA I 4, 46f. (75).

62 LA I 4, 33 (37).

63 LA I 4, 94 (261).

64 LA I 4, 131 (396).

65 LA I 4, 48 (78).

66 LA I 4, 161 (514) – „Massikot" = Bleioxyd; „Äthiop" (Aethiops mineralis) = Gemenge von Quecksilber und Schwefelblumen; „Turbith" = basisch-schwefelsaures Quecksilber.

67 LA I 4, 200 (679).

68 LA I 4, 171 (558).

69 LA I 4, 34 (38).

70 LA II 6, 75 (M 58).

71 LA I 6, 323.

72 LA I 6, 141f.

73 LA I 4, 216 (738).

74 Diesen absoluten Wahrheitsanspruch des ‚Dogmatischen' bezeichnet auch Goethes Bemerkung im Historischen Teil: „Die Nachfolger [des Epikur und Lukrez] werden schon didaktisch, und weiterhin steigt das Dogmatische bis zum Intoleranten." (LA I 6, 71).

75 Der Briefwechsel zwischen Goethe und Zelter. Hrsg. von Max Hecker. Bd 3, Bern 1970, S. 139 (6. 4. 1829).

76 17. 5. 1829 an Carl Friedrich Zelter.

77 ‚Zwischenrede' des Polemischen Teils. LA I 5, 7 (20) / 5 (15) / 6 (17).

78 LA I 5, 54 (139).

79 LA I 5, 49 (124).

80 LA I 5, 145 (492).

81 Vgl. LA I 5, 20 93 / I 7, 7 / II 4, 157 189 u. ö.

82 Opticks 1/2, Prop. V, Theor. IV, 79, Exper. 15 = S. 131 (vgl. Anm. 19).

83 LA I 6, 423.

84 LA I 5, 166 (571f.).

85 J.[ohann] G.[eorg] H.[einrich] Feder's Leben, Natur und Grundsätze. Zur Belehrung und Ermunterung seiner lieben Nachkommen. Leipzig/Hannover/Darmstadt 1825, S. 109 (postum veröffentlicht, verfaßt vor 1801).

86 LA I 5, 124f. (390 / 391). – Vgl. dazu Goethes Lied ‚Ergo bibamus!' (WA I 1, 144f.) und Riemers Notiz über dessen Entstehung: „Als Goethe diese Konklusion, die nach Basedows Behauptung zu jeder

Prämisse passen sollte, zum erstenmal beim Diktieren der Farbenlehre, und zwar in der Polemik gegen Newton, erwähnte und sie zugleich auf die wunderliche Schlußart desselben applizierte, erlaubte ich mir die Bemerkung: es wäre dies ja der natürlichste, ungesuchteste Refrain zu einem Trinkliede selbst; man müsse nur die schlagenden Motive zu den Prämissen aussuchen, aus denen jene Konklusion folge. ‚Nun, versuchen Sie's einmal!' erwiderte er; was ich denn auch bald darauf tat, und ihm schien der Versuch nicht übel. Einige Zeit nachher (1810) machte er selbst das vortreffliche Ergo bibamus für Zelters Liedertafel". (Friedrich Wilhelm Riemer: Tischreden und Aphorismen 1803. In Riemer: Mitteilungen über Goethe. Hrsg. von Arthur Pollmer. Leipzig 1921, S. 364).

87 Diese „ergo bibamus"-Passagen in LA I 5, 125 (393) / 135 (453 f.) / 157 (543) / 170 (591) / 191 (677).

88 In der Reihenfolge der Zitate dieses Abschnitts: LA I 5, 85 (230) / 30 (79) / 112 (322) / 18 (45) / 131 (432) / 141 (473) / 44 (113) / 45 (114) / 157 (543) / 8 (23) / I 6, 257 / I 5, 118 (360).

89 LA I 6, 301 f.

90 LA I 5, 193 f.

91 LA I 4, 5/6/7.

92 26. 8. 1828 an Carl Friedrich Zelter.

93 LA I 4, 7.

94 Aus dem Nachlaß. LA I 11, 370. Vgl. dazu das Xenion ‚Der Widerstand' im Anhang S. 191: Goethes Gedichte zur Farbenlehre, Nr. 31.

95 15. 5. 1831.

96 Vgl. dazu Anmerkung 35.

97 WA IV 10, 415 (gestrichene Passage; unsichere Datierung – WA ebd. 414: 1. 7. 1795 / LA I 3, 228: 27. 6. 1795).

98 Biblia (wie Anm. 27) S. 318: 1. Könige 18, 22 und 40.

99 In der Reihenfolge der Zitate dieses Abschnitts: LA I 5, 44 (113) / II 6, 228 / I 5, 178 (613) / 47 (120) / 52 (135) / 12 f. (31) / 9 (24).

100 LA I 8, 184.

101 WA II 5b, S. 383. – J.[ean] B.[aptiste] Biot's Anfangsgründe der Erfahrungs-Naturlehre. Aus dem Französischen übersetzt von Friedrich Wolff. 2 Bände, Berlin 1819. Die durch prismatische Brechung des weißen Lichtstrahls hervorgebrachten Erscheinungen der „Farbenzerstreuung" werden hier Bd 2, S. 166 f. beschrieben und S. 292 als „eine der schönsten Arbeiten von Newton" bezeichnet.

102 LA I 5, 186 (658).

103 LA I 6, 262.

104 LA I 7, 90.

105 Faust, Vers 10123.

106 LA I 6, 92.

107 23.1.1798 an Goethe. LA I 3, 313.

108 LA I 6, 68f.

109 28.7. und 23.11.1829 an Johann Friedrich Rochlitz. – Vgl. Heidi Gidion: Zur Darstellungsweise von Goethes ‚Wilhelm Meisters Wanderjahre'. Göttingen 1969, passim.

110 LA I 6, X.

111 LA II 6, 68.

112 LA II 6, 59.

113 LA II 6, 70.

114 LA II 6, 76.

115 LA II 6, 72. – Dazu Karl J. Fink: „Dualisten", „Trinitarier", „Solitarier": Formen der Autorität in Goethes „Geschichte der Farbenlehre". In: Goethe Jahrbuch Bd 99, 1982, S. 230ff.

116 Vgl. Johann Heinrich Zedler: Grosses vollständiges Universal-Lexikon. Bd 38, Sp. 592 / Bd 45, Sp. 839 und Bd 2, Sp. 662f.

117 LA I 7, 89.

118 In der Reihenfolge der Zitate dieses Abschnitts: LA II 6, 152 / 115f. / 256 / 215 / I 3, 404.

119 In der Reihenfolge der Zitate dieses Abschnitts: LA I 6, 261 / 270 / 253 / 313 / 303 / 286 / 293 / 289 / 320 / 338 / 352.

120 LA I 6, 93f.

121 12.1.1823 an Caspar Graf von Sternberg.

122 LA I 3, 154. Zur Datierung: LA II 3, 251 und 255.

123 LA I 3, 160f.

124 Vgl. Franz Götting: Die Bibliothek von Goethes Vater (Nassauische Annalen 64, Wiesbaden 1953, hier S. 37). – Im väterlichen Besitz und in Goethes Hand war die zuerst 1699–1703 erschienene ‚Kirchen- und Ketzer-Historie' in ihrer 2. Auflage von 1729. Nach ihr wird im folgenden zitiert (Nachdruck Olms, Hildesheim 1967).

125 Zu dieser von Erich Trunz entdeckten handschriftlichen Wunschliste vgl. Goethes Werke, Hamburger Ausgabe. [12]1981, Bd 9, 749 (Anm. zu 341, 34).

126 WA I 27, 217.

127 Herbert Schöffler: Shakespeare und der junge Goethe (zuerst 1940, dann in Schöffler: Deutscher Geist im 18. Jahrhundert. Essays zur Geistes- und Religionsgeschichte. Göttingen 1956, hier S. 128ff.). – Richard Brinkmann: Zur Genese und Aporie des modernen Individualitätsbegriffs (zuerst 1976, jetzt in Brinkmann: Wirklichkeiten. Essays zur Literatur. Tübingen 1982, hier S. 91ff.).

128 Nach Abschluß des vorliegenden Versuchs bin ich auf eine Arbeit des Theologen Peter Meinhold aufmerksam geworden: ‚Goethe zur

Geschichte des Christentums' (Freiburg/München 1958). Sie befaßt sich mit dem Einfluß der Arnoldschen Schriften vornehmlich auf Goethes religionshistorische Vorstellungen und gelangt dabei zu dem Urteil, daß er „die Kategorien, nach denen er in der Nachfolge Gottfried Arnolds die Kirchengeschichte deutet, auf alle geschichtlichen Erscheinungen, sogar auf die Bereiche der Naturwissenschaft" übertrage. (S. 184) Zum ersten Mal, soweit ich sehe, ist hier (S. 260–266) ein Zusammenhang von Kirchengeschichte und ‚Farbenlehre' erkannt worden – wenngleich allein unter dem Gesichtspunkt einer „Überwindung der Konfessionen als Ziel der geschichtlichen Entwicklung". Goethe, so lautet das Ergebnis, verwendet „die seiner Betrachtung der Kirchengeschichte zugrunde liegenden Gedanken und Bilder zur Umschreibung der Situation in den Naturwissenschaften, wie sie durch seinen Angriff auf die Voraussetzungen der Newtonschen Farbentheorie und durch die geteilte Aufnahme seines Vorgehens entstanden ist": entsprechend der von ihm erhofften Überwindung des „Parteigeistes" im kirchlichen Bereich und einer die Konfessionsgrenzen aufhebenden wechselseitigen Achtung und Anerkennung der verschiedenen theologischen Lehrmeinungen habe er – nach Meinholds Vorstellung – auch im Bereich der Farbenlehre gehofft, „nicht nur daß er selbst mit der Zeit in den Naturwissenschaften Anerkennung finden werde, sondern daß sich überhaupt das Prinzip der gegenseitigen Achtung voreinander, nicht einfach nur das der Toleranz, die eigentlich eine Beleidigung sei, in der Naturforschung und überhaupt in den Wissenschaften durchsetzen werde." Damit aber wird der eigentliche Tatbestand gründlich verfehlt. Zunächst beschränkt sich Goethes ‚Geschichte der Farbenlehre' durchaus nicht nur auf die Situation, die durch seinen Angriff auf Newton entstand, und werden seine „der Kirchengeschichte zugrunde liegenden Gedanken und Bilder" keineswegs „zur Umschreibung" nur dieser Situation verwendet. Vielmehr bezeichnen sie den jahrhundertelangen Streit um die Farbenlehre als eine in ihrem Kern theologische Auseinandersetzung. Vor allem aber hat der Farbenlehrer „das Prinzip der gegenseitigen Achtung voreinander", das ihm im kirchlich-konfessionellen Bereich entschieden wünschenswert erscheinen mochte, auf dem Kampfplatz der Farbenlehre ganz und gar nicht gelten lassen. Hier, wo es ihm (anders als bei den Konfessionsstreitigkeiten) wirklich ernst war, wo es ihm tatsächlich ums Ganze ging und um die letzten Dinge, hat er freilich alles unternommen, um die eigene Lehre durchzusetzen; aber die „Irrlehre" seiner wissenschaftlichen Gegner zu tolerieren oder gar zu achten, geschweige denn anzuerkennen, war er eben deshalb nicht im geringsten bereit.

Auch die Herausgeber der LA haben in einer einleitenden Bemerkung zu II 4 (S. XI) erklärt: „In versöhnlicher Weise sucht er [der alte Goethe] sogar die Gültigkeitsbereiche beider Anschauungen und Forschungsarten gegen einander abzugrenzen". Sie stützen sich dabei auf eine Passage in Goethes Brief an den Maler Joseph Carl Stieler vom 26. 1. 1829. „Den Mathematiko-Optikern", heißt es dort angesichts der Ignorierung seiner ‚Farbenlehre' durch die Zunft der Physiker, „verzeih ich gern, daß sie nichts davon wissen wollen, ihr Geschäft ist in diesem Fache bloß negativ". Keineswegs hat der Farbenlehrer damit die Position aufgegeben, welche seine eigene ‚Anzeige' des Werkes zur Farbenlehre (in vergleichsweise „versöhnlicher Weise") eindeutig bezeichnet: „Ja wir wünschen nichts mehr, als daß der Menschenverstand, von den wahren Naturverhältnissen, auf die wir dringend immer zurückkehren, geschwind überzeugt, unseren polemischen Teil, an welchem freilich noch manches nachzuholen und schärfer zu bestimmen wäre, bald für überflüssig erklären möge"!

129 Arnold (wie Anm. 124), Erster Theil, Buch I, Cap. IV (Inhaltsangabe). S. 41.

130 Erster Theil, Buch I, Cap. IV, § 1. S. 41 und ‚Vorrede', Punkt 31.

131 Erster Theil, Buch IV, Cap. I, § 1. S. 135.

132 LA I 6, XVII.

133 LA I 6, 36.

134 LA I 4, 18.

135 LA I 6, 6.

136 LA I 6, 92. – Vgl. auch, auf die Bibel, Platon und Aristoteles bezogen: „Und so sehen wir in diesem dreifach Überlieferten die köstlichsten Schätze, wir mögen sie wechselseitig als Text oder als Auslegung betrachten; und so törich es wäre irgend einem Überlieferten, das doch immer sein Besonderes mit sich führt, einen unbedingten göttlichen Wert beizulegen; so weise bleibt es, ein solches als ein bedeutendes Menschliches zu schätzen." (Vornotiz zur Geschichte der Farbenlehre. LA II 6, 34, M 30).

137 Vgl. Anhang S. 215f.: Goethes Gedichte zur Farbenlehre, Nr. 60.

138 LA I 6, 181.

139 LA I 6, 346.

140 Vgl. den entsprechenden Abschnitt in LA I 6, 361ff., hier S. 363.

141 LA I 6, 366f. – Vgl. Matthäus 13, 3ff.

142 Erster Theil, Buch IV, Cap. IV, § 21. S. 163.

143 Vgl. dazu Hermann Dörries: Geist und Geschichte bei Gottfried Arnold, Göttingen 1963, hier S. 148ff.

144 Erster Theil, Buch IV, Cap. IV, § 22. S. 164.

145 8. 10. 1791 an Karl Ludwig von Knebel.
146 ‚Vorrede', Punkt 21 und 39.
147 Erster Theil, ‚Allgemeine Anmerckungen von denen Kätzer-Geschichten. An den Leser.' S. 1.
148 ‚Vorrede', Punkt 29 und ‚Allgemeine Anmerckungen von denen Kätzer-Geschichten', Punkt IV, 10 (S. 26).
149 ‚Vorrede', Punkt 5.
150 Anderer Theil, ‚Beschluß dieser kirchen- und kätzer-historie', Punkt 6. S. 1201 f. – Vgl. dazu Dörries (wie Anm. 143) S. 18 f.
151 Erster Theil, ‚Allgemeine Anmerckungen von denen Kätzer-Geschichten', Punkt II, 1 (S. 4), II, 21 (S. 5), II, 23 (S. 5).
152 Vgl. Dörries (wie Anm. 143) S. 68 ff.
153 LA I 3, 135.
154 Vgl. Anhang S. 187: Goethes Gedichte zur Farbenlehre, Nr. 23.
155 Erster Theil, ‚Allgemeine Anmerckungen von denen Kätzer-Geschichten', Punkt IV, 24 (S. 11).
156 1. 2. 1831 an Carl Friedrich Zelter.
157 WA II 5a, 383 (1820).
158 LA I 5, 32 (86).
159 LA I 5, 32 f. (87).
160 Vgl. beispielsweise oben S. 43 (zu Anm. 100) oder Goethes Bemerkung (22. 6. 1809 an Carl Friedrich von Reinhard), der zum Katholizismus konvertierte Friedrich Schlegel sei verleitet worden, „wenn Sie ein ander Gleichnis wollen, so viel wie möglich durch Läden und Vorhänge das Licht aus dem Gemeindehause auszuschließen, einen recht dunklen Raum hervorzubringen, um nachher durch das foramen minimum [das kleinste Bohrloch] so viel Licht, als zum hocus pocus nötig ist, hereinzulassen."
161 Vgl. Anhang S. 178 f.: Goethes Gedichte zur Farbenlehre, Nr. 7.
162 Vgl. Anhang S. 209 f.: Goethes Gedichte zur Farbenlehre, Nr. 52.
163 LA I 5, 45 (114).
164 Hier reproduziert nach Opticks (wie Anm. 19) Book I, Part I, Tab. IV, Fig. 18.
165 Dieser 6. Versuch der ‚Opticks' entspricht dem Experiment, das Newton in den ‚Philosophical Transactions' vom 19. Februar 1671/72 als sein „experimentum crucis" bezeichnet hat: als den entscheidenden Nachweis, daß „Light consists of Rays differently refrangible". In den ‚Opticks' selbst (1704) wird dieser Begriff nicht verwendet und dient der 6. Versuch, den Newton offensichtlich nicht mehr als den Schwerpunkt seiner Untersuchungen bezeichnen mochte, dem Erweis der „different Refrangibility of several sorts of Rays", für den jetzt überdies das 12. und 13. Experiment die eigentlich entschei-

dende Rolle spielen. Auch in seinen späteren Arbeiten, bis 1721, hat Newton das „experimentum crucis“ in seiner Anlage und Funktion weiterhin modifiziert. – Dazu J. A. Lohne: Experimentum Crucis. In: Notes and Records of the Royal Society of London, Vol. 23, 1968, S. 169ff., hier 181–188.

166 Erster Theil, ‚Allgemeine Anmerckungen von denen Kätzer-Geschichten‘, Punkt IV, 39 (S. 10), 15 (S. 8) und 40 (S. 10).

167 LA I 8, 361.

168 Vgl. Lohne (wie Anm. 165), S. 173ff.

169 LA I 5, 73 (190).

170 LA II 6, 141f. – Korrektur von Riemers Hand (vgl. ebd. S. 157, zu Zeile 489).

171 Vgl. Anhang S. 177f.: Goethes Gedichte zur Farbenlehre, Nr. 5.

172 Nach der Fertigstellung dieses Kapitels bemerke ich, daß in Ludwig Harigs ‚Ordnung ist das ganze Leben. Roman meines Vaters‘ (München/Wien 1986) der gleiche Gedanke ins Spiel kommt, dem ich hier nachgegangen bin. Eine solche Korrespondenz zwischen dichterischem Werk und wissenschaftlichem Versuch scheint mir mehr als bloßer Zufall. Sie deutet wohl darauf, daß bestimmte Vorstellungen und Einsichten ‚an der Zeit‘ sind und sich deshalb auch in sehr unterschiedlichen Schreibweisen äußern können. Harig also erzählt (S. 67), was seinem Vater durch den Kopf geht, wenn er als kleiner Malerlehrling im großväterlichen Farbkeller steht: „War die Spektralanalyse so schön und unwiderlegbar, wie sie ihm zuerst erschienen war in den Naturlehrestunden der Berufsschule, und wußte er wirklich, was die Welt so hartnäckig zusammenhält? Doch da gab es, neben den Naturforschern und Naturlehrern, auch Goethe. Und hatte nicht Goethe, von dem es in Herrn Übelackers Aufsatzlehre heißt, seine Werke seien klassisch, d. h. Muster und Vorbilder für alle Zeiten, vom Licht gesprochen, als sei es etwas großes Ganzes, eine unteilbare Einheit, eine Urerscheinung sozusagen, und die Farben seien die Taten und Leiden des Lichts, aber nicht Leiden, wie Newton sie dem Licht zugefügt hatte, indem er es in die Enge getrieben, in Bündeln stranguliert, gespalten, gebrochen, durch Schlitze gepreßt, durch Löcher traktiert hat, sondern Leiden, wie sie, als Abglanz des Lebens, zum Organischen gehören wie alle Teile zum Ganzen? Ist nicht Newtons Spektralanalyse eine unsägliche Lichtquälerei, ist nicht Goethes Farbenlehre eine sanfte Liebkosung des Lichts? Und erst die Farben! Sind sie nicht zärtlich hervorgelockt aus dem unergründlichen Farbkeller des Alls?“

173 Traité D'optique sur les Reflexions, Refractions, Inflexions, Et Les Couleurs, de La Lumiere. Traduit par M. Coste. Seconde Édition

françoise. Paris 1722. – Zu Newtons Skizze vgl. Lohne (wie Anm. 165), S. 193 ff.

174 ‚Das gebrochene Licht ändert seine Farbe nicht'. Im Book I, Part II, Prop. II der ‚Opticks' hatte Newton dargelegt, daß die homogenen Spektralfarben weder durch wiederholte Refraktion noch durch Reflexion mehr verändert werden. Dazu Polemischer Teil LA I 5, 127 ff.

175 Vgl. Lohne (wie Anm. 165), S. 192 f.

176 Vgl. Anhang S. 181 f.: Goethes Gedichte zur Farbenlehre, Nr. 12.

177 Vgl. Anhang S. 180 f.: Goethes Gedichte zur Farbenlehre, Nr. 10 und 11.

178 Vgl. Anhang S. 183 f.: Goethes Gedichte zur Farbenlehre, Nr. 14.

179 HA 1, 697. – In der Berliner Ausgabe (2, 798) gar: „der früheste Beleg für den Gebrauch des Wortes ‚boxen' in der deutschen Literatur."

180 J. Minor: Goethes Fragmente vom ewigen Juden und vom wiederkehrenden Heiland. Ein Beitrag zur Geschichte der religiösen Fragen in der Zeit Goethes. Stuttgart/Berlin 1904, S. 45 f.

181 WA I 5 a, 131.

182 Der Weimarer Ausgabe, in der die angeführten Folgeverse zuerst veröffentlicht wurden (WA I 5 a, 131), sind viele spätere Ausgaben blind gefolgt – obgleich im Anschlußband (WA I 5 b, 271 f.) ein Handschriftenbefund mitgeteilt wurde, der durchaus erkennen ließ, daß hier keineswegs ein zusammenhängender Text vorlag, und ein Berichtigungsversuch erschien: An die Arianer-Verse wurde nunmehr ein Text angeschlossen, der seit 1840 (für sich stehend) unter der Überschrift ‚Dreifaltigkeit' gedruckt worden war. Auch zu dieser Textkombination freilich (die mir mit der im folgenden vorgelegten Deutung verträglich erscheint) wird ebd. vermerkt: „Ob hier ein Gedicht vorliegt, das nur noch nicht zu endgültiger Fassung gediehen ist, oder ob Eckermann zwei auf einem Blatte stehende Gedichte hintereinander abgeschrieben und so irrtümlich in ein Gedicht verschleift hat, bleibt fraglich."

183 11.4.1827, „in einem Gespräch über Religionslehren in England".

184 Goethes Äußerung aus dem Jahr 1823: „Die Lehre von der Gottheit Christi, dekretiert zuerst durch das Nicaeische Concilium, sei dem Despotismus sehr förderlich gewesen", deutet entschieden auf Arnolds Urteil über Kaiser Konstantins Interesse an dieser Konzilsentscheidung zurück (Gesprächsaufzeichnung des Kanzlers Friedrich von Müller. In Biedermann/Herwig, wie Anm. 1, Bd 3, 1, S. 603). Meinhold (wie Anm. 128, hier S. 177) sieht Goethes Verse über Arianer und Orthodoxe „von Wundemanns Werk beeinflußt [...] denn gerade diese Idee [die von Goethe vorgetragene Auffassung

eines ewigen Kampfes zwischen Rechtgläubigkeit und Ketzerei] ist es, die Wundemann in seinem Buch durchführt." Goethe hat Johann Christian Friedrich Wundemanns ‚Geschichte der christlichen Glaubenslehren vom Zeitalter des Athanasius bis auf Gregor den Großen' (2 Teile, Leipzig 1798/99) freilich erst 1814 gelesen, und jene „Idee" konnte er dort keineswegs „durchgeführt" finden. Allenfalls ließe sich anführen, daß sein „Mischmasch von Irrtum und von Gewalt" an ein lateinisches Lutherzitat erinnert, welches Wundemann dem ersten Teil seiner Darstellung als Motto voranstellt: errores und vis kommen da vor.

185 Vgl. neben den großen älteren Monographien und wissenschaftlichen Lexikon-Artikeln dazu neuerdings Reinhard M. Hübner: Der Gott der Kirchenväter und der Gott der Bibel. Zur Frage der Hellenisierung des Christentums. (Eichstätter Hochschulreden 16), München 1979, S. 10, und Rudolf Lorenz: Arius judaizans? Untersuchungen zur dogmengeschichtlichen Einordnung des Arius. Göttingen 1980, S. 86.

186 Außer Betracht kann hier sowohl die in der Dogmengeschichtsschreibung noch immer umstrittene Rolle der jüdisch-antiochenischen bzw. platonisch(originistisch)-alexandrinischen Ursprünge der arianischen Lehre bleiben (vgl. dazu etwa Lorenz, wie Anm. 185, S. 23ff.), als auch die unterschiedlich beurteilte Frage, ob und in welcher Weise für die Rekonstruktion seiner Lehrsätze neben den Briefen und den gesicherten Thalia-Fragmenten des Arius selbst auch die referierenden Angaben seiner zeitgenössischen Gegner Athanasius und Alexander von Alexandrien herangezogen werden können (vgl. Lorenz, wie Anm. 185, S. 37ff. und derselbe: Die Christusseele im Arianischen Streit. Nebst einigen Bemerkungen zur Quellenkritik des Arius und zur Glaubwürdigkeit des Athanasius. In: Zeitschrift für Kirchengeschichte 94, 1983, S. 1–51).

187 Kirchen- und Ketzer-Historie (wie Anm. 124), ‚Vorrede', Punkt 54.

188 Erster Theil, Buch IV, Cap. VIII, § 18 (recte 8). S. 202, unter Berufung auf „Dannhauerus in Vale Triumphali p. 301. seq."

189 Eckermann, 4. 1. 1824.

190 LA I 6, 303. – Tatsächlich war schon 1754 eine bibelkritische Abhandlung Newtons veröffentlicht worden, welche zwei von der Trinitätslehre in Anspruch genommene Textstellen des Neuen Testaments für unecht erklärte. Die erst im 20. Jahrhundert erfolgende Sichtung des Newton-Nachlasses hat dann zutage gefördert, daß der lebenslang mit theologischen Fragen Beschäftigte von der Gottessohnschaft Christi abgerückt war und eine entschieden antitrinitarische Gottesvorstellung vertrat. Vgl. dazu Fritz Wagner: Isaac Newton im

Zwielicht zwischen Mythos und Forschung. Studien zur Epoche der Aufklärung. Freiburg/München 1976, S. 56ff.

191 1. 2. 1831 und wieder 4. 2. 1832 an Carl Friedrich Zelter. – Die gleiche Bezeichnung schon in Goethes Brief vom 29. 6. 1829 an Christoph Friedrich Ludwig Schultz: Der Optiker und Physiker Joseph von Fraunhofer „durfte sich mit der herrschenden Kirche nicht entzweien".

192 Historischer Teil der ‚Farbenlehre'. LA I 6, 260.

193 LA I 4, 3.

194 Die Leidensmetapher, die Goethe für die Farbenentstehung einsetzt, rechtfertigt sich wohl überhaupt erst aus der Entsprechung zu dem in die Welt gesandten Gottessohn. Wie haltlos sie abgelöst von dieser Beziehung erscheint, verdeutlicht wider Willen eine Erläuterung zu ‚Taten und Leiden' in LA II 4, 283, welche die „Wahrheit der Goetheschen Aussage" selbst „vom Stande gegenwärtiger Wissenschaft" aus erweisen möchte: „Wenn sich die Physik auch heute der Worte: Brechung, Beugung, Dispersion, Reflexion, Remission und Absorption bedient, so ist offensichtlich von einem Leiden des Lichts die Rede." Kein heutiger Physiker käme doch auf die Idee, so zu reden. – Freilich spricht Goethe von Leiden des Lichts, nicht etwa von denen der Farbe. Aber in seinem Sohn, der Menschengestalt annimmt in der trüben irdischen Welt, leidet nach christlicher Vorstellung zugleich der Vater.

195 Briefwechsel zwischen Goethe und Zelter in den Jahren 1799 bis 1832. Hrsg. von Ludwig Geiger, Leipzig 1904, 3. Bd, S. 531. – Ganz korrekt war es wohl nicht, was man Zelter da zugetragen hatte. Vor den zweifellos informierten Mitgliedern der Akademie hat Poggendorff in seiner Gedächtnisrede auf Seebeck am 4. Juli 1839 ausdrücklich erklärt: „Seine Ansichten über Licht und Farben [...] sind nicht die herrschenden, – man könnte sagen, häufig im geraden Widerspruch mit ihnen. In der Farbenlehre stand er auf Göthe's Seite, und behauptete wie dieser die Einfachheit des weißen Lichts" (Abhandlungen d. Kgl. Akademie d. Wissenschaften zu Berlin. Aus dem Jahre 1839. Berlin 1841, hier S. XXXVI).

196 4. 2. 1832 an Carl Friedrich Zelter.

197 Vgl. Anhang S. 187: Goethes Gedichte zur Farbenlehre, Nr. 23.

198 Vgl. LA I 6, 277ff. / 328ff. / 371ff. / 335ff.

199 LA I 6, 335f. und 341f. – Zitat aus Vergil, Aeneis, 4, 625 (‚Erheben soll sich aus unsern Gebeinen ein Rächer.').

200 So konnte Goethe das in Arnolds ‚Kirchen- und Ketzer-Historie' lesen (wie Anm. 124: Erster Theil, Buch XV, Cap. V, § 12. S. 451). Gleichlautend in Zedlers Universal-Lexikon (wie Anm. 116) Bd 13,

Sp. 1284. – Zur Entstehungs- und Wirkungsgeschichte dieser Weissagung vgl. Adolf Hauffen: Huß eine Gans – Luther ein Schwan. In: Untersuchungen und Quellen zur Germanischen und Romanischen Philologie. Festschrift für Johann von Kelle. 2. Teil, Prag 1908, S. 1ff.

201 ‚Glosse auf das vermeinte kaiserliche Edikt' von 1531. Luthers Werke. WA 30, 3, S. 387.

202 WA II 5b, 376.

203 LA I 6, 102.

204 WA II 5b, 374 (dort „die Knüfliche Behandlung"; von Katharina Mommsen: Goethe und Diez. Quellenuntersuchungen zu Gedichten der Divan-Epoche. Berlin 1961, S. 197 nach der Handschrift berichtigt in „künstliche"). Zur Datierung ebd. die Herausgebernotiz: das betr. Quartblatt „trägt auf der einen Seite von Kräuters Hand die Aufschrift: ‚Abgesendete Briefe von 1811 und 1812'"; zugeordnet wird dieses Paralipomenon der ‚Älteren Einleitung' von Bd 1, Heft 4 ‚Zur Naturwissenschaft überhaupt', die als eine Art Nachwort zur ‚Farbenlehre' genommen werden kann und 1822 von Goethe veröffentlicht wurde.

205 LA I 8, 181 (‚Ältere Einleitung', 1822).

206 LA I 5, 173 (600).

207 Etwa 22.8.1820 an Christoph Ludwig Friedrich Schultz.

208 13.12.1822 an Karl Ludwig von Knebel. – Purkynĕs Prager Doktorarbeit von 1819 (‚Beiträge zur Kenntnis des Sehens in subjektiver Hinsicht') beruhte in wesentlichen Teilen auf der ‚Farbenlehre', berief sich aber aus Karriererücksichten nicht auf die von den Fachwissenschaftlern diskriminierte Dilettantenschrift – was Goethe sehr wohl bemerkte und entschuldigte (vgl. Sorets Gesprächsbericht vom 30.12.1823 in Biedermann/Herwig, wie Anm. 1, S. 644f. und Eckermann unter dem gleichen Datum): Daß da ein junger Gelehrter anscheinend „durch eigene Kräfte" zur wahren Einsicht gelangt war, mochte er für die Durchsetzung seiner Farbenlehre durchaus als förderlich ansehen. – Zu Purkynĕ vgl. Anhang S. 216: Goethes Gedichte zur Farbenlehre, Nr. 60 (Abweichende Fassungen); außerdem Goethes Dankschreiben vom 18.3.1826 an Purkynĕ für das Widmungsexemplar der 1825 erschienenen Neufassung und Fortsetzung seiner Doktorarbeit ‚Zur Physiologie der Sinne' (die sich nun ausdrücklich auf die ‚Farbenlehre' bezieht).

209 13.3.1822 an Carl Friedrich Zelter.

210 Vgl. Anhang S. 181: Goethes Gedichte zur Farbenlehre, Nr. 11.

211 Vgl. Anhang S. 189: Goethes Gedichte zur Farbenlehre, Nr. 28, Vers 12.

212 Vgl. Anhang S. 203: Goethes Gedichte zur Farbenlehre, Nr. 43, Vers 1f.
213 Vgl. Anhang S. 204: Goethes Gedichte zur Farbenlehre, Nr. 44.
214 Tag- und Jahres-Hefte 1816. In WA I 36, 111.
215 Vgl. Anhang S. 202f.: Goethes Gedichte zur Farbenlehre, Nr. 42.
216 Luthers Werke. WA 54, S. 406.
217 Belege bei Hans Volz: Die Lutherpredigten des Johannes Mathesius. Kritische Untersuchungen zur Geschichtsschreibung im Zeitalter der Reformation (Quellen und Forschungen zur Reformationsgeschichte Bd XII). Leipzig 1930, S. 63ff. und bei Hans-Jürgen Schönstädt: Antichrist, Weltheilsgeschehen und Gotteswerkzeug. Römische Kirche, Reformation und Luther im Spiegel des Reformationsjubiläums 1617. Wiesbaden 1978, S. 265ff.
218 WA I 3, 277 (Zahme Xenien III).
219 Vgl. Anhang S. 209: Goethes Gedichte zur Farbenlehre, Nr. 52.
220 WA I 16, 575. – In den Versen, die Goethe für eine Elia-Arie dieser Reformations-Kantate zu Papier brachte, heißt es entsprechend: „Wenn wir in das Freie schreiten | Auf den Höhen da ist der Gott." (WA I 16, 578).
221 Vgl. oben S. 61f.
222 Eckermann, 19.2.1829.
223 Mitte Oktober 1793 an Johann Gottfried Herder (WA IV 10, 116). – Gemeint ist Lichtenbergs Brief an Goethe vom 7. 10. 1793.
224 ‚Campagne in Frankreich 1792'. WA I 33, 50 und 153.
225 Ebd. S. 236.
226 9.6.1785 an Friedrich Heinrich Jacobi.
227 LA I 5, 111 (320) – im Original keine Sperrung; entsprechend ebd. 112 (321); WA II 5a, 429; 1.7.1817 an Sulpiz Boisserée u. ö.
228 LA I 3, 245 (7.3.1801 an Johann Wilhelm Ritter).
229 LA I 11, 367.
230 WA II 5b, 221. – Daß hingegen Newton keineswegs eine „reine Absicht" hegte, besagt ein Paralipomenon zum Polemischen Teil der ‚Farbenlehre' in WA II 5b, 221.
231 WA I 36, 121 (Tag- und Jahres-Hefte 1817).
232 LA I 3, 10 (14).
233 20.1.1798 an Schiller.
234 LA I 3, 63.
235 LA I 3, 135.
236 Nachlaß-Gedicht ‚Schwebender Genius über der Erdkugel': „So am Grünen, so am Bunten | Kräftigt sich ein reiner Sinn" (WA I 4, 135).
237 LA I 3, 62.
238 LA I 6, 89. – Gleichgerichtete Äußerungen über die „Reinheit" des

ursprünglichen Christentums finden sich mehrfach; vgl. etwa WA I 7, 44; I 30, 192; I 37, 188; I 41 a, 479; I 42 b, 213; IV 10, 289; IV 27, 237; auch Eckermann, 11. 3. 1832.

239 Eckermann, 20. 12. 1826.

240 WA II 5 a, 445 (25. 2. 1832 an Sulpiz Boisserée).

241 Vgl. dazu beispielsweise Clemens Baeumker: Witelo, ein Philosoph und Naturforscher des 13. Jahrhunderts (Beiträge zur Geschichte d. Philosophie d. Mittelalters III, 2). ²Münster 1908; Pierre Gerin: La théorie de l'idée suivant l'école thomiste. Paris 1930; Rudolf Bultmann: Zur Geschichte der Lichtsymbolik im Altertum. In: Philologus 1948, S. 1 ff.; Gustav Mensching: Die Lichtsymbolik in der Religionsgeschichte. In: Studium Generale, Jg 10, 1957, S. 422 ff.; Johannes Hempel: Die Lichtsymbolik im Alten Testament. In: Studium Generale, Jg 13, 1960, S. 352 ff.; Joseph Ratzinger: Licht und Erleuchtung. Ebd. S. 368 ff.; Werner Beierwaltes: Die Metaphysik des Lichtes in der Philosophie Plotins. In: Zeitschr. f. Philosophische Forschung, Bd XV, 1961, S. 334 ff.; C. J. Classen: Licht und Dunkel in der frühgriechischen Philosophie. In: Studium Generale, Jg 18, 1965, S. 97 ff.; C. Colpe: Lichtsymbolik im alten Iran und antiken Judentum. Ebd. S. 116 ff. und Gerd-Klaus Kaltenbrunner: Die Religionen Goethes. In: Neue deutsche Hefte 1982, hier S. 262 ff.

242 Biblia (wie Anm. 27) S. 229: 1. Epistel St. Johannes 1, 5–7.

243 Arnold (wie Anm. 124), Anderer Theil, ‚Beschluß dieser kirchen-und kätzer-historie', Punkt 8. S. 1202.

244 7. 1. 1826 an Carl Gustav Carus und Eduard Joseph d'Alton. Aufgenommen dann unter die Texte ‚Über Naturwissenschaft im Allgemeinen': WA II 11, 141.

245 WA I 36, 92 (Tag- und Jahres-Hefte 1815).

246 WA I 6, 239.

247 WA I 7, 19. – In Sansons ‚Itziger Staat des Königreichs Persien', der Hauptquelle Goethes, heißt es, in der Sonne „habe Gott seinen Thron aufgeschlagen" und es bestehe „die Glückseeligkeit der Heiligen darinne, daß sie derselben Licht gantz klahr sehen können, und zugleich Gott, als wie in einem die Strahlen zurück-werffenden Spiegel." (So Katharina Mommsen: Goethe und Diez. Quellenuntersuchungen zu Gedichten der Divan-Epoche. Berlin 1961, S. 156 f.).

248 Eckermann, 11. 3. 1832 – Goethes Formel (gleichlautend in der ‚Farbenlehre': LA I 4, 217) zitiert die Areopag-Rede des Paulus über den „unbekannten Gott" (Apostelgeschichte 17,28): „Denn in ihm leben, weben und sind wir"!

249 Vgl. Anhang S. 182 f.: Goethes Gedichte zur Farbenlehre, Nr. 13.

250 Dazu Werner Beierwaltes (wie Anm. 241), insbesondere S. 349 und 355.

251 WA I 36, 124 (im Zusammenhang mit „Hegels Zustimmung" zu Goethes Darlegungen über entoptische Farben).

252 LA I 4, 3.

253 7.10.1810 an Karl Friedrich Graf Reinhard.

254 Zur Vorgabe in Plotins Denken (vom ‚Einen' und dem intelligiblen ‚Licht' als dem Undenkbaren, also Unaussprechlichen) vgl. E. R. Dodds: The Unknown God in Neoplatonism. In: Proclus, The Elements of Theology. Oxford 1933, S. 310ff.

255 ‚Ältere Einleitung'. LA I 8, 179 – im Original keine Sperrung.

256 LA I 11, 367.

257 Zur Erläuterung vgl. Anhang S. 201: Goethes Gedichte zur Farbenlehre, Nr. 40.

258 24.11.1831 an Sulpiz Boisserée.

259 Biblia (wie Anm. 27) S. 564: Jesaja 5, 20.

260 LA I 6, 276. – Adelungs Wörterbuch I, 1774, Sp. 379: „nennen Notker und alle ältere Übersetzer des alten Testamentes die Lade des Bundes eine Arche, welches Wort auch Luther Offenb. 11.19. beybehalten hat". Während Goethe bei anderer Gelegenheit gleichbedeutend von der „Lade des Bundes" redet (LA I 3, 9), hält er sich hier nicht an Luther, der κιβωτός/arca mit „Lade" übersetzt.

261 2. Mose 40, 20 und 4. Mose 4, 15 und 19f., dazu auch 2. Sam. 6, 6f.

262 Vgl. oben S. 43 und Anm. 100.

263 Vgl. oben S. 43 und Anm. 101.

264 Eckermann, 20.12.1826.

265 Diese sehr häufige Strophenform (achtzeilig, trochäische Vierheber im Kreuzreim mit weiblich/männlich alternierender Kadenz) ist – anders als Horst Joachim Frank in seinem ‚Handbuch der deutschen Strophenformen', München/Wien 1980, S. 622 angibt – auch im geistlichen Lied des 18. und 19. Jahrhunderts keineswegs selten. Allein Alfred Knapps ‚Evangelischer Liederschatz' von 1837 führt in seinem ‚Verzeichniß der Versmaaße' dafür 70 Beispiele an; unter den Verfassern neben Gottfried Arnold auch August Hermann Franke, Erdmann Neumeister, Zinzendorf, Lavater.

266 Zur Erläuterung vgl. Anhang S. 209f.: Goethes Gedichte zur Farbenlehre, Nr. 52.

267 Vgl. dazu oben S. 57.

268 26.1.1829 an Josef Carl Stieler.

269 WA II 5, 445.

270 LA I 4, 43 (64).

271 LA I 4, 195 (660).

272 LA I 4, 224ff.
273 LA I 4, 226 (766 und 769).
274 LA I 4, 227 (771).
275 Tag- und Jahres-Hefte 1821. WA I 36, 206.
276 LA I 4, 210ff.
277 19.7.1810 an Georg Sartorius.
278 Vgl. LA I 4, 63ff. (143ff.).
279 25.5.1807 – LA I 3, 389.
280 Eckermann, 23.2.1831.
281 22.6.1808 an Carl Friedrich Zelter (LA I 3, 444).
282 LA I 3, 363.
283 LA I 3, 85. – Georges de Buffons Äußerung von 1743, auf die Lichtenberg hier hinweist und die Goethe mit dem Stichwort „Sogenannte zufällige Farben" festhält, lautet: „Toutes les couleurs, dont je viens de parler, sont naturelles et dependent uniquement des proprietés de la lumière; mais il en est d'autres qui me paroissent accidentelles et qui dependent autant de notre organe que de l'action de la lumière" (LA II 3, 214.). – In der ‚Einführung' zu LA II 3 (1961) wird S. XXI erklärt, daß Goethe „erst in der Auseinandersetzung mit Sömmerring" (Anfang 1794) Einsicht in die physiologische Grundlage der Wahrnehmung ‚farbiger Schatten' gewonnen habe. Daß doch wohl schon Lichtenberg diese ganz entscheidende „Große Förderung" bewirkte, hat inzwischen Heinwig Lang wahrscheinlich gemacht: ‚Goethe, Lichtenberg und die Farbenlehre' (Photorin. Mitteilungen der Lichtenberg-Gesellschaft 6/1983, S. 12ff.).
284 LA I 4, 25 (3).
285 LA I 4, 234 (810).
286 LA I 3, 139 (ohne die gestrichelte Farbenkreis-Linie und die gepunkteten Verbindungslinien zwischen den Komplementärfarben, die ich hinzugefügt habe). – Zur Datierung dieser Niederschrift ‚Über die Einteilung der Farben und ihr Verhältnis gegen einander' vgl. LA II 3, 240 und II 4, 268f.
287 Abbildungen in LA I 7, 45 (1) und II 4, Tafel I (in Rupprecht Matthaeis Rekonstruktion).
288 LA I 4, 233 (805).
289 LA I 4, 42 (60).
290 LA I 4, 38 (50).
291 LA I 4, 255f. (918).
292 Vgl. Goethes Aufsatz ‚Entoptische Farben', LA I 8, 94ff., hier insbesondere S. 99 und 113f.
293 LA I 8, 112.
294 LA I 8, 121.

295 LA I 4, 234 (812).
296 LA I 7, 4.
297 1820, in den Heften ‚Zur Morphologie'. WA II 11, 273. – „Sie sehen", sagte er so am 1. 2. 1827, als Eckermann die ersten Paragraphen über ‚Physiologische Farben' las, „es ist nichts außer uns, was nicht zugleich in uns wäre, und wie die äußere Welt ihre Farben hat, so hat sie auch das Auge." – Vgl. dazu im Anhang S. 215 ff.: Goethes Gedichte zur Farbenlehre Nr. 60 und 61.
298 1805/06. LA I 3, 437.
299 LA I 4, 18. – In einem Notizenheft mit Eintragungen aus verschiedenen Jahren hat Goethe ein Diktum Plotins festgehalten, das offenbar die Vorlage für diese Verse darstellt: „Neque vero oculus unquam videret solem, nisi factus solaris esset. Ennead. I.L.VI.C.9. (ἡλιοειδὴς)" – LA II 3, 17. Vgl. dazu die Erläuterungen in LA II 3, 390 ff. und II 4, 286 ff.
300 WA II 6, 348.
301 LA I 3, 437.
302 LA I 4, 18.
303 Dazu (mit Literaturangaben) Gudrun Schleusener-Eichholz: Das Auge im Mittelalter. (Münstersche Mittelalter-Schriften Bd 35, I und II) München 1985, insbesondere Bd I, S. 129 ff. (‚Lichthaftigkeit des Auges').
304 LA I 4, 18 und I 6, 71.
305 ‚Enneaden' IV 3, 17, 19.
306 Dazu Werner Beierwaltes (wie Anm. 241), insbesondere S. 342 ff.
307 Goethe. Maximen und Reflexionen. Hrsg. von Max Hecker (Schriften d. Goethe-Gesellschaft 21). Weimar 1907, S. 141 (643).
308 31. 12. 1829 an Carl Friedrich Zelter.
309 Heinz Schlaffer: Goethes Versuch, die Neuzeit zu hintergehen. In: Bausteine zu einem neuen Goethe. Hrsg. von Paolo Chiarini. Frankfurt/Main 1987, hier S. 20.
310 Ebd. S. 21.
311 Maximen und Reflexionen (wie Anm. 307), S. 125 (575). – Dazu Alfred Schmidt: Goethes herrlich leuchtende Natur. Philosophische Studie zur Spätaufklärung. Teil I. München/Wien 1984.
312 Dazu Goethes Aufsatz von 1823: ‚Bedeutende Fördernis durch ein einziges geistreiches Wort' (WA II 11, 58 ff.).
313 LA I 6, 96.
314 27. 2. 1831 an Friedrich von Müller.
315 LA I 3, 332.
316 29. 5. 1801 an Henrik Steffens.
317 Vgl. WA II 11, 17.

318 17.1.1798 (LA I 3, 306f.). – Zum Verständnis der Bezeichnung „Brüche" vgl. LA I 4, 108 (310): „Zu Bequemlichkeit gewisser Lineardarstellungen nehme man das Sonnenlicht als parallel einfallendes an; aber man wisse, daß dieses nur eine Fiktion ist, welche man sich gar wohl erlauben kann, da wo der zwischen die Fiktion und die wahre Erscheinung fallende Bruch unbedeutend ist."

319 Vgl. Dieter Henrich: Hegels Theorie über den Zufall. Jetzt in: Hegel in der Sicht der neueren Forschung. Hrsg. von Iring Fetscher. Darmstadt 1973, hier S. 171. – Ähnlich Hegels Satz, man müsse „die allgemeinen Bestimmungen zur Regel machen, und die Naturgebilde damit vergleichen [...], diese sollen jenen angemessen sein; und insofern diese Wirklichkeit es nicht ist, so ist es ihr Mangel." (System der Philosophie. 2. Teil, Die Naturphilosophie. JA 9, S. 678f.).

320 Schiller an Goethe, 30.11.1798 (NA 30,7).

321 1.12.1798 (LA I 3, 331).

322 Maximen und Reflexionen (wie Anm. 307), S. 63 (341).

323 Vgl. oben S. 21.

324 LA I 5, 12 (30).

325 LA I 5, 131 (432), ähnlich 37 (99) u. ö.

326 LA I 11, 356 (vgl. oben S. 21).

327 Dazu etwa Goethes Aufsatz von 1792 ‚Der Versuch als Vermittler von Objekt und Subjekt' (LA I 3, 285ff.).

328 WA I 5a, 306 (Tabulae votivae).

329 LA I 11, 348.

330 Aus dem Nachlaß. LA I 11, 353.

331 Biblia (wie Anm. 27) S. 249: Die Offenbarung St. Johannis 4,8.

332 Goethe wehrt mit diesem durchaus generalisierenden Diktum eine entsprechende Vermutung des Grafen Rumford hinsichtlich der ‚farbigen Schatten' ab: LA I 3, 93.

333 Faust, Vers 12104f. und 4727.

334 Im folgenden stütze ich mich insbesondere auf die Arbeiten von Horst Fuhrmann: Einfluß und Verbreitung der pseudoisidorischen Fälschungen, I (Schriften der Monumenta Germaniae Historica 24, 1). Stuttgart 1972 (dort S. 64ff.: ‚Über Fälschungen im Mittelalter. Überlegungen zum mittelalterlichen Wahrheitsbegriff'). – Einladung ins Mittelalter. München 1987 (dort S. 195ff.: ‚Fälschungen über Fälschungen'). – Fälschungen im Mittelalter (Schriften der Monumenta Germaniae Historica 33). Hrsg. von Horst Fuhrmann. Hannover 1988 (dort H. F.: ‚Von der Wahrheit der Fälscher').

335 Vgl. Anhang S. 208f.: Goethes Gedichte zur Farbenlehre, Nr. 51.

336 LA I 5, 165 (569). – Zu diesem Kontrollexperiment vgl. oben S. 34.

337 4. Mose, Kap. 22–24.

338 LA I 5, 165 (570).

339 Thomas S. Kuhn: Die Struktur wissenschaftlicher Revolutionen. Übersetzung aus dem Englischen, 2. revidierte Aufl. Frankfurt/M. 1976, hier S. 159, 167, 168f., 135, 162, 168.

340 Fritz Wagner: Zur Apotheose Newtons. Künstlerische Utopie und naturwissenschaftliches Weltbild im 18. Jahrhundert. (Bayr. Akademie d. Wissenschaften, Phil.-Hist. Klasse. Sitzungsberichte 1974, Heft 10, hier S. 40, 41, 43).

341 Vgl. Ernst Benz: Theologie der Elektrizität. Zur Begegnung und Auseinandersetzung von Theologie und Naturwissenschaft im 17. und 18. Jahrhundert. (Mainzer) Akademie d. Wissenschaften u. d. Literatur, Abhandlungen d. geistes- und sozialwiss. Klasse, Jg 1970, Nr. 12. Wiesbaden 1970. Hier insbesondere S. 5f.

342 Viktor und Wilhelm Scharnowell: Von Newton zu Goethe. Beiträge zur Entwicklungsgeschichte der Naturerkenntnis. Basel 1973, hier S. 19, 35, 52. – Zu den entsprechenden Äußerungen Goethes s. oben S. 65ff.

343 Rudolf Steiner: ‚Gesundheit und Krankheit in Zusammenhang mit der Farbenlehre', 1923. Jetzt in: Das Wesen der Farben. Taschenbuch-Ausgabe, Dornach 1986, hier S. 161. – Die anthroposophische Physiotherapeutin Christel Heidemann beispielsweise erklärt, daß sie mit Seidenläppchen in den Farben des Goetheschen Farbenkreises eine „unglaublich schnelle, im Sekundenphänomen wirkende Farbtherapie über die Haut" vollbringe, welche darauf beruhe, daß „die Farbe als ein Geistig-Wesenhaftes ihre ordnende Wirkung im farbigen Lebensleib entfaltet": ihre „unzähligen, in die Tausende reichenden oft erstaunlichen Therapieerfolge" beträfen nicht allein rheumatoide Beschwerden, Lymphdrüsenschwellungen oder Stoffwechselstörungen, sondern ebenso Tumor- und Zystenbildungen. Sie teilt also mit, daß es ihr „mit ärztlicher Zustimmung und Kontrolle einige Male gelungen wäre, einen Tumor in der Brustdrüse mit Farbtherapie in kürzester Zeit zu beseitigen." (Christel Heidemann: Meridiantherapie. Die Wiederherstellung der Ordnung lebendiger Prozesse. Bd 2, Badenweiler/Freiburg 1982, hier S. 7, 9, 58, 73)

344 Franz Wiese: Die Spektralfarbenpolarisation. Vervielfältigtes Typoskript, Kiel 1984, hier S. 41, 3, 43, 33.

345 Mangels gedruckter Belege muß ich mich dafür auf die mündlichen Entgegnungen und schriftlichen Vorhaltungen berufen, mit denen mich anthroposophisch überzeugte Zuhörer regelmäßig bedacht haben, wenn ich Grundgedanken der hier vorliegenden Abhandlung öffentlich vorzutragen versuchte.

346 LA I 4, 19.

347 Heidelbergische Jahrbücher 1810. Auszugsweise in LA II 4, 229.

348 Zuerst in der Einleitung zu: Goethes Werke, 35. Teil. Naturwissenschaftliche Schriften, 3. Bd. Hrsg. von Rudolf Steiner (in der Reihe ‚Deutsche National-Litteratur', 116. Bd). Stuttgart [1890]. Diese Einleitungstexte sind mehrfach nachgedruckt worden (seit 1925 in leicht überarbeiteter Fassung). Zitiert wird im folgenden nach der Taschenbuch-Ausgabe Rudolf Steiner: Goethes Naturwissenschaftliche Schriften. Stuttgart 1962, hier S. 216.

349 Wie Anm. 348, S. 200/201. – Der Dornacher Vortrag vom 21. 2. 1923 freilich (‚Die zwei Grundgesetze der Farbenlehre ...'. Jetzt in Rudolf Steiner: Das Wesen der Farben. Taschenbuch-Ausgabe Dornach 1986, S. 145ff.) hat jeden Vorbehalt aufgegeben und eindeutig unterschieden „zwischen dem, was [Newtons Theorie folgend] über die Farben in den Büchern steht, und dem, was wahr ist. Bei Goethe war es einfach die Verteidigung der Wahrheit, was ihn dazu getrieben hat, gegen die Newtonsche und die ganze moderne Physik sich aufzulehnen. Und man kann nicht wirklich die Natur verstehen, ohne daß man auch zur Goetheschen Farbenlehre kommt. Und deshalb ist es ganz natürlich, daß in einem Goetheanum auch die Goethesche Farbenlehre verteidigt wird. Aber dann, wenn man nicht nur auf irgendwelchem religiösen oder sittlichen Gebiete bleibt, sondern nun auch noch eingreift in die einzelnsten Teile der Physik, so hat man auch noch die Meute der Physiker auf sich." (ebd. S. 159).

350 Wie Anm. 348, S. 213f. – Ich will auf die „mystischen" Weiterungen, welche diese Bestimmung des Goetheschen Lichts als „rein geistige Entität" bei Steiner genommen hat, nicht näher eingehen. Sein Dornacher Vortrag ‚Die Hierarchien und das Wesen des Regenbogens' (4. 1. 1924. Jetzt in Steiner: Das Wesen der Farben, wie Anm. 349, S. 217ff.) erklärt, daß die in das saturnisch-warme Dunkel der Schöpfungsfrühe eindringenden „Wesenheiten der zweiten Hierarchie, die Kyriotetes, Dynamis, Exusiai" im Element des Lichts sich offenbarten (ebd. S. 222f.) und dann „die dritte Hierarchie, Archai, Archangeloi, Angeloi, durch ihre eigene Wesenheit" bewirkten, „daß das anfing in allen Farben zu schillern, daß Licht in Finsternis, Finsternis in Licht erschien." (ebd. S. 224f.)
Goethe selber hat am Ende des Didaktischen Teils (LA I 4, 255f.) vorsichtig angemerkt: „Daß zuletzt auch die Farbe eine mystische Deutung erlaube, läßt sich wohl ahnden." Ja, er hat hinsichtlich der Polaritäts- und Steigerungsphänomene, die sich in seinem Farbenkreis darstellen, hier erklärt, daß man dem wohl „eine geistige

Bedeutung unterlegen könne, und man wird sich kaum enthalten, wenn man sie [die Farben Gelb und Blau] unterwärts das Grün, und oberwärts das Rot hervorbringen sieht, dort an die irdischen, hier an die himmlischen Ausgeburten der Elohim zu gedenken." Darauf antwortet der unmittelbar an diese Worte anschließende letzte Paragraph des Goetheschen Lehrwerks so, als hätte er nicht nur der romantischen Naturphilosophie, sondern auch schon der Anthroposophie gegolten: „Doch wir tun besser, uns nicht noch zum Schlusse dem Verdacht der Schwärmerei auszusetzen, um so mehr als es, wenn unsre Farbenlehre Gunst gewinnt, an allegorischen, symbolischen und mystischen Anwendungen und Deutungen, dem Geiste der Zeit gemäß, gewiß nicht fehlen wird."

351 Viktor und Wilhelm Scharnowell (wie Anm. 342), hier S. 79. – Auch die von André Bjerke (Neue Beiträge zu Goethes Farbenlehre. 1. Teil: Goethe contra Newton. Deutsche Übersetzung Stuttgart 1963) mitgeteilten Experimente eines norwegischen Studienkreises und deren Deutungen, die, anthroposophisch orientiert, auf die Rehabilitierung der ‚Farbenlehre' gegenüber einer „einseitig quantitativen Naturwissenschaft" abzielen, laufen auf eine Zuständigkeitsabgrenzung, nämlich auf die Feststellung hinaus, „dass auch eine qualitative Interpretation der Naturphänomene ‚ihr bestimmtes Gültigkeitsgebiet' hat." (S. 77).

352 LA I 4, 117 (342).

353 Vgl. beispielsweise im Didaktischen Teil die Paragraphen 150, 187, 306, 310 (LA I 4, 64 / 74 / 106 / 108).

354 ‚Die Goethesche und die Newtonsche Farbenlehre im Lichte der modernen Physik.' Vortrag und Erstdruck 1941. Häufig nachgedruckt. Zitiert nach Werner Heisenberg: Wandlungen in den Grundlagen der Naturwissenschaft. [9]Stuttgart 1959, hier S. 94 (die nachfolgenden Zitate ebd. S. 85, 103 f., 95, 102, 100, 104, 90, 104, 103, 105, 88, 90).

355 Steiner (wie Anm. 348, S. 197) erklärt, „daß wir nicht von einem subjektiven Charakter der Wahrnehmungen sprechen können." Die Begründung, die er dafür liefert, hat dann freilich mit Heisenbergs Argumentation gar nichts zu tun: „Wir können, wenn wir eine Wahrnehmung haben, die Vorgänge von dem Erreger an bis zu unserem Zentralorgan verfolgen: nirgends wird hier ein Punkt zu finden sein, wo der Sprung von der Objektivität des Nicht-Wahrgenommenen zur Subjektivität der Wahrnehmung nachzuweisen wäre. Damit ist der subjektive Charakter der Wahrnehmungswelt widerlegt. Die Welt der Wahrnehmung steht als auf sich begründeter Inhalt da, der mit Subjekt und Objekt vorläufig noch gar nichts zu tun hat."

356 WA II 5, 403 f.

357 Heisenberg (wie Anm. 354), S. 102.

358 Max Born: Betrachtungen zur Farbenlehre. In: Die Naturwissenschaften, 50. Jg, 1963, hier S. 29.

359 So Gernot Böhme: Alternativen der Wissenschaft. Frankfurt/M. 1980, S. 124.

360 ‚Über die geschichtliche Bedeutung von Goethes Newton-Polemik und Romantik-Kritik.' In: Hans Joachim Schrimpf, Der Schriftsteller als öffentliche Person. Berlin 1977, hier S. 129.

361 ‚Naturwissenschaft und Dichtung bei Goethe.' In: Goethe im Kontext. Kunst und Humanität, Naturwissenschaft und Poetik von der Aufklärung bis zur Restauration. Hrsg. von Wolfgang Wittkowski. Tübingen 1984, hier S. 336. – Entsprechend Margret Bothe (‚Goethe und Newton: Kritik an der neuzeitlichen Wissenschaft.' In: Leviathan. Zeitschr. f. Sozialwissenschaft 14, 1986, Heft 1, S. 41): Was „beharrlich übersehen wurde, war der Umstand, daß Goethe weniger die Fakten Newtons als vielmehr die für die neuzeitliche Wissenschaft charakteristische Art und Weise, wie sie erzielt wurden, kritisiert bzw. ablehnt."

362 Vgl. oben S. 85 f.

363 WA I 24, 183 (‚Wilhelm Meisters Wanderjahre').

364 Maximen und Reflexionen (wie Anm. 307), S. 108 (502).

365 22. 6. 1808 an Carl Friedrich Zelter (LA I 3, 444).

366 Dazu das Gespräch mit Riemer vom 28. 6. 1809: „Seltsam, daß man im Physischen, besonders in der Farbenlehre, durch Experimente darzutun und zu beweisen denkt, was vorher das Auge schon im vollkommensten Sinn aufgefaßt; etwas durch geringere Mittel, als das Organ selbst ist, wofür eigentlich die Phänomene gemacht sind." (Biedermann/Herwig, wie Anm. 1, Bd 2, S. 455 f.).

367 Dazu (mit weiteren Literaturangaben) Georg Stuhlfauth: Artikel ‚Auge Gottes' im Reallexikon zur deutschen Kunstgeschichte, Bd 1, Stuttgart 1937, Sp. 1243 ff. und L. Kaute: Artikel ‚Auge, Auge Gottes' im Lexikon der christlichen Ikonographie, Bd 1, Freiburg 1968, S. 222 ff.

368 Jan Amos Comenius: Orbis Sensualium Pictus, zuerst 1658 (Augenbild in der Ausgabe London 1659 als Nr. CXLIX). Goethe erwähnt das Buch als seine Kinderlektüre in ‚Dichtung und Wahrheit' (WA I 26, 49). Dazu Annelise Domnick: Der Orbis pictus des Amos Comenius als Grundlektüre des jungen Goethe (Jahrbuch des Wiener Goethe-Vereins 69, 1965, S. 161 ff.).

369 Nachweis bei Rupprecht Matthaei: Goethes Auge. In: Jahrbuch der Goethe-Gesellschaft. Neue Folge. 1940, S. 265.

370 LA I 6, 260f.

371 Vgl. oben S. 101 und Anm. 299.

372 Hegel an Goethe, 2. 8. 1821 (Briefe an Goethe. Hrsg. von Karl Robert Mandelkow. Bd II, Hamburg 1969, S. 305).

373 LA I 6, 332. – Zitiert wird damit Louis Bertrand Castel: L'optique des couleurs. Paris 1740.

374 Vgl. hier im Anhang S. 210 die Erläuterung zu Nr. 52, Vers 8.

375 Im Fall des komplizierten Apparates, den die Beobachtung ‚entoptischer' Farben benötigt, war der Widerspruch zwischen Goethes Grundüberzeugungen und seiner Arbeitspraxis (die das ‚Wahre' in der ‚Wirklichkeit' durchzusetzen versuchte) so offenkundig, daß er in seinen Aufsatz über diese (die vermeintliche ‚Wahrheit' endgültig bestätigenden) Phänomene die hier folgende ‚Warnung' einbrachte – einen heiklen Balanceversuch: „Wie nahe wir, durch unsern vierfach gesteigerten Apparat, an den Punkt gekommen wo das Instrument, anstatt das Geheimnis der Natur zu entwickeln, sie zum unauflöslichen Rätsel macht, möge doch jeder naturliebende Experimentator beherzigen. Es ist nichts dagegen zu sagen daß man, durch mechanische Vorrichtung, sich in den Stand setze gewisse Phänomene bequemer und auffallender, nach Willen und Belieben vorzuzeigen; eigentliche Belehrung aber befördern sie nicht, ja es gibt unnütze und schädliche Apparate, wodurch die Naturanschauung ganz verfinstert wird; worunter auch diejenigen gehören welche das Phänomen teilweise oder außer Zusammenhang vorstellen. Diese sind es eigentlich worauf Hypothesen gegründet, wodurch Hypothesen Jahrhunderte lang erhalten werden; da man aber hierüber nicht sprechen kann, ohne ins Polemische zu fallen, so darf davon bei unserm friedlichen Vortrag die Rede nicht sein." (LA I 8, 118 (XXVII).

376 Karl Jaspers: Unsere Zukunft und Goethe. Bremen 1949, S. 9.

377 Ebd. S. 16f.

378 Zur Geschichte der physikalischen Naturerklärung. Jetzt in Werner Heisenberg: Wandlungen in den Grundlagen der Naturwissenschaft. 9Stuttgart 1959, hier S. 20f.

379 Vgl. oben S. 88 und Anm. 248.

380 LA I 8, 178.

381 LA I 8, 180. Ähnlich schon 1793: LA I 3, 163.

382 LA I 4, 265.

383 LA I 6, 216.

384 ‚Wilhelm Meisters Wanderjahre', 3. Buch, 13. Kapitel (WA I 25a, 249).

385 Wie Anm. 354, S. 93.

386 Vgl. oben S. 57 und 94.

387 Vgl. oben S. 63ff. (VI. Leiden des Lichts).

388 LA II 9a, 254.

389 Dazu jetzt Adolf Muschg: Goethe als Emigrant. Auf der Suche nach dem Grünen bei einem alten Dichter. Frankfurt/Main 1986, insbesondere S. 7ff. (Erfahrene Hoffnung – ein Vorwort) und 48ff. (‚Im Wasser Flamme' – Goethes grüne Wissenschaft).

390 Vgl. oben S. 88.

391 Noten und Abhandlungen zu besserem Verständnis des West-östlichen Divans. WA I 7, hier S. 20–24.

392 Faust, Vers 3225ff.

393 Vgl. oben S. 66.

394 Vgl. Abbildung oben S. 68.

395 LA I 3, 444.

396 Kanzler Friedrich von Müller: Unterhaltungen mit Goethe. Hrsg. von Renate Grumach. [2]München 1982, S. 193.

397 Eckermann, 12.3. und 23.10.1828.

398 Biblia (wie Anm. 27) S. 263: Die Offenbarung St. Johannis 21, 1.

ANHANG

GOETHES
GEDICHTE ZUR FARBENLEHRE

„Warum sagst du uns das in Versen?" Die
Verse sind wirksam,
Spricht man in Prosa zu euch, stopft ihr
die Ohren euch zu.
(Xenien)

VORBEMERKUNGEN

Wie immer man Goethes Auseinandersetzung mit Newton in naturwissenschaftlicher Hinsicht beurteilte: schätzte er selber die ‚Farbenlehre' höher ein als seine Dichtungen, so hat doch die Mehrzahl schon seiner zeitgenössischen Leser darüber sehr anders gedacht. Kleists 1808 veröffentlichtes Epigramm mit dem süffisanten Titel ‚HERR VON GOETHE' entsprach gewiß der herrschenden Meinung (wenngleich es, reichlich unbelehrt, ihm selber zuschrieb, was in Wahrheit gerade Newton unternahm, und überdies als Alterserscheinung ausgab, was er schon als 40jähriger begann):

SIEHE, das nenn ich doch würdig, fürwahr, sich im
Alter beschäftigen!
Er zerlegt jetzt den Strahl, den seine Jugend sonst warf.[1]

Daß Deutschlands Erzpoet nach seinen eigenen Worten „die Mühe eines halben Lebens" an dieses naturkundliche Unternehmen wandte, statt „vielleicht ein halb Dutzend Trauerspiele mehr" zu schreiben[2], stieß auf Enttäuschung und Befremdung. Von ihm war man anderes gewohnt; also erwartete man auch weiterhin anderes von ihm, als daß er sich ausgerechnet mit Optik befasse und seine Leserschaft mit Chromatik inkommodiere.

1 Heinrich von Kleist: Sämtliche Werke und Briefe. Hrsg. von Helmut Sembdner. 4München 1965. Bd 1, S. 20.

2 Eckermann, 1. 2. 1827.

Schiller, den diese naturwissenschaftlichen Neigungen Goethes ebenso interessierten „als sein poetischer Charakter", und der überzeugt war, „daß er sich auch hier auf einem vortrefflichen Wege befindet"[3], hat sehr genau erkannt, daß die Lesererwartungen einen Autor aufs jeweils Gewohnte unnachgiebig festlegen und sich gegen den Ausbruchsversuch eines Rollenwechsels und Gattungssprunges sperren, wie Goethe ihn mit seiner ‚Farbenlehre' unternahm: „Seyen Sie versichert, wenn Sie einen Roman eine Comödie geschrieben haben, so müssen Sie ewig einen Roman eine Comödie schreiben. Weiter wird von Ihnen nichts erwartet, nichts anerkannt – und hätte der berühmte H. Newton mit einer Comödie debütiert, so würde man ihm nicht nur seine Optik sondern seine Astronomie lange verkümmert haben. Hätten Sie den Spaß sich gemacht, Ihre optischen Entdeckungen unter dem Nahmen unsers Professor Voigts oder eines ähnlichen CathederHelden in die Welt zu bringen, Sie würden ein Wunder daran erlebt haben. Es liegt gewiß weniger an der Neuerung selbst, als an der Person, von der sie herrührt, daß diese Philister sich so dagegen verhärten."[4]

Die ‚Farbenlehre' unter einem Pseudonym zu veröffentlichen, mit dem er sich als ein Kathederheld aus der Zunft der Physiker ausgab, kam für Goethe gewiß nicht ernsthaft in Frage. Aber es gab eine andere Möglichkeit, das, was mitzuteilen ihm selber wichtig wurde, und was hingegen die Leser von ihm erwarteten, miteinander verträglich zu machen: die Umsetzung naturkundlicher Inhalte in eine dichterische Form. In der Tat hat er sich nicht abfinden mögen mit der schriftstellerischen Spezialisierung und Gewaltenteilung, die uns mittlerweile selbstverständlich geworden ist. 1781 plante er einen „Roman über das Weltall"[5]. 1798 erörterte er mit Schiller „die Möglichkeit einer Darstellung der Naturlehre durch einen Poeten."[6] 1799 beschäftigte ihn als Wie-

3 An Christian Gottfried Körner, 9. 10. 1794 (Schillers Werke. Nationalausgabe Bd 27, S. 66).

4 An Goethe, 23. 11. 1795 (Schillers Werke. Nationalausgabe Bd 28, S. 110).

5 7. 12. 1781 an Charlotte von Stein.

6 Tagebuch 18. 6. 1798.

derbelebungsversuch der antiken Gattung des Lehrgedichts der Plan eines großen Poems über die Natur, als dessen Bruchstück wohl seine Hexameterdichtung ‚Metamorphose der Tiere' zu verstehen ist. Und als 1817 sein ‚Versuch die Metamorphose der Pflanzen zu erklären' ein zweites Mal gedruckt wurde, setzte er bedauernd hinzu, weder die Gelehrten noch die Liebhaber der Dichtkunst unter den Zeitgenossen wollten „zugeben, daß Wissenschaft und Poesie vereinbar seien. Man vergaß, daß Wissenschaft sich aus Poesie entwickelt habe, man bedachte nicht, daß, nach einem Umschwung von Zeiten, beide sich wieder freundlich, zu beiderseitigem Vorteil, auf höherer Stelle, gar wohl wieder begegnen könnten." Neben die große Prosaschrift von 1790 stellte er damals sein 1798 entstandenes Gedicht ‚Die Metamorphose der Pflanzen' – mit der erklärten Absicht, die „wohlwollenden Gemüter", welche sich einer naturwissenschaftlichen Abhandlung verschlossen, „zur Teilnahme durch eine Elegie zu locken".[7]

Auch für die Farbenlehre kam ihm eine solche Anregung zu, und sie erschien ihm immerhin so bedenkenswert, daß er sie im Tagebuch festhielt. 17. Januar 1810: „Vorschlag die Chromatik in einen Roman zu verwandeln." Daraus wurde nichts. Gedichte zur Chromatik aber hat Goethe in solcher Zahl hinterlassen, daß neben seinem großen Prosawerk ‚Zur Farbenlehre' auch eine kleine Farbenlehre in Versen existiert.

Ein Kampfplatz war auch das. Längst hatten Newtons Anhänger auch dieses Feld besetzt. Im Historischen Teil der ‚Farbenlehre'[8] berichtet Goethe, wie Francesco Algarotti (1712–1764) in einem seiner ‚Dialoge' einer Dame, die „zufälliger Weise in irgend einem Sonett von dem siebenfachen Licht gelesen haben" muß, diese

7 WA II 6, 140.

8 LA I 6, 323f. – Vgl. auch in Goethes Notizen zur Geschichte der Farbenlehre (LA II 6, 119): „Alle Kompendien, Lexika, Geschichten der Physik, Dissertationen und Programme sind voll von solcher seeligen Überzeugung; alle Köpfe haben sich nach dem hergebrachten Typus gemodelt, und gar mancher Dichter hat das Gleichnis vom siebenfachen Licht irgendwo angewendet. Nach allem diesen gehört viel Überzeugung dazu, um sich als ein Gegner dieser Lehre zu bekennen und in diesem Bekentnis zu beharren."

Newtonsche Spaltungslehre beibringt. „Bloß mit Worten führt er ihr die Phänomene vor, erklärt sie mit Worten, und die schöne Frau wird auf der Stelle so gläubig als hundert andre": „Von jener Zeit an wird nun nicht leicht ein Dichter oder Redner, ein Verskünstler oder Prosaist gefunden, der nicht einmal oder mehreremal in seinem Leben diese farbige Spaltung des Lichts zum Gleichnis der Entwicklung des Ungleichartigen aus dem Gleichartigen gebraucht hätte; und es ist freilich niemand zu verargen, wenn einmal so eine wunderliche Synthese zum Behuf einer so wunderlichen Analyse gemacht worden, wenn der Glaube daran allgemein ist, daß er sie auch zu seinem Behuf, es sei nun des Belehrens und Überzeugens, oder des Blendens und Überredens, als Instanz oder Gleichnis beibringe."[9]

Zu solchem Zweck hat auch der Farbenlehrer, gegen Newtons „Irrlehre" ankämpfend, seine Verse, seine Gegen-Verse eingesetzt.

9 So wird beispielsweise in den Schlußversen von Schillers Gedicht ‚Die Künstler' Newtons Lichtspaltungslehre als poetisches Gleichnis verwendet:

> Wie sich in sieben milden Strahlen
> der weisse Schimmer lieblich bricht,
> wie sieben Regenbogenstrahlen
> zerrinnen in das weiße Licht:
> so spielt in tausendfacher Klarheit
> bezaubernd um den trunknen Blick,
> so fließt in Einen Bund der Wahrheit
> in Einen Strohm des Lichts zurück!

Beim Erstdruck von 1789 hatte Goethe, selber noch unbelehrt, das freilich nicht verargen können. Aber daß der inzwischen zu seiner Farbenlehre konvertierte Schiller diese Verse doch 1803 und 1805 unverändert in die Ausgaben seiner Gedichte übernahm, muß ihn ebenso entsetzt haben, wie ihn dann das 1806 erschienene Rätselgedicht des Freundes freute, das mit den Versen beginnt:

> Wir stammen, unsrer sechs Geschwister,
> Von einem wundersamen Paar,
> Die Mutter ewig ernst und düster,
> Der Vater fröhlich immerdar.

Seine Auflösung nämlich lautet, mit Goethes Lehre nun ganz konform: „Die Farben sind's, des Lichtes Kinder und der Nacht." (Schillers Werke. Nationalausgabe Bd 1, S. 214; Bd 2 I, S. 167; Säkular-Ausgabe Bd 1, S. 359).

„Warum sagst du uns das in Versen?"

beginnt eines der ‚Xenien', die er in Schillers ‚Musenalmanach für das Jahr 1797' veröffentlichte. Durch Anführungsstriche als Rede eines imaginierten Lesers an den Autor gekennzeichnet, bezieht sich diese Frage auf eine im Druck unmittelbar vorangegangene Folge von zwölf Xenien zur Farbenlehre.[10] Antwort des Autors:

Die Verse sind wirksam,
Spricht man in Prosa zu euch, stopft ihr die Ohren euch zu.[11]

‚Das Mittel', lautet die Überschrift. Eine Funktionsangabe. Dem „großen Naturgegenstande" also, von dem Goethe glaubte, daß er „unter Millionen der einzige sei", der da „das Rechte wisse"[12], wollen seine Gedichte zur Farbenlehre das Interesse einer Leserschaft zuwenden, die doch auf Poesie aus ist. Und dieser Zweck bestimmt das Mittel. Großenteils handelt es sich um eine Spruchdichtung, deren bündig-lakonische Versgestalt darauf abzielt, der Sache Nachdruck zu geben; deren durch Reim und Rhythmus gebundene, mnemotechnische Form ihr Einprägsamkeit zu verleihen sucht. Eine leidenschaftlich engagierte, entschieden aggressive Polemik regiert die Mehrzahl dieser Gedichte, nimmt satirische Mittel zu Hilfe, scheut auch die Invektive nicht. In vielen Fällen werden kontroverse Gesprächssituationen skizziert und poetische Stenogramme einer Disputation mitgeteilt, in der die (durch Anführungsstriche als Rollentext kenntlich gemachten) gegnerischen Thesen und Goethesche Repliken aufeinandertreffen und seine „reine Lehre" sich behauptet. Auch wo diese Gedichte weniger handgreiflich auf den Dienst des „Belehrens und Überzeugens" abgestellt scheinen, darf man sie der didaktischen Lyrik zurechnen. Im Licht der vorangegangenen Untersuchung, bezogen also auf Goethes ‚Farbentheologie', kann man sie wohl genauer bestimmen: als missionarische Poesie.

Aber diese Dichtungen sollten nicht nur die rechte Farbenlehre durchsetzen und verteidigen, für sie gewinnen und zu ihr bekeh-

10 In der abweichenden Anordnung der folgenden Textsammlung entsprechen dieser Xenien-Reihe die Nummern 10, 19, 21, 26, 27, 25, 53, 24, 16, 17, 31, 39.

11 WA I 5a, 230.

12 Eckermann, 30. 12. 1823.

ren, in ihr unterrichten und befestigen, stärken und erhalten, an ihr erfreuen und durch sie erbauen, wollten also nicht nur auf andere wirken. Angesichts „des grimmig-hassenden Widerstrebens der Physiko-Mathematiker"[13] leisteten sie auch dem Autor selbst, dem enttäuschten und verzweifelten, „einen wesentlichen Dienst". Eckermann hat den 78jährigen gefragt, weshalb er denn bestimmte streitbare Epigramme nicht habe drucken lassen (unter denen sich, wie der Nachlaß erwiesen hat, eine große Zahl auch von Texten zur Farbenlehre befand) – „‚Ich habe eine ganze Sammlung solcher Gedichtchen', erwiderte Goethe, ‚die ich geheimhalte und nur gelegentlich den vertrautesten meiner Freunde zeige. Es war dies die einzige unschuldige Waffe, die mir gegen die Angriffe meiner Feinde zu Gebote stand. Ich machte mir dadurch im stillen Luft und befreite und reinigte mich dadurch von dem fatalen Gefühl des Mißwollens, das ich sonst gegen die öffentlichen und oft boshaften Häkeleien meiner Gegner hätte empfinden und nähren müssen. Durch jene Gedichtchen habe ich mir also persönlich einen wesentlichen Dienst geleistet. Aber ich will nicht das Publikum mit meinen Privathändeln beschäftigen oder noch lebende Personen dadurch verletzen. In späterer Zeit jedoch wird sich davon dies und jenes ganz ohne Bedenken mitteilen lassen.'"[14] Gar so „unschuldig" war diese Waffe freilich nicht. Was Goethe späterer Veröffentlichung überließ, waren nicht zuletzt die anstößigsten seiner Gedichte zur Farbenlehre: grollende Sprüche des Unmuts, rücksichtslos polemisierende und beleidigende Wutverse, theologisch hochverfängliche Bekenntnisse.[15]

Es gibt keine Zusammenstellung der einschlägigen Texte.[16] Vollzählig finden sie sich nicht einmal in der großen Weimarer Ausgabe, und auch dort stehen sie weit verstreut. Überdies ist ihr

13 24. 11. 1831 an Sulpiz Boisserée.

14 Eckermann, 16. 5. 1828.

15 Das sind, auf Goethe bezogen, einigermaßen ungewohnte Kategorien. Um auch einen flüchtigen Leser von ihrer Angemessenheit zu überzeugen, verweise ich rasch nur auf jeweils ein Beispiel unter den nachstehenden Gedichten: auf Nr. 8, 42, 11.

16 Einen Vorgänger hat das folgende Textkorpus, soweit ich sehe, nur in einer Abhandlung von F. P. Fischer, die 44 Gedichte in ihre Betrachtungen einbezieht (von denen freilich 6 nichts mit der Farbenlehre zu tun

Bezug auf die Farbenlehre nicht selten nur bei sehr genauem Zusehen auszumachen oder erst aus Kontexten zu erschließen. Deshalb fand ich es lohnend, sie zu sammeln. Und diese ‚Farbenlehre in Versen' dem vorliegenden Buch beizugeben, schien mir sinnvoll nicht nur, weil die hier zur Rede stehenden theologischen Aspekte in vielen Gedichten besonders deutlich zutage treten, sondern weil darüber hinaus diese ‚missionarische Poesie' als solche eine Konsequenz der Goetheschen ‚Farbentheologie' darstellt und selber ihr zugehört.

66 Stücke umfaßt die Sammlung – wobei Gedichte, die sich nicht eigentlich auf die Farben l e h r e beziehen, in denen vielmehr nur Farben eine Rolle spielen, ebenso unberücksichtigt blieben, wie etwa Goethes Regenbogen-Gedichte. Da sich für 20 dieser Texte die Entstehungszeit nicht ausmachen läßt und weitere 30 nur ungenau datiert werden können, in den übrigen Fällen zwischen Niederschrift und Drucklegung häufig lange Zeiträume lagen und 19 Stücke überhaupt erst aus dem Nachlaß veröffentlicht worden sind, erfolgt ihre Anordnung ohne Rücksicht auf die Chronologie. Sie ist vielmehr um eine inhaltlich sinnvolle Folge bemüht und hat deswegen, wo nötig, auch die Reihenfolge aufgegeben, in die Goethe einige seiner zu Lebzeiten veröffentlichten Spruchgedichte einbrachte.[17]

Abweichend von den Druckvorlagen wurde (ohne Eingriff in den Lautstand) die Schreibweise der Gedichte modernisiert. Die Interpunktion hingegen blieb unangetastet. Für die Nachlaßgedichte, die zum Teil nur dem Lesartenapparat der Weimarer Ausgabe entnommen werden konnten, muß man gelegentlich wohl mit unrichtigen Handschriftentzifferungen rechnen. In einigen zweifelhaften Fällen hat mir das Goethe- und Schiller-Archiv

haben): ‚Zu Goethes Gedichten zur Farbenlehre.' In: Gesnerus. Vierteljahrschrift, hrsg. von der Schweizerischen Gesellschaft für Gesch. d. Medizin u. d. Naturwissenschaften, 5. Jg 1948, S. 72ff.

17 In Schillers Musenalmanach für 1796 folgten einander unsere Nummern 2, 15, 5; in seinem Musenalmanach für 1797 die hier in der Anmerkung 10 angegebenen Nummern; in der Werkausgabe von 1815, Bd 2 die Nummern 35, 29; in der Ausgabe letzter Hand, Bd 4, 1827 die Nummern 30, 44, dann 28, 55, schließlich 58, 60, 52, 4, 45.

der Nationalen Forschungs- und Gedenkstätten der Klassischen Deutschen Literatur in Weimar freundlicherweise Auskunft erteilt über den genauen Wortlaut der Handschriften.

Jedem Gedicht folgen Angaben über die Entstehungszeit, den Erstdruck, die hier verwendete Druckvorlage und gegebenenfalls über die ihr gegenüber vorgenommenen Berichtigungen. Wo sich ein Varianten-Verzeichnis anschließt, ist das möglichst lesbar gehalten und nie auf Vollständigkeit hin angelegt: nur die einigermaßen interessanten und aufschlußreichen Lesarten werden hier mitgeteilt. Wenn nötig, wurden schließlich Erläuterungen angefügt. Sie sind in manchen Fällen ziemlich umfangreich geraten, weil einige dieser Gedichte zur Farbenlehre zu ihrem Verständnis doch eingehendere Sachkenntnis voraussetzen.

TEXTE

[1]

Die Freuden

Da flattert um die Quelle
Die wechselnde Libelle,
Der Wasserpapillon,
Bald dunkel und bald helle,
Wie ein Chamäleon,
Bald rot und blau, bald blau und grün,
O daß ich in der Nähe
Doch seine Farben sähe!

Da fliegt der Kleine vor mir hin
Und setzt sich auf die stillen Weiden.

11 Da hab' ich ihn, da hab' ich ihn!
Und nun betracht' ich ihn genau
13 Und seh' ein traurig dunkles Blau.

So geht es dir, Zergliedrer deiner Freuden!

ENTSTANDEN *?*
ERSTDRUCK *Neue Lieder, 1770*
TEXTVORLAGE *Goethes Werke (Hamburger Ausgabe) Bd 1, S. 19*
VARIANTEN *Für die Ausgabe seiner ‚Schriften' von 1789 hat Goethe diese Verse überarbeitet: neue Fassung in WA I 1, 62*

ZUR ERLÄUTERUNG
3 Wasserpapillon – *Wassermotte oder Köcherjungfer, grau-blau gefleckt mit weißen Punkten, also keineswegs identisch mit der hier eigentlich gemeinten farbig schillernden* Libelle, *deren Bezeichnung als Wasserjungfer diese Verwechslung hervorgerufen haben könnte. In den ‚Schriften' von 1789 lautet denn auch Vers 3:* Mich freut sie lange schon.

Als einziger der hier zusammengestellten Texte ist dieses Gedicht lange vor Goethes Beschäftigung mit der Farbenlehre entstanden. Bezeichnet er es später als einziges Glück, dich zu berühren, Natur *(vgl. hier Nr. 2), beruht das sehr wohl auf ‚genauem Betrachten'. Aber die Abwehr des ‚Zergliederns' hat auf ihre Weise schon hier das unteilbar Ganze der farbenschönen Naturerscheinung im Blick und präludiert so die spätere Abwehr der Newtonschen Lichtspaltung (vgl. hier Nr. 9).*

Goethe an Hetzler den Jüngeren, 14. 7. 1770 (Briefkonzept): Mendelssohn und andere [...] haben versucht die Schönheit wie einen Schmetterling zu fangen, und mit Stecknadeln, für den neugierigen Betrachter festzustecken; es ist ihnen gelungen, doch es ist nicht anders damit, als mit dem Schmetterlingsfang; das arme Tier zittert im Netze, streift sich die schönsten Farben ab; und wenn man es ja unversehrt erwischt, so stickt es doch endlich steif und leblos da; der Leichnam ist nicht das ganze Tier, es gehört noch etwas dazu, noch ein Hauptstück, und bei der Gelegenheit, wie bei jeder andern, ein sehr hauptsächliches Hauptstück: das Leben, der Geist der alles schön macht.

1808 im Didaktischen Teil der ‚Farbenlehre': Am auffallendsten aber zeigt sich die Farbengewalt, verbunden mit regelmäßiger Organisation, an denjenigen Insekten, welche eine vollkommene Metamorphose zu ihrer Entwicklung bedürfen, an Käfern, vorzüglich aber an Schmetterlingen [...], die man wahrhafte Ausgeburten des Lichts und der Luft nennen könnte *(LA I 4, 193, §§ 649, 650).*

[2]

„Mit Botanik gibst du dich ab? mit Optik? Was tust du?
Ist es nicht schönrer Gewinn, rühren ein zärtliches Herz?"

Ach, die zärtlichen Herzen! Ein Pfuscher vermag sie zu rühren;
Sei es mein einziges Glück, dich zu berühren, Natur!

ENTSTANDEN *1790*
ERSTDRUCK *Schillers Musenalmanach 1796*
TEXTVORLAGE *WA I 1, 325 (Epigramme. Venedig 1790)*

ZUR ERLÄUTERUNG
Die Frage seiner enttäuschten Leser, die statt naturwissenschaftlicher Schriften herzrührend-empfindsame Poesie von ihm wünschten, wird vom Autor gleichsam zitiert und dann in seiner Gegenrede beantwortet. Deshalb ist das erste Distichon hier vom Herausgeber in Anführungsstriche gesetzt worden – wie Goethe selbst das in den folgenden Texten Nr. 5, 10, 14, 22, 26, 33, 49, 64, 65 tat, um den Rollencharakter der Versreden zu bezeichnen.

[3]

Es lehrt ein großer Physikus
Mit seinen Schulverwandten:
„Nil luce obscurius!" –
Ja wohl! für Obskuranten.

ENTSTANDEN *?*
ERSTDRUCK *Ausgabe letzter Hand, Bd 47, 1833*
TEXTVORLAGE *WA I 5a, 87 (Nachlaß. Zahme Xenien VII)*

ZUR ERLÄUTERUNG
1 Physikus – *Newton.*
2 Schulverwandten – *die seiner Schule zugehören, seiner Lehre anhängen.*
3 Nichts ist dunkler als das Licht – *weil nach Newton auch die dunkelste Farbe in ihm enthalten ist (vgl. Nr. 4, Vers 4).*
4 Obskuranten – *Dunkelmänner* (*WA II 11, 157:* Diejenigen, die das einzige, grundklare Licht aus farbigen Lichtern zusammensetzen, sind die eigentlichen Obskuranten). *Vgl. Nr. 44.*

[4]

Das wirst du sie nicht überreden,
Sie rechnen dich ja zu den Blöden,
Von blöden Augen, blöden Sinnen;
Die Finsternis im Lichte drinnen,
Die kannst du ewig nicht erfassen;
Mußt das den Herren überlassen,
Die's zu beweisen sind erbötig.
Gott sei den guten Schülern gnädig!

Entstanden *?*
Erstdruck *Ausgabe letzter Hand, Bd 4, 1827*
Textvorlage *WA I 3, 357 (Zahme Xenien VI)*

Zur Erläuterung

3 blöde *bezeichnet hier die schwachen Sinnesorgane. Bei* den Blöden (2) *kommt wohl die übertragene Bedeutung mit ins Spiel; vgl. Tag- und Jahreshefte 1817 (WA I 36, 415 – gestrichene Passage):* Die Physico-Mathematiker hatten unter sich ausgemacht, daß meine Farbenlehre ein großer Irrtum sei [...] es sei nicht das erstemal, daß jemand, bei sonst guten Einsichten und vorzüglichen Eigenschaften, durch eine fixe Idee zum partiellen Wahnsinn könne verführt werden.

4 Die Finsternis im Lichte drinnen – *meint die im Lichte enthaltenen Farben:* Newton, als Mathematiker, steht in so hohem Ruf, daß der ungeschickteste Irrtum: nämlich das klare, reine, ewig ungetrübte Licht sei aus dunklen Lichtern zusammengesetzt, bis auf den heutigen Tag sich erhalten hat; und sind es nicht Mathematiker, die dieses Absurde noch immer verteidigen und gleich dem gemeinsten Hörer in Worten wiederholen, bei denen man nichts denken kann*! (Nachlaß. WA II 11, 96).*

[5]

„Alles erklärt sich wohl", so sagt mir ein Schüler, „aus jenen
Theorien, die uns weislich der Meister gelehrt."

Habt ihr einmal das Kreuz von Holze tüchtig gezimmert,
Paßt ein lebendiger Leib freilich zur Strafe daran.

Entstanden *Frühjahr 1790*
Erstdruck *Schillers Musenalmanach 1796*
Textvorlage *WA I 1, 325 (Epigramme. Venedig 1790)*
Variante 2 uns] mich *in Goethes Handschrift und im Erstdruck; WA folgt Goethes Bearbeitung für die späteren Drucke*

Zur Erläuterung
2 der Meister – *Newton.*
3 das Kreuz – *Newtons Theorie, der sich zu fügen die Phänomene gezwungen werden: Spaltung des Lichts als ‚Kreuzigung' der Natur – vgl. oben S. 66f.*

[6]

Sonderbar

Wie viel hundert Gelehrte, vernünftige Männer den Irrtum
  Pflegen, werdet ihr sehn, wenn ihr das Spektrum begreift.

Entstanden *1795 oder 96*
Erstdruck *Schriften der Goethe-Gesellschaft VIII, 1893*
Textvorlage *WA I 5a, 296 (Xenien. Aus dem Nachlaß)*

Zur Erläuterung
2 Spektrum – *Newtons durch prismatische Brechung erzeugtes Farbband, aus dem er und seine Anhänger die Lehre ableiteten, daß sich das weiße Licht aus den Spektralfarben zusammensetze.*

[7]

Ist erst eine dunkle Kammer gemacht,
Und finstrer als ägyptische Nacht,
Durch ein gar winzig Löchlein bringe
Den feinsten Sonnenstrahl herein,
Daß er dann durch das Prisma dringe,
Alsbald wird er gebrochen sein.
Aufgedröselt bei meiner Ehr'
Siehst ihn, als ob er ein Stricklein wär',
Siebenfarbig statt weiß, oval statt rund,
Glaube hierbei des Lehrers Mund:

11 Was sich hier auseinanderreckt,
Das hat alles in einem gesteckt.
13 Und dir, wie manchem seit hundert Jahr,
Wächs't darüber kein graues Haar.

ENTSTANDEN *1806*
ERSTDRUCK *Quartausgabe, Bd 1, 1836*
TEXTVORLAGE *Goethes Reinschrift aufgrund von WA I 5a, 177 (Nachlaß. Invectiven) und den Lesarten-Angaben ebd. 5b, 284 (die Drucke haben Riemersche Eingriffe übernommen)*
VARIANTEN *Eine eigenhändige Niederschrift Goethes aus dem Jahr 1806 lautet abweichend:*

Erst durch das kleinste Löchlein bringe (zwinge)
Den feinsten Sonnenstrahl herein
Daß er dann durch das Prisma dringe.
Alsbald wird er gespalten sein
Siebenfarbig statt weiß
Länglich statt rund
Glaube du das des Lehrers Mund

(Faksimile in: Ernst Wolfgang Mick, Goethes umränderte Blättchen. Dortmund 1981, S. 42 – Erstdruck: LA I 3)

ZUR ERLÄUTERUNG
Das Gedicht gibt sich (ironisch) als Lehrverkündigung eines Newtonianers. Dabei stellen die Verse 1–6 die obligatorische Versuchsanordnung dar (vgl. oben S. 63–68), geben 7–9 deren trügerisches Ergebnis und schließen 10–14 *mit einer Adhortation zum rechten Glauben.*
12 alles in einem: *das Farbenspektrum im einfallenden weißen Lichtstrahl.*

[8]

Wer aber das Licht in Farben will spalten,
Den mußt du für einen Affen halten.
Sie sagen's auch nur, weil sie's gelernt,
Das Untersuchen ist weit entfernt.

ENTSTANDEN *?*
ERSTDRUCK *WA I 5a (1893, aus dem Nachlaß)*
TEXTVORLAGE *Ebd. S. 129 (Nachlaß. Zahme Xenien VIII).*

[9]

Die Zergliederer

Spaltet immer das Licht! Wie öfters strebt ihr zu trennen,
Was euch allen zum Trutz Eins und ein Einziges bleibt.

ENTSTANDEN *1795 oder 96*
ERSTDRUCK *Schillers Musenalmanach 1797*
TEXTVORLAGE *WA I 5a, 306 (Aus den Tabulae votivae)*
VARIANTEN *In zwei Handschriften abweichende Überschriften:* Vergebene Bemühung *und* Vergebliche Bemühung.

[10]

Triumph der Schule

„Welch erhabner Gedanke! Uns lehrt der unsterbliche Meister,
Künstlich zu teilen den Strahl, den wir nur einfach gekannt."

ENTSTANDEN *1795*
ERSTDRUCK *Schillers Musenalmanach 1797*
TEXTVORLAGE *WA IV 10, 312*
VARIANTEN *In einem ersten (?) eigenhändigen Konzept Goethes lauten diese Verse (denen dort als unmittelbar zugehörige Antwort das hier als Nr. 11 gedruckte Xenion folgt) überschriftslos:*

„Welch ein erhabner Gedanke! Uns zeigt der treffliche Lehrer
Deutlich die Theile des Strahls den wir nur einfach geglaubt."

Dabei ist treffliche *über ursprüngliches, durchgestrichenes* göttliche *gesetzt! – Beide Xenien (Nr. 10 und 11) finden sich dann, noch immer überschriftslos, auf einem Brief an Schiller vom 10. 10. 1795; das erste jetzt in der Fassung:*

„Welch ein erhabner Gedanke! uns lehrt der unsterbliche Meister
Künstlich zu spalten den Strahl, den wir nur einfach gekannt."

In der Konzeptsammlung Goethes und Schillers für den Xeniendruck tritt die Überschrift Triumpf der Schule *hinzu und wird* spalten *zu* theilen.

Zur Erläuterung
2 Künstlich – *kunstvoll. Aber aus der Sicht des Autors (nicht der hier sprechenden Newton-Schüler) spielen bei dieser Charakterisierung der Newtonschen Lichtbrechungs-Experimente wohl auch ältere Bedeutungen des Wortes mit: geschickt, listig, widernatürlich.*

[11]

Zweifel des Beobachters

Das ist ein pfäffischer Einfall! Denn lange spaltet die Kirche
Ihren Gott sich in drei wie ihr in sieben das Licht.

Entstanden *1795*
Erstdruck *Eduard Boas und Wendelin von Maltzahn (Hrsg.): Schiller's und Goethe's Xenien-Manuskript, 1856*
Textvorlage *WA I 5b, 320 (Xenien. Aus dem Nachlaß. Lesarten)*

Zur Erläuterung *vgl. S. 68–75 (VII. Arianismus).*

Als unmittelbare Entgegnung auf das hier als Nr. 10 voranstehende Xenion bezogen, finden sich diese Verse gleichlautend und noch ohne Überschrift sowohl in Goethes frühem eigenhändigen Konzept wie auch auf seinem Briefblatt an Schiller vom 10. 10. 1795 (vgl. die Varianten-Angaben zu Nr. 10). In der Konzeptsammlung für den Xenien-Druck tritt dann die Überschrift Zweifel des Beobachters *hinzu.*

Schon in der Reinschrift von 1796 ist dieser verfängliche Text ausgeschieden worden. Hier und im Musenalmanach-Druck trat an seine Stelle das oben als Nr. 9 wiedergegebene Xenion: Die Zergliederer *(noch unter der Überschrift* Vergebliche Bemühung*).*

[12]

Der Gegner

Neu ist der Einfall doch nicht, man hat ja selber den höchsten
Einzigsten reinsten Begriff Gottes in Teile geteilt.

Entstanden *1795 oder 96*
Erstdruck *Quartausgabe, Bd 1, 1836*
Textvorlage *WA I 5a, 299 (Xenien. Aus dem Nachlaß)*

Zur Erläuterung
Es handelt sich offenbar um eine entschärfende Bearbeitung des zu Lebzeiten unterdrückten Xenions Nr. 11. Überliefert als Abschrift (einer nicht erhaltenen Goetheschen Vorlage) durch den Schreiber Geist.

[13]

Licht und Farbe

Wohne du ewiglich Eines dort bei dem ewiglich Einen,
Farbe, du wechselnde, komm freundlich zum Menschen herab.

Entstanden *wahrscheinlich 1796*
Erstdruck *Schillers Musenalmanach 1797*
Textvorlage *Schriften der Goethe-Gesellschaft VIII, S. 22*

Zur Verfasserfrage
Wie im Textteil der vorliegenden Untersuchung dargelegt, bringen diese Verse eine Vorstellung zur Sprache, die im Zentrum der Goetheschen Farbentheologie steht. Freilich hat man sie niemals Goethe zugeschrieben, sie also nie in eine Ausgabe seiner Werke aufgenommen, sondern als ihren Verfasser ausnahmslos Schiller angesehen und sie nur unter dessen Schriften gedruckt. Maßgeblich dafür war erstens, daß Charlotte von Schiller in ihrem Exemplar des Musenalmanachs 1797 die meisten der dort unter dem Namen beider Autoren gedruckten Epigramme mit unterscheidenden Verfasserangaben versah und dabei den fraglichen Text nicht mit G, *sondern mit* Sch *bezeichnete; zweitens, daß Schiller ihn später in die Ausgabe seiner eigenen Gedichte von 1800 aufgenommen hat. Eduard Boas (Schiller und Goethe im Xenienkampf, Stuttgart/Tübingen 1851, S. 218):* Daß ein Dichter, der bei klaren Sinnen ist, nach drei Jahren nicht mehr wissen sollte, ob gewisse poetische Erzeugnisse von ihm oder einem andern herrühren, wird wohl kaum jemand zu behaupten wagen.

Eine sehr andere Auskunft aber gibt der Handschriftenbefund. In Goethes Nachlaß befindet sich nämlich ein Konvolut von eigenhändigen handschriftlichen Konzepten und von Reinschriften seines Schreibers Geist (H^a), über das Erich Schmidt und Bernhard Suphan (Schriften der

Goethe-Gesellschaft VIII, 1893, S. 221) anmerken, sein Inhalt scheint Goethes alleiniges Eigenthum ohne irgend welchen Antheil Schillers. *Dazu gehört ein Blatt von der Hand Geists mit den Distichen* Die Zergliederer *und* Exempel, *die beide unzweifelhaft von Goethe verfaßt wurden, und mit den hier zur Rede stehenden Versen – für die man folglich den gleichen Verfasser annehmen sollte. Ein weiteres Konvolut mit Handschriften Goethes und Geists dann (H^{c}. – Schmidt/Suphan, S. 222:* Wie H^{a} gehört diese Gruppe Goethen an*) enthält noch einmal unseren Text, ohne Überschrift, von der Hand des Schreibers – aber hier nun mit eigenhändigen Eingriffen Goethes* (Eines *geändert in* Eins*; über* bey dem *probeweise:* oben? beym).

Damit wird Goethes Verfasserschaft so wahrscheinlich, daß man diese Verse künftig seinen Werken zurechnen muß (selbst wenn man annehmen wollte, daß ihre Abfassung – bei Goethescher ‚Urheberschaft' – eine den Gesprächen beider Autoren über die Farbenlehre zu dankende Gemeinschaftsarbeit war – Goethe zu Eckermann, 16. 12. 1828: Wir haben viele Distichen gemeinschaftlich gemacht, oft hatte ich den Gedanken und Schiller machte die Verse, oft war das Umgekehrte der Fall, und oft machte Schiller den einen Vers und ich den andern. Wie kann nun da von Mein und Dein die Rede sein*). Daß Goethe selbst dieses Xenion nicht in die eigene Ausgabe letzter Hand übernahm, könnte, wenn nicht mit einem Versehen, so doch mit der Zurückhaltung erklärt werden, die ihn in anderen Fällen dazu bestimmte, verfängliche Texte zur Farbentheologie zu Lebzeiten gar nicht zu veröffentlichen.*

ZUR ERLÄUTERUNG *vgl. oben S. 68–74 und 84–93 (insbes. 89).*

[14]

„Sag', was enthält die Kirchengeschichte?
Sie wird mir in Gedanken zunichte;
Es gibt unendlich viel zu lesen,
Was ist denn aber das alles gewesen?"

Zwei Gegner sind es, die sich boxen,
Die Arianer und die Orthodoxen.
Durch viele Säkla dasselbe geschicht,
Es dauert bis an das jüngste Gericht.

ENTSTANDEN *?*
ERSTDRUCK *Quartausgabe, Bd 1, 1836*
TEXTVORLAGE *WA I 5b, 271 (Nachlaß. Zahme Xenien). Dort aufgrund der Handschrift berichtigt gegenüber WA I 5a, 130*

ZUR ERLÄUTERUNG
vgl. oben S. 69ff. und Anm. 182.
7 Säkla – *saecula: Jahrhunderte, Zeitalter, Ewigkeiten.*

[15]

Weiß hat Newton gemacht aus allen Farben. Gar manches
Hat er euch weisgemacht, das ihr ein Säkulum glaubt.

ENTSTANDEN *1790 (wohl im Frühjahr, schon Februar?)*
ERSTDRUCK *Schillers Musenalmanach 1796*
TEXTVORLAGE *WA I 1, 325 (Epigramme. Venedig 1790)*

ZUR ERLÄUTERUNG
1 *meint Newtons Versuch einer Rückmischung der Spektralfarben zu Weiß.*
2 weisgemacht – *das Wortspiel bezieht sich aufs (vermeintliche) Mißlingen dieses Kontrollexperiments; vgl. oben S. 34, S. 113 und hier Nr. 41.*
Zum Druck im ‚Musenalmanach' schrieb Goethe am 17. 8. 1795 an Schiller, er wünsche dies Distichon an diesem Platze, um die Schule zu reizen und zu ärgern, die, wie ich höre, über mein Stillschweigen triumphiert und ausstreut: ich würde die Sache fallenlassen.

[16]
Menschlichkeiten

Leidlich hat Newton gesehen, und falsch geschlossen, am Ende
Blieb er, ein Britte, verstockt, schloß er, bewies er so fort.

ENTSTANDEN *1795 oder 96*
ERSTDRUCK *Schillers Musenalmanach 1797*
TEXTVORLAGE *WA I 5a, 230 (Xenien)*
VARIANTE 2 schloß er, bewies er so fort.] schloß er nur, sah er nicht mehr. *(Xenienmanuskript).*

[17]

Und abermals Menschlichkeiten

Seine Schüler hörten nun auf, zu sehn und zu schließen,
Referierten getrost, was er auch sah und bewies.

ENTSTANDEN *1795 oder 96*
ERSTDRUCK *Schillers Musenalmanach 1797*
TEXTVORLAGE *WA I 5a, 230 (Xenien)*
VARIANTE 2 Sie erzählten nur fort, was er gesehn und gewähnt. *(Xenienmanuskript)*

ZUR ERLÄUTERUNG
1 Seine – *Newtons.*
2 was – *ergänze: immer.*

[18]

Einer machte das Hokuspokus,
Die andern fanden's großen Jokus,
Und tanzen nun zu unsrer Plag
Taranteltanz bis auf diesen Tag.

ENTSTANDEN *?*
ERSTDRUCK *WA I 5a (1893, aus dem Nachlaß)*
TEXTVORLAGE *Ebd., S. 129 (Nachlaß. Zahme Xenien VIII)*

ZUR ERLÄUTERUNG
1 Einer – *Newton.*
3 Taranteltanz – *dem Biß der südeuropäischen Tarantel-Spinne wurden zahlreiche hysterische und hypochondrische Erscheinungen zugeschrieben. Angeblich suchte man diese Krankheit durch einen Tanz (nach der ‚La tarantola'-Melodie) zu heilen, der bis zur vollständigen Erschöpfung führen mußte.*

[19]

Die Möglichkeit

Liegt der Irrtum nur erst, wie ein Grundstein, unten im Boden,
Immer baut man darauf, nimmermehr kommt er an Tag.

Entstanden *1795 oder 96*
Erstdruck *Schillers Musenalmanach 1797*
Textvorlage *WA I 5a, 229 (Xenien).*

[20]

Die Systeme

Prächtig habt ihr gebaut. Du lieber Himmel! Wie treibt man,
Nun er so königlich erst wohnet, den Irrtum heraus?

Entstanden *1795 oder 96*
Erstdruck *Schillers Musenalmanach 1797*
Textvorlage *WA I 5a, 306 (Aus den Tabulae votivae)*
Variante 2 heraus?] *entspricht der Geistschen Reinschrift. Erstdruck und WA:* heraus!

[21]

Wiederholung

Hundertmal werd ich's euch sagen und tausendmal: Irrtum ist Irrtum!
Ob ihn der größte Mann, ob ihn der kleinste beging.

Entstanden *1795 oder 96*
Erstdruck *Schillers Musenalmanach 1797*
Textvorlage *WA I 5a, 229 (Xenien).*

[22]

Vergebene Lehre

„Wiederholt euch doch nicht!" Ja! Hundertmal sollt ihr dasselbe
Hören, da ihr doch auch ewig ein Einerlei seid.

ENTSTANDEN *1795 oder 96*
ERSTDRUCK *Schriften der Goethe-Gesellschaft VIII, 1893*
TEXTVORLAGE *WA I 5a, 296 (Xenien. Aus dem Nachlaß)*

ZUR ERLÄUTERUNG
1 *Anführungsstriche bezeichnen die gegnerische Rede.*

[23]

Zeugen der Wahrheit

Vier Franzosen nenn' ich euch erst, sie sahen den Irrtum
Mehr oder weniger ein, aber der Irrtum bestand.

ENTSTANDEN *1795 oder 96*
ERSTDRUCK *Schriften der Goethe-Gesellschaft VIII, 1893*
TEXTVORLAGE *WA I 5a, 296 (Xenien. Aus dem Nachlaß)*

ZUR ERLÄUTERUNG
Für die (von Gottfried Arnold bezogene) Überschrift siehe oben S. 61f. und 76f.
1 Vier Franzosen – *E. Mariotte, L. B. Castel, E. G. Guyot, J. Gauthier d'Agoty, von deren Vorbehalten oder Einwänden gegenüber Newton der Historische Teil der ‚Farbenlehre' berichtet (vgl. LA I 6, 277ff./328ff./371ff./335ff.).*

[24]

Der letzte Märtyrer

Auch mich bratet ihr noch als Huß vielleicht, aber wahrhaftig!
Lange bleibet der Schwan, der es vollendet, nicht aus.

Entstanden *1795 oder 96*
Erstdruck *Schillers Musenalmanach 1797*
Textvorlage *WA I 5 a, 229 (Xenien)*

Zur Erläuterung
Der letzte Märtyrer, *dem Goethe dieses Distichon in den Mund legt, ist Jacques Gauthier d'Agoty (1710 – etwa 1781).*
Zum Verständnis der Verse siehe oben S. 77f., mit Anm. 199 und 200.

[25]

Hoffnung

Allen habt ihr die Ehre genommen, die gegen euch zeugten;
Aber dem Märtyrer kehrt späte sie doppelt zurück.

Entstanden *1795 oder 96*
Erstdruck *Schillers Musenalmanach 1797*
Textvorlage *WA I 5 a, 229 (Xenien)*

Zur Erläuterung *vgl. Kommentar zu Nr. 23 und 24.*

[26]

Wer glaubt's?

„Newton hat sich geirrt?" Ja, doppelt und dreifach! „Und wie denn?"
Lange steht es gedruckt, aber es lies't es kein Mensch.

Entstanden *1795 oder 96*
Erstdruck *Schillers Musenalmanach 1797*
Textvorlage *WA I 5 a, 229 (Xenien)*

Zur Erläuterung
2 Lange steht es gedruckt – *bezieht sich wohl nicht nur auf Goethes eigene ,Beiträge zur Optik' von 1791/92, die nahezu unbeachtet blieben, sondern ebenso (oder allein?) auf die Schriften seiner von Newtons Lehre abweichenden Vorgänger, welche der Historische Teil der ,Farbenlehre' aufführt (vgl. Nr. 23–25).*

[27]

Der Welt Lauf

Drucken fördert euch nicht, es unterdrückt euch die Schule;
Aber nicht immer, und dann geben sie schweigend sich drein.

ENTSTANDEN *1795 oder 96*
ERSTDRUCK *Schillers Musenalmanach 1797*
TEXTVORLAGE *WA I 5a, 229 (Xenien)*
VARIANTE 1 fördert euch nicht] hilft euch nichts *(Xenienmanuskript)*

ZUR ERLÄUTERUNG
1 Schule – *meint die fachwissenschaftliche Zunft, hier die „herrschende Kirche" der Newtonianer.*

[28]

In keiner Gilde kann man sein,
Man wisse denn zu schultern fein;
Das, was sie lieben, was sie hassen,
Das muß man eben geschehen lassen;
Das, was sie wissen, läßt man gelten,
Was sie nicht wissen, muß man schelten,
Althergebrachtes weiterführen,
Das Neue klüglich retardieren;
Dann werden sie dir zugestehn,
Auch nebenher deinen Weg zu gehn.

Doch würden sie, könnt' es gelingen,
Zum Widerruf dich pfäffisch zwingen.

ENTSTANDEN *?*
ERSTDRUCK *Ausgabe letzter Hand, Bd 4, 1827*
TEXTVORLAGE *WA I 3, 353 (Zahme Xenien VI)*
VARIANTEN 7 Althergebrachtes] *Handschrift, eigenhändig:* Das Alte ruhig
9 dir] *Handschrift:* uns
10 deinen Weg] *Handschrift:* in der Reihe

Zur Erläuterung

1 Gilde – *die fachwissenschaftliche Zunft (LA I 11, 370 – aus dem Nachlaß:* So übt schon seit zwanzig Jahren die physiko-mathematische Gilde gegen meine Farbenlehre ihr Verbotsrecht aus; sie verschreien solche in Kollegien und wo nicht sonst).

2 zu schultern – *wohl: sich auf die Schulter zu laden, was die Gilde fordert.*

8 retardieren – *hinzögern.*

[29]

Séance

1 Hier ist's, wo unter eignem Namen
Die Buchstaben sonst zusammenkamen.
3 Mit Scharlachkleidern angetan
Saßen die Selbstlauter obenan:
5 A, E, J, O und U dabei,
Machten gar ein seltsam Geschrei.
7 Die Mitlauter kamen mit steifen Schritten,
Mußten erst um Erlaubnis bitten:
9 Präsident A war ihnen geneigt;
Da wurd' ihnen denn der Platz gezeigt;
11 Andre aber die mußten stehn,
Als Pe-Ha und Te-Ha und solches Getön.
13 Dann gab's ein Gerede, man weiß nicht wie:
Das nennt man eine Akademie.

Entstanden *1797? spätestens 1805*
Erstdruck *Werke, Bd 2, 1815*
Textvorlage *WA I 2, 201 (Parabolisch)*

Zur Erläuterung

Überschrift Séance – *Sitzung.*

4 Selbstlauter – *Vokale (hier die einander widersprechenden selbständigen Köpfe unter den Mitgliedern einer wissenschaftlichen Akademie oder die Wortführer verschiedener Fraktionen?).*

7 Mitlauter – *Konsonanten (wohl die bloßen Parteigänger, die das Gedicht stumm bleiben läßt; die schweigend Zustimmenden?).*

12 Als Pe-Ha und Te-Ha – *‚wie ph und th', die ihr Getön machen, indem sie (statt unter eigenem Namen aufzutreten) fremde Ansichten usurpieren?*

Goethes frühe Kritik an wissenschaftlichen Gesellschaften (schon 21. 8. 1774 an Fritz Jacobi: Akademie ist Akademie, Bohlheim Berlin oder Paris, wo die satten Herren sitzen, die Zähne stochern und nicht begreifen warum kein Koch was bereiten kann das ihnen behage*) verschärfte sich aufs Äußerste im Zusammenhang mit seiner von der* Schule *und* Gilde *abgewiesenen Newton-Kritik. Ist die oben angegebene (aus der handschriftlichen Überlieferung gemutmaßte) Entstehungszeit dieser Spottverse richtig, muß man sie gewiß im Zusammenhang der ‚Farbenlehre' verstehen.*

[30]

Alles auch Meinende
Wird nicht vereint,
Weil das Erscheinende
Nicht mehr erscheint.

ENTSTANDEN *?*
ERSTDRUCK *Ausgabe letzter Hand, Bd 4, 1827*
TEXTVORLAGE *WA I 3, 340 (Zahme Xenien V)*

ZUR ERLÄUTERUNG
1 *– Alle, die überkommenen Ansichten (hier Newtons Lehre) unselbständig beipflichten,*
2 *– sind hinsichtlich der wahren Einsicht nicht konsensfähig,*
3/4 *– weil außerstande zu unvoreingenommener Anschauung der Naturphänomene. (?)*

[31]

Der Widerstand

Aristokratisch gesinnt ist mancher Gelehrte, denn gleich ist's,
Ob man auf Helm und Schild oder auf Meinungen ruht.

ENTSTANDEN *1795 oder 96*
ERSTDRUCK *Schillers Musenalmanach 1797*
TEXTVORLAGE *WA I 5a, 230 (Xenien)*
VARIANTE *Im Xenienmanuskript ohne Überschrift; in Goethes eigenhändiger Niederschrift:* Überall Aristokraten

ZUR ERLÄUTERUNG
2 Helm und Schild – *als herkömmliche Attribute eines Feudaladels (welcher der republikanischen Staatsumwälzung* Widerstand *leistet).*

Meinungen – *herkömmliche wissenschaftliche Lehren (Newtons Theorie) – vgl. Nr. 28, Vers 7 und Nr. 30, Vers 1.*

Dazu auch oben S. 39.

[32]

So wie der Papst auf seinem Thron,
So sitzt der Akademiker auf seinem Lohn;
Er ist bepfründet, hat er mehr zu hoffen?
Die Welt ist weit, den Narren steht sie offen.
Wir sind behäglich, können tätig ruhn;
Macht euch, ihr Toren, Tag für Tag zu tun.

ENTSTANDEN *27. 8. 1820*
ERSTDRUCK *Ausgabe letzter Hand, Bd 47, 1833*
TEXTVORLAGE *WA I 5a, 83 (Nachlaß. Zahme Xenien VII), korrigiert nach der Johnschen Handschrift (aufgrund WA I 5b, 260)*
VARIANTE 2 der Akademiker] Iks-Ypsilon *in Erstdruck und WA (trotz der Angabe ebd., diese verallgemeinernd-entschärfende Wendung* dürfte wohl eine willkürliche Änderung *der Nachlaß-Herausgeber sein).*

ZUR ERLÄUTERUNG
4–6 *Rede der Akademiker (Akademiemitglieder) an die Außenstehenden.*

Die Verse stehen im Konzept zu einem Brief an C. L. F. Schultz vom 27. 8. 1820, nach kritischen Bemerkungen über die Behandlung der ‚Farbenlehre' in E. G. Fischers ‚Lehrbuch der mechanischen Naturlehre' – eingeleitet durch den gestrichenen Satz: Folgendes möge die erheiterte Ansicht bewähren.

[33]

„Warum man so manches leidet
Und zwar ohne Sünde? –
Niemand gibt uns Gehör."

Wie das Tätige scheidet,
Alles ist Pfründe
Und es lebt nichts mehr.

ENTSTANDEN *1821?*
ERSTDRUCK *Über Kunst und Altertum, 3, 2, 1821*
TEXTVORLAGE *WA I 3, 249 (Zahme Xenien II)*

ZUR ERLÄUTERUNG
1–3 *in Anführungszeichen als Klagerede der naturforschenden Außenseiter, denen die bornierte fachwissenschaftliche Zunft sich verschließt (außer auf die ‚Farbenlehre' wohl auch auf Goethes morphologische Schriften bezogen).*
4 *könnte meinen, daß* das *(dieses Verhalten der etablierten Fachwissenschaft) die eigentlich Tätigen absondere von der Gilde derer, die* bepfründet *sind und* tätig ruhn *(vgl. Nr. 32), bei denen sich daher keine lebendig-neuen Einsichten mehr regen. Oder: daß* das Tätige *(nämlich wirkliches Tätigsein) die in Vers 1–3 zu Wort Kommenden von der Zunft unterscheide.*

[34]

Schwer, in Waldes Busch und Wuchse,
Füchsen auf die Spur gelangen;
Hält's der Jäger mit dem Fuchse,
Ist's unmöglich ihn zu fangen.

Und so wäre manches Wunder
Wie A B, Ab auszusprechen,
Über welches wir jetzunder
Kopf und Hirn im Kopf zerbrechen.

Entstanden ?
Erstdruck *Über Kunst und Altertum 3, 1, 1821*
Textvorlage *WA I 3, 180 (Parabolisch)*
Variante *In den Cotta'schen Ausgaben ab 1840 unter der Herausgeber-Überschrift* Fuchs und Jäger

Zur Erläuterung

3 *offenbar auf die Naturwissenschaftler gemünzt, die es mit* dem Fuchse *Newton halten, dem sie doch kritisch* auf die Spur *kommen sollten.*
5 manches Wunder – *Verwunderliche, Unbegreifliche.*
6 A B – *könnte für* Fuchs *und* Jäger *stehen, die sich hier miteinander verbünden zu* Ab *(womit das* Wunder *verabschiedet wäre, denn solche Komplizenschaft macht begreiflich, daß der* Fuchs *nicht gefangen wird).*

[35]

Katzenpastete

Bewährt den Forscher der Natur
Ein frei und ruhig Schauen;
So folge Meßkunst seiner Spur
Mit Vorsicht und Vertrauen.

Zwar mag in einem Menschenkind
Sich beides auch vereinen;
Doch daß es zwei Gewerbe sind,
Das läßt sich nicht verneinen.

Es war einmal ein braver Koch,
Geschickt im Appretieren;
Dem fiel es ein, er wollte doch
Als Jäger sich gerieren.

Er zog bewehrt zu grünem Wald,
Wo manches Wildbret haus'te,
Und einen Kater schoß er bald,
Der junge Vögel schmaus'te.

Sah ihn für einen Hasen an
Und ließ sich nicht bedeuten,
Pastetete viel Würze dran
und setzt' ihn vor den Leuten.

Doch manche Gäste das verdroß,
Gewisse feine Nasen:
Die Katze, die der Jäger schoß,
Macht nie der Koch zum Hasen.

ENTSTANDEN *April 1810 (wohl nur Vers 9–24; 1–8 vermutlich später hinzugesetzt)*
ERSTDRUCK *Goethes Werke Bd 2, 1815*
TEXTVORLAGE *WA I 2, 200 (Parabolisch)*
VARIANTE *Eine eigenhändige Einzelhandschrift Goethes enthält (mit einigen Abweichungen) nur die Verse 9–24, überschrieben:* Mathematiker und Physiker, *als Korrektur über:* Newton als Physiker

ZUR ERLÄUTERUNG
3 Meßkunst – *Mathematik.*
10 Appretieren – *einer Ware durch Bearbeitung besseres Aussehen geben.*
12 sich gerieren – *sich aufspielen.*
18 bedeuten – *belehren, warnen.*

In Riemers Nachlaß die Notiz: Anekdote von der Katzenpastete, die man für eine Hasenpastete gefressen, auf die Newtonische Farbenlehre bezogen. *(LA II 4, 105) Goethe schickte das Gedicht (vermutlich nur Vers 9–24) am 20.4.1810 an G. Sartorius und schrieb dazu:* Durch ihren lieben Brief vom 8ten ist ein alter Spaß bei mir los geworden, den Sie auch gleich wie er sich geformt hat, haben sollen. *Zur Michaelismesse werde seine ‚Farbenlehre' erscheinen – da* werde ich mit Vergnügen in Betrachtung ziehen, wie sich die Newtonianer gebärden, nachdem ich ihnen die Knöchelchen dieser alten Katzenpastete wohl gebleicht und mit pragmatischen Messingdrähten zum Skelett zusammengeworfelt vorgestellt. Der Streit wird hierdurch, wie Sie sehen, in die komparierte Anatomie gespielt, und ich meine, die Herren werden nach ihrer hundertjährigen Manier versichern: das sei eben der rechte Hase, der sechs scharfe Schneidezähne und ein paar recht tüchtige Eckzähne von der Natur erhalten habe. Worauf ich dann freilich nichts zu antworten weiß.

Didaktischer Teil der ‚Farbenlehre' (LA I 4, 212, §§ 723, 724): Wer bekennt nicht, daß die Mathematik, als eins der herrlichsten menschlichen

Organe, der Physik von einer Seite sehr vieles genutzt; daß sie aber durch falsche Anwendung ihrer Behandlungsweise dieser Wissenschaft gar manches geschadet, läßt sich auch nicht wohl leugnen, und man findet's, hier und da, notdürftig eingestanden. – Die Farbenlehre besonders hat sehr viel gelitten, und ihre Fortschritte sind äußerst gehindert worden, daß man sie mit der übrigen Optik, welche der Meßkunst nicht entbehren kann, vermengte, da sie doch eigentlich von jener ganz abgesondert betrachtet werden kann.

[36]

Wie mancher auf der Geige fiedelt,
Meint er, er habe sich angesiedelt
Auch in natürlicher Wissenschaft;
Da übt er seine geringe Kraft,
Und glaubt auf seiner Violin
Ein anderer, dritter Orpheus zu syn.
Jeder streicht zu, versucht sein Glück,
Es ist zuletzt eine Katzen-Musik.

Alles will reden,
Jeder will wandeln;
Ich allein soll nicht sprechen
Noch handeln.

Sie kauen längst an dem schlechten Bissen;
Wir spaßen, die wir's besser wissen.

Das ist eine von den alten Sünden,
Sie meinen: Rechnen das sei Erfinden.

Und weil sie so viel Recht gehabt,
Sei ihr Unrecht mit Recht begabt.

Und weil ihre Wissenschaft exakt,
So sei keiner von ihnen vertrackt.

ENTSTANDEN *?*
ERSTDRUCK *Ausgabe letzter Hand, Bd 4, 1827*
TEXTVORLAGE *WA I 3, 334f. (Zahme Xenien V); dort jedoch (der nicht eigenhändigen Handschrift und dem Erstdruck folgend) Semikolon nach Vers 2 und keine Interpunktion nach 3, außerdem in Vers 12 (nach der Handschrift):* wandeln *(Erstdruck:* handeln*)*

ZUR ERLÄUTERUNG
2/3 *– so meint der Mathematiker, er sei zuständig auch für die Naturwissenschaft.*
6 zu syn – *zu sein.*
16 Rechnen das sei Erfinden – *Gespräch mit dem Kanzler von Müller (18.6.1826): Der Mathematik* ganze Sicherheit ist weiter nichts als Identität. 2 mal 2 ist nicht vier, sondern es ist eben 2 mal 2, und das nennen wir abkürzend vier. Vier ist aber durchaus nichts Neues. Und so geht es immer fort bei ihren Folgerungen, nur daß man in den höhern Formeln die Identität aus den Augen verliert.
17–20 *gehört noch zu dem, was* Sie meinen *(Vers 16).*

[37]

Baco

Denn wer nur mathematische Regeln kennt
Wird Schlüsse finden welche Wunder wirken.
Die der gemeine Sinn nicht fassen kann.

ENTSTANDEN *21.7.1824?*
ERSTDRUCK *WA I 5b (1910, aus dem Nachlaß)*
TEXTVORLAGE *Ebd., S. 417 (Paralipomena)*

ZUR ERLÄUTERUNG
Baco – *die Überschrift meint nicht, daß die folgenden Verse gegen Francis Bacon gerichtet seien, sondern daß sie* des Baco gutem Rat *entsprechen (10.2.1798 an Schiller). In der ,Farbenlehre' (LA I 6, 144) zitiert Goethe aus einem Brief Robert Boyles an Bacon, dessen* Rat *besage, daß wir* die allgemeinen Begriffe, die dem Menschen eingeboren sind, ablegen, alles [...] auslöschen, und im Handeln und Denken Kinder werden, damit wir ins Reich der Natur eingehen dürfen, wie wir unter gleichen Bedingungen, nach biblischer Vorschrift, ins Himmelreich gelangen sollen.
2 Wunder – *ironisch.*
3 der gemeine Sinn – *gesunder Menschenverstand.*

[38]

Was es gilt
Dem Chromatiker

Bringst du die Natur heran
Daß sie jeder nutzen kann;
Falsches hast du nicht ersonnen,
Hast der Menschen Gunst gewonnen.

Möget ihr das Licht zerstückeln,
Farb' um Farbe draus entwickeln,
Oder andre Schwänke führen,
Kügelchen polarisieren,
Daß der Hörer ganz erschrocken
Fühlet Sinn und Sinne stocken:
Nein! Es soll euch nicht gelingen,
Sollt uns nicht beiseite bringen;
Kräftig wie wir's angefangen,
Wollen wir zum Ziel gelangen.

Entstanden *1817*
Erstdruck *Zur Naturwissenschaft überhaupt, 1, 1, 1817*
Textvorlage *WA I 3, 103*
Variante *Im Erstdruck sind dem Aufsatz ‚Geschichte der entoptischen Farben' S. 9 ohne Überschrift die Verse 1–4 vorangestellt und folgen S. 10 (abgetrennt) Vers 5–14. Im Manuskript (von Eckermanns Hand) beide Texte auf einem Blatt, von Goethe eigenhändig mit der Überschrift (wie oben) versehen*

Zur Erläuterung
5/6 – *Newtons prismatische Lichtbrechung, die das Farbspektrum erzeugt.*
8 Kügelchen polarisieren – *bezieht sich auf die von Etienne-Louis Malus entwickelte, dann von Jean-Baptiste Biot vertretene Polarisationstheorie.*

Malus' Entdeckung der als ‚Polarisation' bezeichneten Eigenschaft des Lichts beruht darauf, daß der unter einem Einfallswinkel von 55° durch einen Glasspiegel reflektierte Lichtstrahl von einem zweiten Spiegel, auf den er in demselben Winkel fällt, nur dann in voller Stärke reflektiert wird, wenn die Einfallsebenen beider Spiegel parallel sind. Stehen die

Spiegel senkrecht zueinander, findet keine Reflexion am zweiten Spiegel statt. Der vom ersten Spiegel reflektierte Lichtstrahl besitzt also zwei Seiten, ist ‚polarisiert'. – Goethe (Tag- und Jahres-Hefte, 1817): Das Widerwärtigste aber, was mir jemals vor Augen gekommen, war Biots Capitel über die entoptischen Farben, dort Polarisation des Lichts genannt. So hatte man denn, nach falscher Analogie eines Magnetstabs, das Licht auch in zwei Pole verzerrt und also, nicht weniger wie vorher, die Farben aus einer Differenzierung des Unveränderlichsten und Unantastbarsten erklären wollen. Um nun aber einen falschen Satz mit Beweisen zu verdecken, ward hier abermals die sämtliche mathematische Rüstkammer in Bewegung gesetzt, so daß die Natur ganz und gar vor dem äußern und innern Sinne verschwand. [...] Und so war es mir denn auch ganz schrecklich, als ein akademischer Lehrer, nach Anleitung eines Programms des Hofrat Mayer in Göttingen, mit unglaublicher Ruhe und Sicherheit, vor hohen und einsichtigen Personen, den unstatthaftesten Apparat auskramte; da man denn nach Schauen und Wiederschauen, nach Blinzen und Wiederblinzen, weder wußte was man gesehen hatte noch was man sehen sollte. Ich war indessen bei den ersten Anstalten auf und davon gegangen und hörte den Verlauf dieser Demonstration, als vorausgesehen, bei meiner Rückkunft ohne Bewunderung. Auch erfuhr man bei dieser Gelegenheit, unter Vorweisung einiger Billardkugeln, daß die runden Lichtteilchen, wenn sie mit den Polen auf's Glas treffen, durch und durch gehen, wie sie aber mit dem Äquator ankommen, mit Protest zurückgeschickt werden. *(WA I 36, 121ff.)*

[39]

Neueste Farbentheorie von Wünsch

Gelbrot und Grün macht das Gelbe, Grün und Viol-blau das Blaue!
So wird aus Gurkensalat wirklich der Essig erzeugt!

Wünsch dagegen:

Rot in dem Grün gibt das Gelbe, Grün in Violfarb' das Blaue:
So wird aus Gurkensalat wirklich kein Essig erzeugt.

ENTSTANDEN *wohl 1794*
ERSTDRUCK *erstes Distichon: Schillers Musenalmanach 1797; zweites Distichon: LA I 3, 1951 (aus dem Nachlaß)*

Textvorlage *erstes Distichon: WA I 5a, 230 (Xenien); zweites Distichon: LA I 3, 227*

Variante *in der Handschrift, die beide Distichen enthält, ist (lt. LA II 3, 270) das erste* Xenie: *überschrieben, mit dem Zusatz oben rechts* ad Wünsch

Zur Erläuterung

Christian Heinrich Wünsch (‚Versuche und Beobachtungen über die Farben des Lichts', 1792) behauptete, daß das weiße Licht nur aus den Primärfarben Orange, Grün, Violett bestehe. Gelb ergebe sich aus einer Mischung von Orange und Grün, Blau aus Grün und Violett. Goethe dagegen (LA I 4, 170): Man nehme im Allgemeinen Gelb, Blau und Rot als reine, als Grundfarben, fertig an. Rot und Blau wird Violett, Rot und Gelb Orange, Gelb und Blau Grün hervorbringen – *wie Gurkensalat mit Hilfe von Essig hergestellt wird, nicht umgekehrt. An Schiller, 13.1.1798:* Wünsch bringt eine Hypothese vor, die toller ist als ein Kapitel aus der Apokalypse, verschwendet Tätigkeit, Geschicklichkeit im Experimentieren, Scharfsinn im Kombinieren an den absurdesten Einfall in der Welt.

Das zweite Distichon stellt keine Variante *des ersten dar (wie LA II 3, 270 angibt), sondern Wünschs Gegenrede. Sie wird verständlich durch eine Riemersche Notiz (Exzerpt?) aus Goethes Nachlaß, die im Sinne Wünschs besagt:* Man kann nicht leugnen, daß in der Orangefarbe das Gelbe enthalten sei; bringt man nun das Grüne dazu, so hebt das Grüne das Rote auf und das Gelbe kommt zum Vorschein. [. . .] *Also: Gelbrot, in welchem zugefügtes Grün das Rot neutralisiert, ergibt Gelb etc. – Eigenhändiger Zusatz Goethes:* Albere Atomisterei *(LA I 3, 227).*

[40]

Antikritik

Armer Tobis, tappst am Stabe
Siebenfarbiger Dröseleien,
Kannst dich jener Himmelsgabe
Reinen Lichtes nicht erfreuen.

Nicht erlustigen dich im Schatten,
Wo mit urgebotner Liebe
Licht und Finsternis sich gatten,
Zu verherrlichen die Trübe.

Werd' ihm doch die kräft'ge Salbe,
Diesem Armen, bald gesendet,
Dem die theoretische Schwalbe
Augenkraft und -Lust geblendet.

Entstanden *1810*
Erstdruck *Quartausgabe, Bd 1, 1836*
Textvorlage *WA I 5a, 178 (Nachlaß. Invectiven); Interpunktion korrigiert aufgrund des Handschriftenbefundes WA I 5b, 284*
Variante 2 Dröseleien] *in der Handschrift zunächst* Trödeleyen, *von fremder Hand korrigiert*

Zur Erläuterung
Der Däne Ludolph Hermann Tobiesen, Newtons Theorie anhängend, hatte A. W. v. Hauchs ‚Anfangsgründe der Experimentalphysik' übersetzt (1795). Goethe: Das hergebrachte Lied wird abgeorgelt *(LA I 6, 351). Anspielend auf Tobiesens Namen, vergleicht er ihn mit dem alten Tobias (im apokryphen biblischen Buch ‚Tobias'), der erblindete, weil ihm Schwalbenkot in die Augen fiel, dann aber an einer Salbe genas, die ihm durch seinen Sohn ein Engel sendete.*
1/2 – *daß der neue* Tobi*(a)*s *am Stab eines Trödelkrämers tappt (Variante:* Trödeleyen!*) gibt keinen rechten Sinn. Offenbar liegt doch Newtons Vorstellung vom weißen Lichtstrahl zugrunde: ‚siebenfarbig' zusammengedreht (gedröselt), erscheint er hier als Tappstock eines Blinden. Vgl. dazu Nr. 7, Vers 7–9.*
7/8 – *bezieht sich auf Goethes Grundvorstellungen von der Entstehung der Farben. – Vgl. Nr. 58, Vers 4ff.*
Siehe auch oben S. 90.

[41]

Newtonisch Weiß den Kindern vorzuzeigen,
Die pädagogischem Ernst so gern sich neigen,
Trat einst ein Lehrer auf, mit Schwungrads Possen,
Auf selbem war ein Farbenkreis geschlossen.
Das dorlte man nun. „Betracht' es mir genau!
Was siehst du, Knabe?" Nun, was seh' ich? Grau!
„Du siehst nicht recht! Glaubst du, daß ich das leide?
Weiß, dummer Junge, Weiß! so sagt's Mollweide!"

Entstanden *wahrscheinlich 1810*
Erstdruck *Quartausgabe, Bd 1, 1836*
Textvorlage *WA I 5a, 179 (Nachlaß. Invectiven); jedoch korrigiert nach Goethes Niederschrift aufgrund WA I 5b, 284*
Varianten *im Erstdruck wie in WA unter der von den Nachlaß-Herausgebern hinzugesetzten Überschrift* Dem Weißmacher
2 so gern] *in Erstdruck und WA:* sogleich
5 man] *in Erstdruck und WA ausgefallen*

Zur Erläuterung
1 Newtonisch Weiß – *vgl. oben S. 34, S. 113 und hier Nr. 15.*
3 mit Schwungrads Possen – *Newtons Kreisel zur additiven Mischung der Farben (Rückmischungsversuch zu Weiß).*
5 dorlte – *thüringisch für schnelles Drehen.*
6 Grau! – *weshalb der Farbenkreisel den Eindruck Grau vermittelt, ohne daß damit Newtons Weiß-Theorie widerlegt wäre, erläutert eingehend LA II 3, 265f.*
8 Mollweide – *Karl Brandan Mollweide (der Lehrer, welcher hier die in Anführungszeichen stehenden Sätze spricht). Goethe an K. F. v. Reinhard, 7. 10. 1810:* Vor mehreren Jahren schon schalt er auf dem Pädagogium zu Halle ein verständiges Kind in meiner Gegenwart recht tüchtig aus, das auf der Scheibe des Schwungrades Grau sah, wo er wollte Weiß gesehen haben. Er ist recht dazu gemacht, den Newtonischen Unsinn aber und abermals zu wiederholen.

[42]

Absurder Pfaffe! wärst du nicht
In Unnatur verschlämmet,
Wer hätte dir eignes Augenlicht
Vom Urlicht abgedämmet?
Du Esel! willst zur Demut mich
Demütigsten ermahnen,
Höre doch den Narrenstolz und dich
Und Pfäfferei yahnen!

Entstanden *1812/13 oder 1816?*
Erstdruck *WA I 5a (1893)*
Textvorlage *Ebd., S. 199 (Nachlaß. Invectiven)*

zur Farbenlehre

Zur Erläuterung

1 Pfaffe – *das Gedicht richtet sich gegen Christoph Heinrich Pfaff (1773–1852) und spielt auf dessen Namen an. Professor der Physik in Kiel und Anhänger Newtons, hatte er sich kritisch über die ‚Farbenlehre' geäußert (vgl. Hans-Rudolf Wiedemann: Der „Kieler Pfaff", die Farbenlehre und Goethe. In: Euphorion 80. Bd, 1986, S. 439ff.). Goethe an Karl Ludwig von Knebel, 28. 11. 1812:* Da hat ein Hans Narr, der sonst belobte Herr Pfaff in Kiel, in Widerlegung meiner darzutun gesucht, daß das reine weiße Licht aus einem Doppelgrau bestehe. Der Newtonsche einfache Schmutz hat also durch diese neuste Entdeckung ein Brüderchen bekommen. Es soll mir viel Spaß werden, wenn ich die Geschichte der Farbenlehre bis auf unsere Tage fortsetzen und auch diese Menächmen mit reinem weißen Licht beleuchten kann. *(*Menächmen *= Zwillingsbrüder [Lustspiel-Titel des Plautus]: Pfaffs Theorie des weißen Lichts ist also der Newtons zum Verwechseln ähnlich.)*

2 verschlämmet – *vom Schlamm der* Unnatur *so bedeckt, daß er (Vers 3 und 4) das Licht nicht mehr wahrnehmen kann, die Wahrheit verbürgende Entsprechung von Auge und Sonne, innen und außen also aufgehoben ist (vgl. Nr. 56, 57, 60, 61).*

8 yahnen – *lautmalende Nachbildung des Eselsschreis (I-A).*

[43]

Was hilft's dem Pfaffen-Orden
Der mir den Weg verrannt?
Was nicht gerade erfaßt worden
Wird auch schief nicht erkannt.

Entstanden *27. 1. 1816 oder wenig später*
Erstdruck *West-östlicher Divan, 1819*
Textvorlage *WA I 6, 124*

Zur Erläuterung

Katharina Mommsen (‚Goethe und Diez. Quellenuntersuchungen zu Gedichten der Divan-Epoche'. Berlin 1961, S. 186ff.) hat als Vorgabe ein türkisches Sprichwort entdeckt. Goethe las es in v. Diez' Übersetzung einer Reisebeschreibung des osmanischen Admirals Kjatibi Rumi: Was nicht gerade gefaßt worden, wird auch schief nicht erkannt *(exzerpierte jedoch sogleich* erfaßt *statt* gefaßt*). Kjatibi Rumi verwendet es im Bericht* *über eine fanatische Schiiten-Sekte, die ihm* den Weg verrannt *hatte, sich aber weder in gewaltloser Auseinandersetzung* (gerade), *noch durch heimtückischen Überfall* (schief) *gegen ihn durchsetzen konnte. Das im ‚West-östlichen Divan' enthaltene Gedicht spielt offenbar auf Diez' Streit mit dem* Pfaffen-Orden *der Wiener Orientalisten an. In Goethes eigener Sache aber bezieht es sich auf die Zunft der Physiker, die weder durch unverstellte Naturbeobachtung* (gerade), *noch durch Newtons verzwickte Versuchsanordnungen* (schief) *der Wahrheit des Farbenwesens habhaft wird.*

[44]

Reuchlin! wer will sich ihm vergleichen,
Zu seiner Zeit ein Wunderzeichen!
Das Fürsten- und das Städtewesen
Durchschlängelte sein Lebenslauf,
Die heiligen Bücher schloß er auf.
Doch Pfaffen wußten sich zu rühren
Die alles breit in's Schlechte führen,
Sie finden alles da und hie
So dumm und so absurd wie sie.
Dergleichen will mir auch begegnen,
Bin unter Dache, laß' es regnen:
„Denn gegen die obskuren Kutten,
Die mir zu schaden sich verquälen,
Auch mir kann es an Ulrich Hutten,
An Franz von Sickingen nicht fehlen."

Entstanden *1822?*
Erstdruck *Ausgabe letzter Hand, Bd 4, 1827*
Textvorlage *WA I 3, 341 (Zahme Xenien V)*
Varianten *Die Anführungszeichen vor* 12 *und nach* 15 *(in der Handschrift offensichtlich nachträglich von Goethes Hand hinzugesetzt) heben die Passage als Rede in eigener Sache hervor. Diese Schlußverse werden – mit geringfügigen Abweichungen – in einem anderen Xenion wiederholt:*

zur Farbenlehre

Ist dem Gezücht Verdienst ein Titel?
Ein Falsum wird ein heilig Mittel.
Das schmeichelt ja, sie wissen's schon,
Der frommen deutschen Nation,
Die sich erst recht erhaben fühlt,
Wenn all ihr Würdiges ist verspielt.
Doch gegen die obskuren Kutten,
Die mir zu schaden sich verquälen,
Auch mir soll es an Ulrich Hutten,
An Franz von Sickingen nicht fehlen.

(Erstdruck 1827. Textvorlage WA I 3, 346)

Zur Erläuterung

1 Reuchlin – *Johann Reuchlin (1455 bis 1522).*

5 *bezieht sich wohl auf Reuchlins Lehrbücher des Hebräischen und Griechischen.*

Nach Vers 5 ist wohl eine auf -wesen *reimende Zeile ausgefallen (Creizenach rekonstruiert:* Er lehrte uns die Griechen lesen.*).*

10 *die Angriffe der Kölner Dominikaner gegen den großen Humanisten setzt Goethe mit dem Widerstand der wissenschaftlichen Zunft gegen seine ‚Farbenlehre' gleich (siehe oben S. 79ff.).*

12 die obskuren Kutten – *spielt auf die pfäffischen Verfasser der satirischen ‚Dunkelmännerbriefe' (‚Epistolae obscurorum virorum', 1515/17) an, mit denen die Erfurter Humanisten im Reuchlin-Streit gegen die Kölner Scholastiker vorgingen. Vgl. auch Nr. 3.*

14/15 Hutten/Sickingen – *die Reuchlin verteidigten.*

Leopold von Henning, der in Berlin Vorträge über die ‚Farbenlehre' gehalten hatte, berichtet am 21. 9. 1822 an Friedrich Förster über einen Besuch bei Goethe: Im Verlaufe des Gespräches sagte er unter anderm freundlich: Nun ja, ihr jungen Leute, ich sehe wohl, ihr macht Eure Sachen gut, fahrt nur getrosten Muts so fort; an Euch ist es jetzt, das Werk fortzusetzen und durchzufechten, das wir angefangen haben; ich komme mir bisweilen vor wie der alte Reuchlin in Köln, dem die Pfaffen so vielfältig zusetzten; mich haben sie zwar gerade nicht vorgeladen, sie möchten mir aber doch gern als Ketzer den Prozeß machen; Ihr tut nun, was Ulrich Hutten und Franz Sickingen zu jener Zeit getan haben ... Daß wir bald auf die Farbenlehre und auf meine Vorlesungen darüber zu sprechen kamen, kannst Du Dir wohl vorstellen *(Gespräche, wie Text-Anmerkung 1, Bd 3/1, S. 416).*

[45]

Mit Widerlegen, Bedingen, Begrimmen
Bemüht und brüstet mancher sich;
Ich kann daraus nichts weiter gewinnen,
Als daß er anders denkt wie ich.

Entstanden *?*
Erstdruck *Ausgabe letzter Hand, Bd 4, 1827*
Textvorlage *WA I 3, 357 (Zahme Xenien VI).*

[46]

Für mich hab' ich genug erworben,
Soviel auch Widerspruch sich regt;
Sie haben meine Gedanken verdorben
Und sagen, sie hätten mich widerlegt.

Entstanden *?*
Erstdruck *Ausgabe letzter Hand, Bd 4, 1827*
Textvorlage *WA I 3, 339 (Zahme Xenien V)*

Zur Erläuterung
3 – *meint offenbar entstellende Wiedergaben der Goetheschen Thesen durch Gegner seiner ‚Farbenlehre'.*

[47]

Ihr meint, ich hätt' mich gewaltig betrogen;
Hab's aber nicht aus den Fingern gesogen.

Entstanden *?*
Erstdruck *Goethes Werke, 1815*
Textvorlage *WA I 2, 231 (Sprichwörtlich).*

[48]

Haben da und dort zu mäkeln,
An dem äußern Rand zu häkeln,
Machen mir den kleinen Krieg.
Doch ihr schadet eurem Rufe;
Weilt nicht auf der niedern Stufe,
Dich ich längst schon überstieg!

ENTSTANDEN *?*
ERSTDRUCK *Ausgabe letzter Hand, Bd 4, 1827*
TEXTVORLAGE *WA I 3, 347 (Zahme Xenien V)*

ZUR ERLÄUTERUNG
2 *– bei Randfragen einzuhaken und Einwände zu machen.*

[49]

„Wie magst du ruhig fort erfahren
Daß sie dich schelten?"

Ich rede zu! In funfzig Jahren
Wird es schon gelten.

ENTSTANDEN *1821*
ERSTDRUCK *WA I 5b (1910, aus dem Nachlaß)*
TEXTVORLAGE *Ebd., S. 399 (aber statt des sinngemäßen Fragezeichens nach Vers 2 dort ein Punkt). – Anführungszeichen hier vom Herausgeber gesetzt; vgl. Erläuterung zu Nr. 2*

[50]

Die echte Konversation
Hält weder Früh noch Abend Stich;
In der Jugend sind wir monoton,
Im Alter wiederholt man sich.

Entstanden *wohl erst 1822*
Erstdruck *Zur Naturwissenschaft überhaupt, I 4, 1822*
Textvorlage *WA I 3, 271 (Zahme Xenien III)*
Varianten 2 Abend] Abends *im Druck von 1824 (‚Über Kunst und Altertum', 4, 3)*
3 sind wir] *eigenhändige Korrektur Goethes über ursprünglichem* ist man

Zur Erläuterung
2 Hält ... Stich – *hält stand, findet statt.*

Diese Verse bildeten zusammen mit Nr. 51 im I. Band ‚Zur Naturwissenschaft überhaupt' das Motto des 4. Heftes, das sich in seinen ersten acht Abschnitten mit dem Farbenwesen befaßt. Bemerkenswert selbstironisch spielt der alte Goethe darauf an, daß er hier abermals die chromatischen Phänomene traktiert.

[51]

Herkömmlich

Priester werden Messe singen
Und die Pfarrer werden pred'gen;
Jeder wird vor allen Dingen
Seiner Meinung sich entled'gen
Und sich der Gemeine freuen
Die sich um ihn her versammelt,
So im Alten wie im Neuen
Ohngefähre Worte stammelt.
Und so lasset auch die Farben
Mich nach meiner Art verkünden,
Ohne Wunden, ohne Narben,
Mit der läßlichsten der Sünden.

Entstanden *nicht vor Juli 1817*
Erstdruck *Zur Naturwissenschaft überhaupt, I 4, 1822*
Textvorlage *WA I 3, 104*
Variante *im Erstdruck ohne Überschrift als Motto auf der mit dem Untertitel* Chromatik *überschriebenen zweiten Seite des Hefts ‚Zur Naturwissenschaft'; unsere Überschrift (wie in WA) aufgrund einer eigenhändigen Korrektur Goethes (ursprünglich:* Chromatik*)*

Zur Erläuterung
5 Gemeine – *ältere Nebenform für Gemeinde.*
8 Ohngefähre Worte – *arglose Worte, die keine absichtlich falschen Angaben machen.*
12 – *läßliche* Sünden *werden in der katholischen Moraltheologie von schweren Sünden oder Todsünden unterschieden: Anders als diese bedeuten sie keine Abkehr von Gott oder Wendung gegen Gott, werden selbst von Heiligen und Gerechten begangen!*

[52]

Warnung
eigentlich und symbolisch zu nehmen

Freunde, flieht die dunkle Kammer
Wo man euch das Licht verzwickt,
Und mit kümmerlichstem Jammer
Sich verschrobnen Bilden bückt.
Abergläubische Verehrer
Gab's die Jahre her genug,
In den Köpfen eurer Lehrer
Laßt Gespenst und Wahn und Trug.

Wenn der Blick an heitern Tagen
Sich zur Himmelsbläue lenkt,
Beim Siroc der Sonnenwagen
Purpurrot sich niedersenkt,
Da gebt der Natur die Ehre,
Froh, an Aug' und Herz gesund,
Und erkennt der Farbenlehre
Allgemeinen ewigen Grund.

Entstanden *1.2.1827*
Erstdruck *Ausgabe letzter Hand, Bd 4, 1827*
Textvorlage *WA I 3, 356 (Zahme Xenien VI)*
Varianten *Überschrift (in Erstdruck und WA ausgefallen) sowohl in Goethes eigenhändiger Niederschrift (WA I 3, 445) wie im Separatdruck dieser Verse von 1827 (,Über Kunst und Altertum', 6, 1)*

4 Bilden] *im Separatdruck:* Bildern *(Schreibversehen oder Setzerfehler?)*

16 ewigen] *in allen Drucken gegenüber* ew'gen *in der Handschrift*

Zur Erläuterung

1 die dunkle Kammer – *Newtons Experimentierraum, vgl. Nr. 7 und oben S. 63–68.*

2 das Licht verzwicken – *vom Licht durch Zwicken etwas abnehmen. Goethe (LA I 3, 299):* Wir haben bei unserer Darstellung das *[Newtonsche]* Wort Lichtstrahl sorgfältig vermieden, es ist ein angenommener Kunstausdruck, der an seiner Stelle gute Dienste leisten kann, aber wenn man physische Erscheinungen damit bezeichnen will, zu einem Irrtum nach dem andern verleitet. In der Erfahrung kann man von keinem leuchtenden Körper einen Strahl abzwacken, um damit zu operieren, es ist immer sein ganzes Bild, das wirkt, und zwar als Bild wirkt.

4 Bilden – *eine ad hoc gebildete Kurzform für ‚Gebilden' (allenfalls mit dem Doppelsinn ‚Bildern'). Zwar kannte Goethe eine ältere Pluralform ‚Bilde' für ‚Bilder' vermutlich noch aus der Lutherbibel, und im Separatdruck des Gedichts (s. o.) heißt es tatsächlich mit* verschrobnen Bildern. *Aber das Götzenbild, vor dem die abergläubischen Newtonianer hier sich beugen (vgl. 3. Mos. 26,1* Ihr sollt euch keinen götzen machen, noch bilde*), ist gerade nicht das wahre ‚Bild' des Sonnenlichts, sondern ein durch des Irrlehrers Manipulationen hergestelltes Trug-‚Gebilde', das dem folgenden* Gespenst und Wahn und Trug *entspricht.*

8 Gespenst – *von Goethe im Kontext der ‚Farbenlehre' häufig verwendete polemische Übersetzung von ‚Spektrum'. Dieser heutige Fachterminus für das durch prismatische Lichtbrechung erzeugte Farbenbild, durch Newton eingebürgert, ist abgeleitet worden von früherer naturwissenschaftlich-fachsprachlicher Verwendung des lateinischen spectrum für ein optisches Wahrnehmungsbild (sinnverwandt mit imago und simulacrum). Das gleiche Wort spectrum hatte aber (sinnverwandt mit monstrum, idolum, phantasma und häufig im Kontext von Dämonologie und Exorzismus verwendet) die volkstümlich-gemeinsprachliche Bedeutung einer schreckbildhaften Gespenstererscheinung, welche Wirklichkeit nur vortäuscht (dazu Mario Puelma: Spectrum. Probleme einer Wortgeschichte, vom Altertum zur Neuzeit. In: Museum Helveticum. 42. Jg 1985, S. 205 ff.).*

So will Goethes exorzistische Übersetzung die prismatische Lichtspaltung Newtons als bloßes Schreck- und Trugbild entlarven.

11 Siroc – *Schirokko, warmer Südwind im Mittelmeergebiet.*

[53]

Exempel

Schon ein Irrlicht sah ich verschwinden, dich, Phlogiston! Balde,
O Newtonisch Gespenst! folgst du dem Brüderchen nach.

ENTSTANDEN *1795 oder 96*
ERSTDRUCK *Schillers Musenalmanach 1797*
TEXTVORLAGE *WA I 5a, 229 (Xenien)*
VARIANTEN *In Goethes eigenhändiger Niederschrift fehlt die Überschrift; außerdem dort:*
1 sah ich verschwinden, dich] *darüber:* schwand in der Nacht, du
2 folgst] *darunter:* schleichst

ZUR ERLÄUTERUNG
1 Phlogiston – *Bezeichnung für eine Substanz, welche als Bestandteil aller brennfähigen Stoffe deren Brennbarkeit ausmache und bei jeder Verbrennung entweiche. Diese die Chemie des 18. Jahrhunderts beherrschende Phlogistontheorie hatte Lavoisier 1777 als irrig erwiesen (Verbrennung als Sauerstoffverbindung, Oxydationslehre).*
2 Gespenst – *doppelsinnig für Spektrum (vgl. Nr. 52, Kommentar zu Vers 8).*

[54]

Was ist das Schwerste von allem? Was dir das Leichteste dünket,
Mit den Augen zu sehn, was vor den Augen dir liegt.

ENTSTANDEN *?*
ERSTDRUCK *Schriften der Goethe-Gesellschaft VIII, 1893*
TEXTVORLAGE *WA I 5a, 275 (Xenien. Aus dem Nachlaß).*

[55]

1 Hemmet ihr verschmähten Freier
Nicht die schlechtgestimmte Leier,
3 So verzweifl' ich ganz und gar;
Isis zeigt sich ohne Schleier;
5 Doch der Mensch er hat den Star.

ENTSTANDEN *Nach 1807?*
ERSTDRUCK *Ausgabe letzter Hand, Bd 4, 1827*
TEXTVORLAGE *WA I 3, 354 (Zahme Xenien VI)*
VARIANTEN in der Handschrift:
1 ihr verschmähten] ihr wie verschmähte
Freier] Freer *(so auch in WA, gegen den Erstdruck)*
2 Nicht die] Ewig eure *über* Immer ist's die alte Leyer
3 So verzweifl' ich] Zur Verzweiflung

ZUR ERLÄUTERUNG
1 verschmähte Freier – *die um Erkenntnis der Wahrheit bemühten, von der Natur abgewiesenen Forscher; hier die mit Blindheit geschlagenen (Vers 5: am* Star *erkrankten) Physiker.*
2 die schlechtgestimmte Leier – *doch wohl Goethes (dichterische?) Bemühungen um die Naturwahrheit – vgl. Kommentar zu Vers 4.*
3 So – *für: sonst?*
4 *in Alexander v. Humboldts ‚Ideen zu einer Geographie der Pflanzen' (1807) zeigte das Widmungsblatt für Goethe eine Zeichnung der Göttin Isis von Thorvaldsen: ‚Der Genius der Poesie entschleiert das Bild der Natur'.*

[56]

1 Wie im Auge mit fliegenden Mücken,
So ist's mit Sorgen ganz genau;
3 Wenn wir in die schöne Welt hineinblicken,
Da schwebt ein Spinneweben-Grau;
5 Es überzieht nicht, es zieht nur vorüber,
Das Bild ist gestört, wenn nur nicht trüber;
7 Die klare Welt bleibt klare Welt:
Im Auge nur ist's schlecht bestellt.

ENTSTANDEN *?*
ERSTDRUCK *Ausgabe letzter Hand, Bd 4, 1827*
TEXTVORLAGE *WA I 3, 352 (Zahme Xenien VI)*

ZUR ERLÄUTERUNG
1 fliegenden Mücken – *Glaskörpertrübungen, wie sie im Didaktischen Teil der ‚Farbenlehre' (LA I 4, 57, § 119) als* Fäden, Haare, Spinnen, Fliegen, Wespen *beschrieben werden. Sie schwimmen mit geringer Verzögerung der Blickbewegung nach (Vers* 4f.*), kommen nach der Bewegung etwas verzögert zur Ruhe.*
6 wenn nur nicht trüber – *meint offenbar: wenn auch nicht trüber. Passieren nämlich die* fliegenden Mücken *das Zentrum des Gesichtsfeldes, wird der betrachtete Gegenstand für einen Augenblick undeutlich, tritt dann aber sogleich wieder klar hervor.*
8 – *vgl. Didaktischer Teil, § 120 (wie oben):* Es entspringen auch diese Bilder ohne äußre Bilder – *also nurmehr im Auge selbst (durch Verdichtungen des gallertigen Glaskörpers, der den Raum vor der Netzhaut ausfüllt).*

[57]

Wär' nicht das Auge sonnenhaft,
Wie könnten wir das Licht erblicken?
Lebt' nicht in uns des Gottes eigne Kraft,
Wie könnt' uns Göttliches entzücken?

ENTSTANDEN *vermutlich 30.8. oder 1.9.1805*
ERSTDRUCK *Einleitung zum Didaktischen Teil der ‚Farbenlehre', 1810*
TEXTVORLAGE *LA I 4, 18*
VARIANTEN *In einer eigenhändigen Notizbuch-Niederschrift Goethes (der mutmaßlichen Urschrift, 30.8.1805?) und einem handschriftlichen Widmungsblatt (*Lauchstedt d. 1. Sept 1805, – *Faksimile in LA II 4, Tafel II):*
2: Es würde nie die Sonn' erblicken *aus ursprünglichem* Die Sonne würd' es nie erblicken
3 Lebt'] Wär
In einem Eintrag Goethes ins Stammbuch der Wilhelmine Wolf (1.9.1805) und gleichlautend im Druck der Ausgabe letzter Hand, Bd 3, 1827:
2: Die Sonne könnt' es nie erblicken;
3 Lebt'] Läg'

Zur Erläuterung

Im Erstdruck geht den Versen die Erklärung voran: Das Auge hat sein Dasein dem Licht zu danken. Aus gleichgültigen tierischen Hülfsorganen ruft sich das Licht ein Organ hervor, das seines Gleichen werde; und so bildet sich das Auge am Lichte fürs Licht, damit das innere Licht dem äußeren entgegentrete. Hierbei erinnern wir uns der alten ionischen Schule, welche mit so großer Bedeutsamkeit immer wiederholte: nur von Gleichem werde Gleiches erkannt; wie auch der Worte eines alten Mystikers, die wir in deutschen Reimen folgendermaßen ausdrücken möchten: *... (LA I 4, 18). – Gemeint ist der Neuplatoniker Plotin (3. Jahrhundert n. Chr.), aus dessen ‚Enneaden' Goethe in einem Notizbuch das Diktum festhielt:* Neque vero oculus unquam videret solem, nisi factus solaris esset. *(‚Niemals hätte das Auge die Sonne gesehen, wenn es nicht sonnenhaft gebildet wäre' – LA II 3, 17. Weitere Erläuterungen ebd. 390ff. und II 4, 286ff.).*

Vgl. oben S. 101ff., außerdem hier Nr. 60, Vers 5–8 und Nr. 61.

[58]

Einheit ewigen Lichts zu spalten,
Müssen wir für törig halten,
Wenn euch Irrtum schon genügt.
Hell und Dunkel, Licht und Schatten
Weiß man klüglich sie zu gatten,
Ist das Farbenreich besiegt.

Entstanden *?*

Erstdruck *Ausgabe letzter Hand, Bd 4, 1827*

Textvorlage *WA I 3, 355 (Zahme Xenien VI)*

Varianten *In einer eigenhändigen Niederschrift Goethes:*

5 Weiß man] Wißt ihr

6 das Farbenreich] die Farbenwelt

Zur Erläuterung

3 *meint wohl: Während ihr euch mit diesem Irrtum schon zufrieden gebt.*

6 besiegt – *hat man das Problem seiner Entstehungsbedingungen bewältigt.*

[59]

Gott, heißt es, schied die Finsternis vom Licht,
Doch mocht' es ihm nicht ganz gelingen;
Denn wenn das Licht in Farben sich erbricht,
Mußt' es vorher die Finsternis verschlingen.

Entstanden *?*
Erstdruck *WA I 5 a (1893)*
Textvorlage *Ebd., S. 128 (Nachlaß. Zahme Xenien VIII)*

Zur Erläuterung
1 heißt es – *in der Schöpfungsgeschichte (1. Mos. 1,4).*
2 – *ironisch zu verstehen: Newtons „Irrlehre" leugnet, daß* Gott die Finsternis vom Licht *geschieden habe (worauf Goethe Nr. 65, Vers 1–2 und 27–28 und Nr. 66, Vers 17–18 besteht);*
3 Denn wenn das Licht in *die dunkleren* Farben sich erbricht *(zerlegte, spalten ließe),*
4 *dann hätte es doch* vorher die Finsternis verschlingen *(in sich aufnehmen) müssen.*

[60]

Die beiden lieben sich gar fein,
Mögen nicht ohne einander sein.
Wie ein's im andern sich verliert,
Manch buntes Kind sich ausgebiert,
Im eignen Auge schaue mit Lust,
Was Plato von Anbeginn gewußt;
Denn das ist der Natur Gehalt,
Daß außen gilt was innen galt.

Entstanden *1820 oder später?*
Erstdruck *Ausgabe letzter Hand, Bd 4, 1827*
Textvorlage *WA I 3, 355 (Zahme Xenien VI)*

Zur Erläuterung
1 Die beiden – *Licht und Finsternis*
6 Plato – *siehe oben S. 55 f.*

Abweichende Fassungen

In einem Nachlaß-Manuskript von Eckermanns Hand (Erstdruck WA I 5a, 128) lauten die Verse 5–8:

Betrachte das nur recht mit Lust,
Was Plato von Hell und Dunkel gewußt,
Der, wie uns gegenwärtig klar,
Unter Philosophen keine Katze war.

Daß Platon keine Katze *war, könnte meinen: Während Katzenaugen auch im Dunkeln zu leuchten scheinen (von Purkyně 1823 untersucht!), gilt für Platons Augen (seiner Lehre gemäß – siehe oben S. 56), daß inneres und äußeres Licht einander begegnen. Oder: Wie eine Katze im Dunkeln zu sehen vermag, sehen die Newtonianer die relative Dunkelheit der Farben als weißes Licht an (vgl. hier auch Nr. 4, Vers 4f.) – was Platons Naturphilosophie widerspricht.*

In einer Nachlaß-Handschrift Goethes (Erstdruck Goethe-Jahrbuch VIII, 1893) lauten die Verse 7–8:

Und will dirs nicht von selbst gelingen,
So wird es Purkinje dir bringen.

Purkinje – *Jan Evangelista Purkyně (1787–1869), 1822 zu Besuch in Weimar, seit 1823 Professor der Physiologie und Pathologie in Breslau. Seine Prager Doktorarbeit von 1819 (vgl. oben Text-Anmerkung 208) war Goethe seit Ende 1820 bekannt und wurde von ihm höchst zustimmend rezensiert:* vollkommene Übereinstimmung mit seinen Ansichten, Einklang mit seiner Methode, Zusammentreffen mit Ziel und Zweck. Auch wir betrachten Licht und Finsternis als den Grund aller Chroagenesie *[Farbenentstehung]*, sind überzeugt, daß alles, was innen ist auch außen sei, und daß nur ein Zusammentreffen beider Wesenheiten als Wahrheit gelten dürfe. *(WA II 11, 272f.)*
Der hier mitgeteilten Fassung der Schlußverse liegt also genau der Gedanke zugrunde, welchen die Druckfassung mit den entsprechenden Versen 7–8 ausspricht: Purkyně habe wie Goethe den bei Platon vorgegebenen Grundgedanken der ‚Farbenlehre' vertreten, Daß außen gilt was innen galt.

Die entstehungsgeschichtliche Abfolge der drei Fassungen des Gedichts ist nicht auszumachen.

[61]

Müsset im Naturbetrachten
Immer eins wie alles achten;
Nichts ist drinnen, nichts ist draußen:
Denn was innen das ist außen.
So ergreifet ohne Säumnis
Heilig öffentlich Geheimnis.

ENTSTANDEN *1817 oder 1819/20?*
ERSTDRUCK *Zur Morphologie, 1, 2, 1820*
TEXTVORLAGE *WA I 3, 88*

Im Erstdruck als Motto gesetzt. Abgetrennt folgen dort als zweites Motto die Verse:

Freuet euch des wahren Scheins,
Euch des ernsten Spieles:
Kein Lebendiges ist ein Eins,
Immer ist's ein Vieles.

Sie werden auch hier abgetrennt, weil sie sich entschieden auf Goethes morphologische Vorstellungen beziehen (vgl. WA II 6, 10: Jedes Lebendige ist kein Einzelnes, sondern eine Mehrheit; selbst insofern es uns als Individuum erscheint, bleibt es doch eine Versammlung von lebendigen selbständigen Wesen, die der Idee, der Anlage nach, gleich sind, in der Erscheinung aber gleich oder ähnlich, ungleich oder unähnlich werden können.)

Miteinander verbunden stehen beide Texte seit dem Druck in der Ausgabe letzter Hand (Bd 3, 1827) mit der Überschrift Epirrhema *(= ‚Dazugesprochenes', Zwischenrede) unter den Metamorphose-Schriften.*

ZUR ERLÄUTERUNG
Goethe zu Eckermann, 1. 2. 1827: es ist nichts außer uns, was nicht zugleich in uns wäre, und wie die äußere Welt ihre Farben hat, so hat sie auch das Auge. – *Vgl. auch Nr. 57 und Nr. 60, Vers 5–8.*

[62]

Entoptische Farben
An Julien

Laß dir von den Spiegeleien
Unsrer Physiker erzählen,
Die am Phänomen sich freuen,
Mehr sich mit Gedanken quälen.

Spiegel hüben, Spiegel drüben,
Doppelstellung, auserlesen;
Und dazwischen ruht im Trüben
Als Kristall das Erdewesen.

Dieses zeigt, wenn jene blicken,
Allerschönste Farbenspiele,
Dämmerlicht das beide schicken
Offenbart sich dem Gefühle.

Schwarz wie Kreuze wirst du sehen,
Pfauenaugen kann man finden;
Tag und Abendlicht vergehen
Bis zusammen beide schwinden.

Und der Name wird ein Zeichen,
Tief ist der Kristall durchdrungen:
Aug' in Auge sieht dergleichen
Wundersame Spiegelungen.

Laß den Makrokosmus gelten,
Seine spenstischen Gestalten!
Da die lieben kleinen Welten
Wirklich Herrlichstes enthalten.

ENTSTANDEN *Mitte Mai 1817*
ERSTDRUCK *Ausgabe letzter Hand, Bd 3, 1827*
TEXTVORLAGE *WA I 3, 101*
VARIANTEN *In der eigenhändigen Niederschrift Goethes (mit dem Ver-*

merk Jena d. 17. May) *außer geringfügigen Abweichungen in der Interpunktion nur:*

11 Dämmerlicht] Und das Licht

In einer Abschrift von fremder Hand (mit gleichem Orts- und Datumsvermerk) steht zwischen den beiden Überschriften zusätzlich Offenbares Geheimnis

ZUR ERLÄUTERUNG

An Julien – *Goethe schrieb dieses Gedicht ins ‚Denkbuch' der Familienfreundin Julie von Egloffstein. Tagebuch 20. Mai 1817:* Entoptische Farben, Rätsel an Julien.

2 Unsrer Physiker – *das Lichtspiegelungsphänomen der später ‚entoptisch' genannten (nämlich im Inneren gewisser Körper zu schauenden) Farben hatte 1808 der Franzose Malus entdeckt. Seine Landsleute Biot und Arago stellten weitere Untersuchungen dazu an. Thomas Seebeck dann, mit Goethe befreundet und Anhänger seiner ‚Farbenlehre' (vgl. oben S. 74f. und 100 mit Anm. 53) unternahm seit 1812 entsprechende Versuche und machte weiterführende Entdeckungen. Goethe hat einen von Seebeck verfaßten Bericht 1817 im 1. Heft ‚Zur Naturwissenschaft' veröffentlicht (LA I 8, 11ff.) und 1820 eine eigene Abhandlung ‚Entoptische Farben' folgen lassen (LA I 8, 94ff.). Seebeck nämlich hatte herausgefunden, daß die entoptischen Farbfiguren, wie sie sich im Bergkristall, Kalkspat oder Glimmer zeigen, auch in gewöhnlichen Glaskörpern erscheinen, falls diese glühend gemacht und dann rasch abgekühlt worden sind. Darin sah Goethe nun den* Punkt aufs i *der ‚Farbenlehre': einen zwingenden Erweis der Richtigkeit seiner Theorie, daß die Farben nicht etwa durch Newtonsche Licht-Zerlegung (hier: durch eine Polarisation des reflektierten Lichts) entstehen, sondern vom (unveränderbaren) Licht selbst im* Trüben *der (in bestimmter Weise strukturierten) Materie bewirkt werden.*

4 mit Gedanken – *mit theoretischen Bestimmungen.*

5 Spiegel hüben, Spiegel drüben – *am senkrechten Stab des Apparats, mit dem Goethe experimentierte, war oben und unten ein Glasspiegel angebracht.*

6 Doppelstellung, auserlesen – *die spiegelnden Flächen oben und unten stehen entweder parallel zueinander, oder der obere Spiegel befindet sich (um 90 Grad gedreht) in rechtwinkliger Stellung zum unteren.*

7/8 Und dazwischen ruht im Trüben | Als Kristall das Erdewesen – *zwischen beiden Spiegeln liegt auf einer Glasplatte ein Bergkristall (im* Trüben *des umgebenden atmosphärischen Raums und selbst ein durchsichtig-trübes Element:* Erdewesen*).*

9 Dieses zeigt, wenn jene blicken – *wenn nämlich der untere Spiegel, von*

der Sonne abgekehrt und in Schrägstellung, das von der Atmosphäre widergespiegelte Licht durch den Kristall leitet, der obere Spiegel dann die Erscheinungen im Kristallinneren ins Auge des Betrachters lenkt.

10 Allerschönste Farbenspiele – *die ‚entoptischen' Farbfiguren nämlich:* Kreuze *(13) und* Pfauenaugen *(14).*

11 Dämmerlicht das beide schicken – *in seiner Abhandlung über ‚Entoptische Farben' spricht Goethe von der* verdunkelnden Wirkung *der doppelten Spiegel-Reflexion auf die Licht- und Farbenwahrnehmung (LA I 8, 106).*

12 dem Gefühle – *Goethes* Sinnlich-sittliche Wirkung der Farbe *(LA I 4, 224ff.).*

13 Schwarz wie Kreuze – *bei rechtwinklig gestelltem oberen Spiegel bildet sich im Kristall ein dunkles Kreuz (umgekehrt bei Parallelstellung ein helles).*

14 Pfauenaugen – *die im Kristall erscheinenden pfauenaugenartig farbengesäumten Eckpunkte, die je nach Spiegelstellung das dunkle oder helle Kreuz bilden und (Vers 15/16) mit abnehmendem Sonnenlicht verschwinden.*

17 Und der Name *(‚Entoptische Farben')* wird ein Zeichen – *für das Grundgesetz der ‚Farbenlehre',* Daß außen gilt was innen galt *(Nr. 60, Vers 8. Vgl. auch Nr. 61).*

18 Tief ist der Kristall durchdrungen – *von den gleichen Farberscheinungen nämlich, welche (als ‚physiologische Farben') auch* dem Auge angehören und auf einer Wirkung und Gegenwirkung desselben beruhen *(LA I 4, 20).*

19 Aug' in Auge – *spielt vielleicht noch auf die (jetzt parallel* zu einander gerichteten, einander antwortenden*) Spiegel des entoptischen Versuchs an (LA I 8, 105) – die in solcher Stellung ein helles Kreuz erzeugten. Aber* dergleichen | Wundersame Spiegelungen, *die man im Auge der Freundin schaut, weiten das naturwissenschaftliche Experiment nun zum Gleichnis.*

22 *die (ge)*spenstischen Gestalten – *die Farberscheinungen der äußeren Welt, hier also der entoptischen* Kreuze *und* Pfauenaugen *im Kristall (‚Gespenst' als Übersetzung von ‚Spektrum', vgl. Erläuterung zu Nr. 52, Vers 8 – hier aber ohne negative Konnotation).*

23 die lieben kleinen Welten – *der Augen, die so als menschlicher Mikrokosmos dem* Makrokosmos *(Vers 21) der Außenwelt korrespondieren. Denn mit der Drehung des oberen Spiegels aus der rechtwinkligen Stellung zum unteren Spiegel in eine flächenparallele Position verkehrt sich im entoptischen Experiment das schwarze Kreuz in ein helles und setzen sich die bisherigen Farbsäume in eben die Komplementärfarben um, welche das Auge als simultane oder sukzessive Kontrastphänomene*

auf entsprechende äußere Farbeneindrücke aus eigenem Vermögen hervorbringt. – Goethe (‚Entoptische Farben'. LA I 8, 121): ein herrliches Beispiel daß alles im Universen zusammenhängt, sich auf einander bezieht, einander antwortet. Was in der Atmosphäre vorgeht begibt sich gleichfalls in des Menschen Auge, und der entoptische Gegensatz ist auch der physiologe. Man schaue, in dem obern Spiegel des dritten *[oben beschriebenen]* Apparats, das Abbild des unterliegenden Kubus *[ein Glaskubus hier statt des Kristalls]*; man nehme sodann diesen schnell hinweg, ohne einen Blick vom Spiegel zu verwenden, so wird die Erscheinung, die helle wie die dunkle, als gespenstiges Bild, umgekehrt im Auge stehen und die Farben zugleich sich in ihre Gegensätze verwandeln, das Bräunlichgelb in Blau und umgekehrt, dem natursinnigen Forscher zu großer Freude und Kräftigung.

(Eine ausführliche, hier zu Rate gezogene Erläuterung dieses Rätsel-Gedichts *gibt Dorothea Hölscher-Lohmeyer in Etudes Germaniques 38, 1983, S. 56ff.)*

[63]

O Welt, vor deinem häßlichen Schlund
Wird guter Wille selbst zunichte.
Scheint das Licht auf einen schwarzen Grund,
So sieht man nichts mehr von dem Lichte.

Entstanden *?*
Erstdruck *Ausgabe letzter Hand, Bd 4, 1827*
Textvorlage *WA I 3, 322 (Zahme Xenien V)*

Zur Erläuterung
3/4 – *In Goethes* Versuch die Elemente der Farbenlehre zu entdecken *von 1793 heißt es:*
So ist auch die Eigenschaft einer schwarzen Fläche eine gänzliche Unempfindlichkeit gegen das Licht. Ein schwarzer Körper macht zwar, um mit den Alten zu reden, so gut die Grenze des Lichts, als ein anderer (terminat lucem). Die Lichtstrahlen kehren auch von demselbigen in unser Auge zurück: denn wir sehen einen schwarzen Körper so gut als einen andern. Wenn sie aber von einem weißen Körper in der größten Energie zurückkehren, so kehren sie von einem schwarzen mit der geringsten Energie zurück. So ist denn auch ein schwarzer Körper unter allen denjenigen, die neben ihm einem gleichen Lichte ausgesetzt werden, der dunkelste, und der Eindruck desselben aufs Auge verschwindet bei sukzessiver Verminderung des Lichtes am geschwindesten. *(LA I 3, 193).*

[64]

„Dunkel ist die Nacht, bei Gott ist Licht.
Warum hat er uns nicht auch so zugericht?"

Entstanden *?*
Erstdruck *West-östlicher Divan, 1819*
Textvorlage *WA I 6, 126*

Zur Erläuterung
Von Goethe ins ‚Buch der Sprüche' des ‚West-östlichen Divan' gestellt (in seiner eigenhändigen Reinschrift fehlt, offenbar versehentlich, das nicht *der zweiten Zeile). Es erscheint mir aber nicht ausgeschlossen, daß die Verse im Kontext der ‚Farbenlehre' entstanden sind und ein Fragment darstellen, dessen denkbare Vervollständigung eben diesen Zusammenhang erwiese: Die Anführungsstriche bezeichneten die Verse dann nicht als Zitat oder als Quintessenz religiöser Überlieferung (in Zend-Awesta, Bibel und Koran finden sich nur sehr vage Entsprechungen), sondern – wie häufig in Goethes Gedichten zur Farbenlehre und mehrfach auch im ‚Buch der Sprüche' – als Frage eines Unbelehrten, die hier wie dort niemals unbeantwortet bleibt, und auf die der Autor auch in diesem Fall sehr wohl zu antworten gewußt hätte: zwischen Licht und Finsternis sei der Mensch gestellt, im Bereich der Trübe vollziehe sich das Erdetreiben, und* Am farbigen Abglanz haben wir das Leben *(Faust, Vers 4727). Dem entsprächen Mephistos Verse (1782ff.): Gott* findet sich in einem ew'gen Glanze, | Uns hat er in die Finsternis gebracht, | Und euch taugt einzig Tag und Nacht.

Goethe ‚Über Naturwissenschaft im Allgemeinen' (WA II 11, 146): Unsere Zustände schreiben wir bald Gott, bald dem Teufel zu, und fehlen ein- wie das anderemal: in uns selbst liegt das Rätsel, die wir Ausgeburt zweier Welten sind. Mit der Farbe geht's eben so; bald sucht man sie im Lichte, bald draußen im *[finsteren]* Weltall, und kann sie gerade da nicht finden, wo sie zu Hause ist.

[65]

1 Verdoppelte sich der Sterne Schein,
Das All wird ewig finster sein.

3 „Und was sich zwischen beide stellt?"
Dein Auge, so wie die Körperwelt.

5 An der Finsternis zusammengeschrunden,
Wird dein Auge vom Licht entbunden.

7 Schwarz und Weiß, eine Totenschau,
Vermischt ein niederträchtig Grau.

9 Will Licht einem Körper sich vermählen,
Es wird den ganz durchsicht'gen wählen.

11 Du aber halte dich mit Liebe
An das Durchscheinende, das Trübe.

13 Denn steht das Trübste vor der Sonne,
Da siehst die herrlichste Purpur-Wonne.

15 Und will das Licht sich dem Trübsten entwinden,
So wird es glühend Rot entzünden.

17 Und wie das Trübe verdunstet und weicht,
Das Rote zum hellsten Gelb erbleicht.

19 Ist endlich der Äther rein und klar,
Ist das Licht weiß, wie es anfangs war.

21 Steht vor dem Finstern milchig Grau,
Die Sonne bescheint's, da wird es Blau.

23 Auf Bergen, in der reinsten Höhe,
Tief Rötlichblau ist Himmelsnähe.

25 Du staunest über die Königspracht,
Und gleich ist sammetschwarz die Nacht.

27 Und so bleibt auch, in ewigem Frieden,
Die Finsternis vom Licht geschieden.

---

29 Daß sie miteinander streiten können,
Das ist eine bare Torheit zu nennen.

---

31 Sie streiten mit der Körperwelt,
Die sie ewig auseinanderhält.

ENTSTANDEN *wohl nicht vor 1810*
ERSTDRUCK *Werke, Bd 2, 1815*
TEXTVORLAGE *WA I 2, 218–220*

ZUR ERLÄUTERUNG
Diese sechzehn Reimpaarsprüche hat Goethe 1815 ans Ende seiner Gedichtgruppe ‚Gott, Gemüt und Welt' gerückt. Die ihnen dort vorangehenden sechsundzwanzig Sprüche, einsetzend bei der Schöpfungsgeschichte und bis zum Polaritäts-Phänomen führend, stellen sie in einen theologischen, kirchengeschichtlichen und allgemein naturwissenschaftlichen Zusammenhang.

Zur Erläuterung dieser poetischen Quintessenz der Goetheschen ‚Farbenlehre' werden hier die den einzelnen Versen entsprechenden Sätze aus Goethes Prosaschriften angeführt, insbesondere aus dem Didaktischen Teil der ‚Farbenlehre', wo er unter den ‚Dioptrischen Farben der ersten Klasse' die herrlichsten Fälle atmosphärischer Erscheinungen *aus* der Haupterfahrung mit trüben Mitteln hergeleitet *hat. (LA I 4, 70, § 173)*

1–4 – Finsternis und Licht stehen einander uranfänglich entgegen, eins dem andern ewig fremd, nur die Materie, die in und zwischen beide sich stellt, hat, wenn sie körperhaft undurchsichtig ist, eine beleuchtete und eine finstere Seite. *(LA I 8, 99)*

3 – *durch Anführungsstriche als Zwischenfrage dessen bezeichnet, der im folgenden über die Farbenbildung belehrt wird.*

5/6 – Das Schwarze, als Repräsentant der Finsternis, läßt das Organ im Zustande der Ruhe, das Weiße, als Stellvertreter des Lichts, versetzt es in Tätigkeit. Man schlösse vielleicht aus gedachtem Phänomen (§ 16), daß die ruhige Netzhaut, wenn sie sich selbst überlassen ist, in sich selbst zusammengezogen *[Vers 5:* zusammengeschrunden*!]* sei, und einen kleinern Raum einnehme, als in dem Zustande der Tätigkeit, in den sie durch den Reiz des Lichts versetzt wird. *(LA I 4, 28f., § 18)*

7/8 – Nannten wir das Schwarze den Repräsentanten der Finsternis, das Weiße den Stellvertreter des Lichts (§ 18); so können wir sagen, daß das

Graue den Halbschatten repräsentiere, welcher mehr oder weniger an Licht und Finsternis Teil nimmt und also zwischen beiden innesteht. *(LA I 4, 91, § 249)*

9–12 – wir bringen die Trübe zwischen beide *[Licht und Finsternis]*, und aus diesen Gegensätzen, mit Hülfe gedachter Vermittlung, entwickeln sich, gleichfalls in einem Gegensatz, die Farben *(LA I 4, 71, § 175)*. – Man nennt dioptrische Farben diejenigen, zu deren Entstehung ein farbloses Mittel gefordert wird, dergestalt, daß Licht und Finsternis hindurchwirken, entweder aufs Auge, oder auf entgegenstehende Flächen. Es wird also gefordert, daß das Mittel durchsichtig oder wenigstens bis auf einen gewissen Grad durchscheinend sei. / Nach diesen Bedingungen teilen wir die dioptrischen Erscheinungen in zwei Klassen, und setzen in die erste diejenigen, welche bei durchscheinenden trüben Mitteln entstehen, in die zweite aber solche, die sich alsdann zeigen, wenn das Mittel in dem höchst möglichen Grade durchsichtig ist. *(ebd., S. 63, §§ 143/144)*

13–20 – *in umgekehrter Abfolge der Farberscheinungen:* Das höchstenergische Licht, wie das der Sonne, des Phosphors in Lebensluft verbrennend, ist blendend und farblos. So kommt auch das Licht der Fixsterne meistens farblos zu uns. Dieses Licht aber durch ein auch nur wenig trübes Mittel gesehen, erscheint uns gelb. Nimmt die Trübe eines solchen Mittels zu, oder wird seine Tiefe vermehrt, so sehen wir das Licht nach und nach eine gelbrote Farbe annehmen, die sich endlich bis zum Rubinroten steigert. *(LA I 4, 64, § 150)*

21–26 – Wird hingegen durch ein trübes, von einem darauffallenden Lichte erleuchtetes Mittel die Finsternis gesehen, so erscheint uns eine blaue Farbe, welche *[...]* immer dunkler und satter sich zeigt, je durchsichtiger das Trübe werden kann, ja bei dem mindesten Grad der reinsten Trübe als das schönste Violett dem Auge fühlbar wird. *(LA I 4, 64, § 151)* – Wird die Finsternis des unendlichen Raums durch atmosphärische vom Tageslicht erleuchtete Dünste hindurch angesehen, so erscheint die blaue Farbe. Auf hohen Gebirgen sieht man am Tage den Himmel königsblau, weil nur wenig feine Dünste vor dem unendlichen finstern Raum schweben *(ebd., S. 65, § 155)*

27–31 – *vgl. Vers 1–4 und deren Erläuterung, sowie aus Goethes ‚Versuch einer Witterungslehre' von 1825:* In der Chromatik nämlich setze ich Licht und Finsternis einander gegenüber; diese würden zu einander in Ewigkeit keinen Bezug haben, stellte sich nicht die Materie zwischen beide; diese sei nun undurchsichtig, durchsichtig oder gar belebt, so wird Helles und Dunkles an ihr sich manifestieren und die Farbe sogleich in tausend Bedingungen an ihr entstehen. *(WA II 12, 105)*.

[66]

Wiederfinden

Ist es möglich, Stern der Sterne,
Drück' ich wieder dich an's Herz!
Ach! was ist die Nacht der Ferne
Für ein Abgrund, für ein Schmerz!
Ja du bist es! meiner Freuden
Süßer lieber Widerpart;
Eingedenk vergangner Leiden
Schaudr' ich vor der Gegenwart.

Als die Welt im tiefsten Grunde
Lag an Gottes ew'ger Brust,
Ordnet' er die erste Stunde
Mit erhabner Schöpfungslust,
Und er sprach das Wort: Es werde!
Da erklang ein schmerzlich Ach!
Als das All, mit Machtgebärde,
In die Wirklichkeiten brach.

Auf tat sich das Licht! sich trennte
Scheu die Finsternis von ihm,
Und sogleich die Elemente
Scheidend auseinander fliehn.
Rasch in wilden wüsten Träumen
Jedes nach der Weite rang,
Starr, in ungemess'nen Räumen,
Ohne Sehnsucht, ohne Klang.

Stumm war alles, still und öde,
Einsam Gott zum erstenmal!
Da erschuf er Morgenröte,
Die erbarmte sich der Qual;
Sie entwickelte dem Trüben
Ein erklingend Farbenspiel

Und nun konnte wieder lieben
Was erst auseinander fiel.

Und mit eiligem Bestreben
Sucht sich was sich angehört,
Und zu ungemess'nem Leben
Ist Gefühl und Blick gekehrt:
Sei's Ergreifen, sei es Raffen,
Wenn es nur sich faßt und hält!
Allah braucht nicht mehr zu schaffen,
Wir erschaffen seine Welt.

So mit morgenroten Flügeln
Riß es mich an deinen Mund,
Und die Nacht mit tausend Siegeln
Kräftigt sternenhell den Bund.
Beide sind wir auf der Erde
Musterhaft in Freud' und Qual,
Und ein zweites Wort: Es werde!
Trennt uns nicht zum zweitenmal.

ENTSTANDEN *24. 9. 1815*
ERSTDRUCK *West-östlicher Divan (Buch Suleika), 1819*
TEXTVORLAGE *WA I 3, 75 f.*

ZUR ERLÄUTERUNG
Goethes Didaktischer Teil der ‚Farbenlehre' schließt mit dem Satz, daß es, wenn unsre Farbenlehre Gunst gewinnt, an allegorischen, symbolischen und mystischen Anwendungen und Deutungen, dem Geiste der Zeit gemäß, gewiß nicht fehlen wird. *(LA I 4, 256, § 920) Solche Anwendungen und Deutungen hat er selber häufig vorgenommen. Ein vollkommenes Beispiel dafür gibt dieses Gedicht, das sich dem letzten Wiedersehen des ‚Divan'-Dichters mit Marianne von Willemer Ende September 1815 in Heidelberg verdankt.*

Seine Vorstellungen über die Entstehung der Farben (wie sie in die hier als Nr. 65 vorangegangenen Reimpaar-Sprüche gefaßt sind) werden jetzt angewendet auf das menschliche Einander-Wiederfinden: mittels der Chroagenesie wird die Wiedervereinigung der voneinander getrennten Liebenden als Widerspiegelung der Kosmogonie gedeutet und im Einklang mit dem Liebesgesetz der göttlichen Weltschöpfung verstanden.

Schon in der ersten und wieder in der letzten Strophe, die beide den

Liebenden gelten, ist mit den Metaphern Stern *(für die Geliebte) und* Nacht *(für Trennung und Ferne) die Polarität von* Licht *und* Finsternis *gesetzt, die dem vierstrophischen Mittelstück des Weltentstehungsmythos zugrunde liegt. Goethe nimmt dort den biblischen Schöpfungsbericht auf* (Da schied Gott das Licht von der Finsternis) *und überführt ihn in die Vision einer Urzeugung, welche* die Elemente *ins Chaotische* Scheidend auseinander fliehn *und sie* in ungemess'nen Räumen *expandieren läßt. In einer zweiten Schöpfungsphase dann entsteht zwischen* Licht *und* Finsternis *das* Farbenspiel – *Sinnbild für das von der Macht der Liebe bewirkte Sich-*Wiederfinden *der voneinander Getrennten.*

Im Gedicht ist es die Morgenröte, *welche die Farben hervorruft:* Sie entwickelte dem Trüben | Ein erklingend Farbenspiel *(29f.). Goethes ‚Farbenlehre' aber, insofern sie die Farben als die im Medium des Trüben bewirkten* Taten des Lichts *begreift, gibt diese* Morgenröte *als poetische Chiffre für das uranfängliche Licht der aufsteigenden Sonne zu verstehen;* Aufgehende Morgenröte! Siehe da, die ganze Schöpfung im Anbruche! *hieß es in Herders ‚Ältester Urkunde des Menschengeschlechts' (dazu Friedhelm Kemp: ‚Wo hast du das genommen?'* In: *Sprache im technischen Zeitalter, 1982). So schließt sich das große Altersgedicht des Farbenlehrers an das früher von ihm* Erfahrne und Geglaubte *an, weist zurück auf seine unmittelbar vor dem Erweckungsexperiment von 1790 entstandene VII. Römische Elegie:*

Nun umleuchtet der Glanz des helleren Äthers die Stirne;
Phöbus rufet, der Gott, Formen und Farben hervor.

(vgl. oben S. 16).

REGISTER

DER GEDICHTÜBERSCHRIFTEN UND -ANFÄNGE

Die kommentierte Hamburger Goethe Ausgabe

in 14 Bänden auf Dünndruckpapier

Herausgegeben von *Erich Trunz*, unter Mitwirkung von *Stuart Atkins, Lieselotte Blumenthal, Herbert von Einem, Eberhard Haufe, Wolfgang Kayser, Dorothea Kuhn, Dieter Lohmeier, Waltraud Loos, Marion Robert, Hans Joachim Schrimpf, Carl Friedrich von Weizsäcker* und *Benno von Wiese*.
Etwa 11 000 Seiten, davon etwa 3000 Seiten Kommentar und Register.
14 Leinenbände in Kassette (oder auch einzeln).

Goethe Briefe

Herausgegeben von *Karl Robert Mandelkow* unter Mitarbeit von *Bodo Morawe*, 2028 Seiten Text, sowie 894 Seiten Kommentar und Register. Leinen

Band 1 Briefe der Jahre 1764–1786
Band 2 Briefe der Jahre 1786–1805
Band 3 Briefe der Jahre 1805–1821
Band 4 Briefe der Jahre 1821–1832

Briefe an Goethe

Herausgegeben von *Karl Robert Mandelkow*.
1170 Seiten Text, sowie 312 Seiten Kommentar und Register. Leinen

Band 1 Briefe der Jahre 1764–1808
Band 2 Briefe der Jahre 1809–1832

Albrecht Schöne

Götterzeichen, Liebeszauber, Satanskult

Neue Einblicke in alte Goethetexte
2. Auflage. 1982. 230 Seiten mit 6 Abbildungen. Leinen

VERLAG C. H. BECK MÜNCHEN

NATURWISSENSCHAFT DER FRÜHEN NEUZEIT

Galileo Galilei

Schriften, Briefe, Dokumente

Band 1 Schriften
Band 2 Briefe Dokumente
Herausgegeben von *Anna Mudry*
1987. Zusammen etwa 820 Seiten mit zeitgenössischen Illustrationen. Leinen im Schuber

Klaus Fischer

Galileo Galilei

1983. 239 Seiten mit 6 Abbildungen. Paperback
(Große Denker – Leben, Werk, Wirkung
Herausgegeben von *Otfried Höffe*)
(Beck'sche Reihe Band 504)

Otto Mayr

Uhrwerk und Waage

Autorität, Freiheit und technische Systeme in der frühen Neuzeit
Aus dem Englischen von *Friedrich Griese*
1987. 304 Seiten mit 38 Abbildungen. Leinen

Albrecht Schöne

Aufklärung aus dem Geist der Experimentalphysik

Lichtenbergsche Konjunktive
2., überarbeitete Auflage. 1983
184 Seiten. Broschiert

Carolyn Merchant

Der Tod der Natur

Ökologie, Frauen und neuzeitliche Naturwissenschaft
Aus dem Englischen von *Holger Fließbach*
Nachdruck 1987. 323 Seiten mit 20 Abbildungen. Broschiert

VERLAG C. H. BECK MÜNCHEN